KB013656

약자의 결단

약자의 결단

1판 1쇄 찍음 2023년 12월 15일
1판 1쇄 펴냄 2024년 1월 5일

지은이 강하단

주간 김현숙 | **편집** 김주희, 이나연
디자인 이현정, 전미혜
마케팅 백국현(제작), 문윤기 | **관리** 오유나

펴낸곳 궁리출판 | **펴낸이** 이갑수

등록 1999년 3월 29일 제300-2004-162호
주소 10881 경기도 파주시 회동길 325-12
전화 031-955-9818 | **팩스** 031-955-9848
홈페이지 www.kungree.com
전자우편 kungree@kungree.com
페이스북 /kungreepress | **트위터** @kungreepress
인스타그램 /kungree_press

ⓒ 강하단, 2024.

ISBN 978-89-5820-871-6   03300

약자의 결단

우리는 왜
모범국민 되기를
거부해야 하는가?

강하단 지음

궁리
KungRee

강양이, 구진아, 조남주
세 여성에 감사하며

프롤로그

　이 책에서 정의하는 약자는 선택권 없이 경쟁으로 내몰린 사람이다. 입시, 취업도 누군가가 정한 기준에 따라 경쟁해서 순위가 매겨진다. 경쟁이 없는 삶을 선택해 벗어날 수 있다는 상상 자체가 허락되지 않는 사회이다.

　강자는 그 기준을 정하는 자들이다. 이전에는 약자가 약자를 벗어나는 길은 강자가 되는 것이었다. 하지만 이런 법칙에 변화가 생겼다. 강자를 무너뜨려 새로운 강자가 되지 않고도 약자를 극복할 수 있는 길이 열렸다. 바로 디지털시대에 가능한 일이다.

　이제 빅데이터, 인공지능, 머신러닝이 아니면 세상 자체를 이야기하기 힘들게 되었다. 그런데 앞서가야 하는 디지털세대가 기성세대가 남긴 과거유산 때문에 발목을 잡힌 형국이다. 그들의 앞길을 막고 서 있는 건 바로 '정답 있는 세상'의 질서이다. 교육도 정답 있는 시험을 통해, 취업도 정답 있는 과정을 통해, 세상의 가치도 정답 있는 도구를 통해 결정된다. 심지어 돈에도 국가의 법이 정하는 정답이 있다. 기성세대는 어떻게든 도덕과 정의에 정답을 만들고, 그 뒤에서 자신들의 권력을 만들어낸다. 쉽게 물러갈 것 같지 않은 기성세대는 여전히 디지털세대의 길을 막고 버티고 있다. 이를 극복해야 할 디지털세대는 여기에 집착하고 있다.

디지털세대의 대부분은 가진 자들의 반대편에 있는 약자다. 여기 약자의 길에서 벗어나고자 하는 두 약자가 있다. 첫 번째로 가진 자들의 소유를 정의롭게 나눠야 한다고 외치면서 싸우는 약자다. 이 방법은 권력을 인정하고 그 권력이 만든 질서 속에서 자신의 권리를 요구하는 것이다. 이 경우, 약자는 국민이 된다.

두 번째 약자도 있다. 근본적으로 다른 가치를 만들어 권력과 가진 자의 소유를 무색하게 만드는 약자다. 디지털시대에 가능한 방법이다. 이때 두 번째 약자는 국민이 아니라 대중이다. 디지털시대 대중은 소통을 통해 새로운 가치를 만든다. 이렇게 하면 힘들게 기존 권력과 맞서지 않아도 된다. 가진 자들을 그냥 무시하면 된다. 만약 이런 일이 가능하다면 얼마나 멋지고 통쾌한 복수이겠는가?

기성세대 즉 디지털을 배워서 아는 세대는 자신들이 살면서 만들어온 '정답 있는 삶'에 디지털 기술을 접목하는 방법을 귀신같이 터득했다. 귀신도 속을 만큼 감쪽같고 그럴 듯한 방법이라 디지털세대도 속고 있는 것이다. 정답 있는 교육, 정답 있는 정치, 정답 있는 경제를 디지털로 포장해서 디지털세대에게 가르치면서 강요한다. 대단한 전문가인 양 행세하면서.

나는 비록 이를 바로잡을 지식도 부족하고 무늬만 디지털인 전문가들의 사기 행각을 밝힐 만한 능력도 없지만, 최소한 디지털세대가 속지 않고 현실을 똑바로 바라볼 수 있는, 자신들만이 진정한 디지털시대를 이해할 수 있는 유일한 존재라는 것을 말하고자 한다. 디지털시대의 가치는 정해져 있는 것이 아니다. 가치가 있는 곳에 사람이 모이는 것이 아니라, 사람이 모이면 바로 그 지점에 가치의 샘물이 만들어진다.

약자는 선택할 게 없는 사람이다. 선택이 허락되지 않는 사람이다. 정답 있는 사회에서 시험으로 높은 등수와 자격을 갖추는 것 외에는 다른 선택권이 없을 때, 그 사회 구성원은 모두 약자다. 아무리 시험을 잘 봐도 더 잘 보는 사람이 있고, 최선을 다해 등수를 올려도 어딘가에서 귀신 같은 놈이 나타나 저 위에서 군림하기 때문이다. 나는 새도 떨어뜨릴 권력을 가진 자들도 더 높은 곳에 오를 누군가의 공격을 받아 언젠가는 추락할 것이다. 가장 높이 나는 새라 자신해도 '드론'이라는 새로운 새가 등장해 그 위를 맴돈다. 결국 한 가지로 귀결된다. 정답을 요구하는 사회에서 약자를 벗어날 수 있는 답은, 애당초 없었다.

팬데믹 재난, 경제불황, 기후변화 위기 속에서 세계적 명성을 지닌 전문가, 정부, WHO와 UN과 같은 국제기구가 제시하는 실천 규범을 지키면 모범국민이지만 여전히 약자를 벗어날 수는 없다. 직접 선택한 방법이 아니기 때문이다. 그 방법 또한 존중하되 모범국민이기를 능동적으로 포기하고 예전 일상으로 회귀하지 않고 전혀 다른 일상을 용기 있게 선언해야 한다.

이렇듯 선언하고 발걸음을 내디디면 길이 열리는 것이 디지털시대의 가치가 생성되는 질서이다. 내딛기까지 잘 보이지 않아 불안하기 때문에 기존 가치들에 목을 매는 것이다. 기성 가치의 단물에 익숙해지면 안락함에 주저앉게 된다. 앉으면 눕고 싶고 누우면 그것으로 끝이다.

경제도 예외가 아니다. 소통할 언어, 즉 돈을 왜 꼭 은행에서 가져와야 하는가? 지금의 돈을 놓아버리고 필요할 때마다 그냥 끼리끼리 만들어 쓰면 될 일이다. 미래를 선언하면 가능한 일상이다. 경제소통의 맨 밑바닥 기호인 돈은 원래 그렇게 출발하지 않았던가. 디지털시대는 정부와 중앙은행 없이도 가능한 블록체인을 허락하지 않았는가. 블록체인을 넘어서는 그 이상도 당연히 허락될 것이다.

디지털 기호는 더 이상 전문가의 전유물이 아니다. 공기를 들이마시듯 누구나 손쉽게 만들어 소통 언어로 사용 가능하다.

디지털 지팡이는 여러 관점과 시각, 심지어 동시에 여러 공간과 시간 속 삶까지 허락한다. 등수 없이도 흥미로운 경쟁도 허락한다.

대중이 직접 충분히 경험하고 믿음을 가지기까지는 시간이 걸리겠지만, 용기를 내어 직접 가치를 만드는 노력을 해야 한다. 가진 자들의 부와 권력형 정부가 주는 기본소득을 과감히 거부하고 대중이 서로의 믿음으로 세금 없이 할 수 있는 기본소득을 만들면 된다. 결국 대중이 택한 언어가 돈이 되고 법이 되고 세상의 이치가 될 것이다. 존 레논의 '이매진Imagine'의 가사처럼 소유가 없는 그런 세상이 올 수 있을까 싶지만, 디지털시대가 오니 존 레논의 꿈은 실현될 수 있는 가능성이 생겼다. 디지털시대는 법정화폐 외에도 다양한 돈을 만들어낼 준비를 끝냈다. 비트코인과 같은 암호화폐 정도로 만족하지 않는다. 암호화폐는 어차피 가치의 기준이 법정화폐와 같아 결국 그 돈이 그 돈이기 때문이다.

가치 기준은 물론 속성 자체가 전혀 다른 제대로 된 돈이 나와 저 못된 돈을 혼내주는 것이다. 어디 돈뿐이겠는가. 교육에서는 학위와 학점을 대신할 수 있는 새로운 기호가 탄생해서 차별을 일삼았던 학위와 학점을 혼내주는 것이다. 돈, 학위, 학점, 법에는 분명 악마의 속성이 있다. 그렇다면 지금 대중을 괴롭히는 기존 악마를 무찌를 수 있는 방법을 새로운 악마에서 찾을 수 있지 않을까. 악으로 악을 제압하는 제대로 된 진보는 당분간은 붉은 악마, 푸른 악마의 모습으로 다가올지 모른다.

차례

프롤로그 ······7

1부
과학 뒤에 숨은 권력에 맞서

1 · 과학이 허락한 진실 ······19

2 · 진실이 허락되니 생긴 위기 ······35

3 · 허락되지 않은 위기 ······45

4 · 대안이 없다고? 과연 그럴까? ······53

5 · 변화는 꿈도 꾸지 마라 ······59

6 · 하나의 공간, 두 개의 세상 ······71

7 · 복잡한 사회에는 다양한 기호를 ······93

8 · 있는 가치 지키기 vs. 없는 가치 찾기 ······105

2부
새로운 기호를 쏟아내야 한다

9 · 부작용도 과학의 몫이다 ······119

10 · 대중과학의 잠재력 ······125

11 · 돈 자본주의에서 언어 자본주의로 ······131

12 · 빅데이터 몽타주 ······145

13 · 운동화가 죽어야 나이키가 태어난다 ······151

14 · 디지털시대 기호들의 만남 ······171

3부
약자의 결단

15 · 돈 앞에서 옳다고 외치면 ······181

16 · 의심은 약자의 힘으로 생겨난다 ······189

17 · 눈 밝은 시계공 뒤에 선 존재 ······201

18 · 지켜야 하는 것이 기후인가, 기후정의인가? ······213

19 · 약자가 대중으로 격상되려면 ······225

4부

우리의 돈이 권력의 돈을 이기려면

20 · 법보단 돈, 돈보단 말 ⋯⋯ 237

21 · 기호가 바뀌어야 산다 ⋯⋯ 243

22 · 악마의 윤리학개론 ⋯⋯ 255

23 · 자본은 스스로 내려오지 않는다 ⋯⋯ 263

24 · 다시 없을 두 세대의 공존 ⋯⋯ 273

25 · 광장이 아닌 장소에서 외쳐야 한다 ⋯⋯ 291

5부

디지털 연금술사들이 지배하는 세상

26 · 가치 기준 뒤흔들기 ⋯⋯ 297

27 · 돈에 숨겨진 증강과 감강 현실 ⋯⋯ 303

28 · 공동체는 호미 하나로 만들어야 한다 ⋯⋯ 307

29 · 더 이상 법정화폐가 필요 없을 때 ⋯⋯ 315

30 · 민주주의란 속임수를 깨부술 디지털 연금술사들 ⋯⋯ 323

에필로그 ⋯⋯ 333

과학 뒤에
숨은 권력에
맞서

우리 모두는 모범국민으로 살아왔다. 그러나 재난은 이어졌고 정부와 국제기구는 위기 극복을 위한 노력에 동참해달라며 호소했다. 모두가 최선을 다하고 있다고 믿었다. 과학이 정한 재난 극복 실천 방안을 충실하게 지켰지만 재난은 계속되었고, 위기의 목소리는 높아져갔다. 무엇이 문제인지 궁금해지기 시작했다. 지켜야할 것만 있을 뿐 직접 선택해서 실천할 수 있는 것은 없는 것일까 궁금했다. 철썩같이 믿었던 과학자가 언제부터인가 권력과 함께하는 전문가 집단일 뿐이라는 의심이 들기 시작했다. 대안 없다고 손 놓고 있으면 누구도 도와주지 않는다는 것도 깨닫게 되었는데, 모범국민은 서서히 자신을 대중으로 인식하기 시작했다. 최선이라 알려준 길을 묵묵히 걸었던 것이 실은 권력의 유지에 일조했다는 자각은 스스로 선택해 소통할 수 있는 언어와 기호를 찾는 노력으로 이어졌다.

1

과학이 허락한 진실

과학이 기반하지 않는 세상을 이야기할 수 없다. 얽히고설켜 있지만 한 치의 오차 없이 작동하는 자연을 과학의 도움 없이 다룰 수 없다. 그래서 사람들은 과학의 본질을 이해하지 않고 무조건 신성시하게 되었다. "과학적이다." 또는 "과학적이지 않다."라는 말을 남발한다. 과학 하면 모두가 아는 그 무엇처럼 되어버렸다.

『물리는 어떻게 진화했는가The Evolution of Physics』(1938)는 알베르트 아인슈타인과 레오폴트 인펠트가 쓴 물리학 대중서다. 대중도 읽을 수 있도록 쉽게 쓰인 이 책은 물리 법칙에 대한 이해를 돕고 물리학의 발전 과정을 되짚어볼 뿐 아니라, 우주는 스스로와의 조화 속에 존재하며 이것이 과학과 과학적 사유의 유일하고 참된 기초임을 강조한다. 책을 쓴 아인슈타인은 "세상의 내적 조화에 대한 믿음 없이는 과학도 없다."고 말한다. 뉴턴의 후계자를 자처했고 엄청난 자부심을 가지고 있었던 아인슈타인은 확고한 과학적 지식에 대한 갈증이 인간 정신 발달의 필수조건이라고 믿었다.

확고한 이론적 시도 외에는 결코 용납하지 않았다고 알려진 아인슈타인이 책에서는 양자역학을 자세하게 설명하는 친절을 보인다. 이 책이 독일에서 망명해온 후배 물리학자 레오폴트 인펠트를 돕기 위해 쓰여졌다고 알려져 있지만, 그래도 뉴턴 물리학의 계승자가 양자역학, 즉 통계적 현상을 물리학으로 설명하는 그의 설명을 발견하고는 신기했다. 그리고 궁금했다. 아인슈타인은 왜 인정하기 싫었던 양자역학을 자신의 책에서 꼼꼼하게 설명하면서 소개했을까?

확고한 이론을 가진 물리학 입자의 영역에서도 그러할진대 인간 행동, 생각의 영역으로 넘어오면 확고한 이론을 가지고 말할 수 있는 부분이 훨씬 좁아져버리고 만다. 어찌보면 인간의 영역에서 확고한 이론이 가능하기는 한 걸까 의심하지 않을 수 없다. 하지만 인간의 행동, 정신, 생각은 과학이 아니라고 치부하고 과학과 비과학의 영역을 분리하는 것은 어쩌면 세상을 이분화하고 분리해서 편리한 대로 이론을 만들어야 한다는 모순을 인정하는 꼴이 된다. 대신 모든 것이 과학일 수 있다. 상황이 달라지면 아인슈타인처럼 잠시 그때까지의 믿음과는 다르게 목적을 가져보는 것이 필요하다. 과학도 상황에 따라 다른 해석과 이론을 내놓는다는 것이다. 생각을 비틀어보면 과학의 다른 모습이 드러날 수 있다.

가령 2023년 50만여 명의 수험생이 수능시험을 치른 것은 구체적으로 증명할 수 있는 사실이다. 그러나 누군가 수능시험 응시자 수가 적다고 하면서 지방대학의 위기를 말한다면, 이것은 사실이 아니라 생각이나 주장이 된다. 생각과 주장이 증명 가능하면 객관적 현실로 해석된 후에 개념이 된다. 개념을 믿으면 진실이 된다. 개념은 생각하고 이해한 결과이고, 진실은 믿음을 통해 만들어지는 것이다. 개념, 진실 모두 상황과 사람에 따라 달라진다. 이런 식으로 인간의 생각이 개념이 되는 것은 알 것 같은데 이런 개념이 과학인가라는 의심을 할 수 있다. 여기서 세계적 물리학자 아인슈타인의 인정이 필요했다. 아인슈타인은 자신의 책에서 "과학은 자유롭게 만들어진 개념과 아이디어로 가득 차 있는 인간 마음의 상태이다."라고 과학을 정의했다.

사람들은 바라는 현상이 있다. 그러므로 목적이 생긴다. 수능시험 응시자를 두고, 응시자 수가 감소하는 것이 우려되고 정원미달 대학이 지방대학 중심으로 발생하는 것을 걱정하는 순간, 인구가 감소하고 수능시험 응시자가 줄어드는 현상은 바람직하지 못한 것이 되어버린다. 수능시험 응시자가 줄어드는 현상은 사실이지만 이런 현상이 바람직하지 않다고 판단하고 해석하는 것은 사실의 경계를 넘어 의미를 부과하는 진실의 영역이다. 하지만 관점을 바꿔 누군가 정답이 있는 맞고 틀림을 통해 경쟁하고 많이 맞추면 실력 있는 사람이 되는 수능시험은 바람직하지 않다고 믿는다면 이 사람에게 수능 응시자가 줄어들고 학점 경쟁을 부추기는 대학의 정원이 줄어드는 것은 걱정거리가 아니다. 사실은 동일하되 진실은 다르다. 같은 사실이라도 의미 방향에 따라 진실은 완전히 달라진다. 사실은 현상에 기초하지만 진실은 믿음에 근거하기 때문이다.

현상과 사실을 바탕으로 개념을 만드는 일은 과학의 영역이다. 하지만 이를 믿는 것은 인간의 영역이다. 이를 다르게 표현하면 과학은 인간의 믿음을 기대하면서 임무를 다하는 영역이다. 믿음이라는 진실을 허락한다는 의미다.

이번에는 조금 더 민감한 사안이라 의견이 좀 더 첨예하게 갈라질 수 있는 예를 살펴보자. 과학자들이 코로나19 백신의 유효성을 판단하기 위해 일련의 임상실험을 했고, 특정 조건하에서 실시된 피험자 집단을 대상으로 한 실험 결과가 유효성 60%로 드러났다고 가정해보자. 여기서 60%의 유효성은 사실일까? 특정 실험의 조건을 명확하게 했으므로 과학적 사실이라고 할 수 있다. 그런데 백신 접종자 200명 중 한 명이 사망하면 사망의 원인이 백신 때문인지 아닌지 명확하지 않다 하기도 한다. 백신연관 인과성이 명확치 않다는 거다. 60%는 2분의 1이 넘는 확률이므로 믿을 수 있지만, 200분의 1, 0.5%는 낮은 확률이므로 과학적 사실이 아니다는 것은 한번 더 곰곰이 생각해볼 필요가 있다. 백신의 효율에 영향을 미치는 이 세상 모든 조건을 고려하지 못했듯이 백신으로 사망할 수 있는 인과성 규명에도 세상 모든 조건을 고려할 수 없다는 점을 간과해서는 안 된다. 백신 접종을 통한 코로나 위기 극복에 최선을 다하는 정부의 노력이 잘못되었다는 주장이 결코 아니다. 낮은 확률로 일어난 일도 사실이고 이를 개념으로 만들었다면 과학인 것이다. 양자역학 물리학도 미립자에 힘을 가하면 높은 확률로 도달하는 위치도 있지만 낮은 확률로 도달하는 영역도 엄연히 존재한다. 과학자, 의학전문가들이 전문저널에 발표된 학술논문을 근거로 비과학이라고 규정해버리면 그것이 곧 확고한 과학이 되고 일반 대중은 억울해도 받아들여야 하는 것이 과학이라면 그것이야말로 가장 비과학적인 해석이라고 감히 말하고 싶다. 실험 결과 밝혀진 확률 수치, 즉 사실의 '해석'은 개인의 믿음과 선호에 따라 결정되는 진실임을 잊어서는 안 된다. 모든 현상의 수치화, 특히 과잉 수치화를 통한 확률적 해석은 과학이 경계해야 한다. 특정 의도를 뒷받침하는 논리, 과잉 합리성도 조심해야 하지 않을까 생각한다.

사람의 생명을 다룬 사례이긴 하지만 기본적으로 앞의 수능 응시자 통계의 예와 크게 다르지 않다. 정부가 바란 목표는 뚜렷하다. 가능하면 많은 국민이 백신을 맞아 집단 면역과 저항성을 높이는 것이다. 이를 위해서, 백신 효율성과 사망을 포함한 백신 부작용에 대한 사실을 해석하는 방향이 정부의 정책에 따라 뚜렷하게 정해진다. 하지만 백신 부작용으로 고통받는, 또는 사망한 접종자 가족의 입장에서는 정부의 정책 방향에 따라 해석되는 진실을 받아들이기 힘들다. 차라리 정부의 판단과 결정이 그렇다고 하면 항변하고 이의를 제기할 수 있지만 과학이라는 이름으로 규정해버리는 순간 이의를 제기하는 행동 자체가 차단되어버린다. 백신효율과 부작용의 확률 숫자는 피해자 가족과 정부에게 동일하다. 객관적인 확률 숫자로 표현된 뚜렷한 현상은 동일하다. 다만 정부는 과학이라는 이름으로 백신 부작용, 사망은 발생 확률이 낮고 여러 다른 조건이 개입되어 있을 수 있어 인과관계가 확실치 않다고 얘기한다. 정부와 전문가는 그것이 과학이라고 얘기한다. 하지만 피해자 가족은 얘기한다. 그럼 높은 수치로 나타나는 백신 효율만큼 비록 낮은 확률로 나타난 백신 부작용과 사망도 엄연한 과학이라고. 양자역학으로 다시 돌아가보자. 동일한 조건이라면 입자에 동일한 힘을 가하면 입자가 도달하는 곳은 같아야 한다. 그런데 입자가 크기가 소립자 이하로 줄어들면 동일한 힘을 가하더라도 입자가 도달하는 곳은 달라진다. 도달할 확률이 높은 곳도 있고 낮은 곳도 있다. 양자역학이다. 백신을 접종받은 사람 중에서 몸이 약해서 여러 위험에 영향을 받을 수 있는 사람은 비록 확률이 낮다고 하더라도 부작용이 나타나기도 하고 사망할 수도 있다. 양자역학으로 대비해본다면 소립자보다 작은 입자는 몸이 약해 저항력이 약한 사람에 해당된다. 엄연히 과학적 사실에 해당한다. 정부의 정책 방향이 아무리 선하다 하더라도 사실에 대해 해석을 달리하면 이중 잣대이고 그것이야말로 비과학적 사실에 근거한 억지라는 해석이 충분히 가능하다. 아인슈타인에게 양자역학이 그랬듯 과학은 자신이 얘기할 수 있는 부분보다는 확실하게 증명해줄 수 없는 영역을 인정할 때만이 진실 이전의 사실이 된다.

　백신 부작용으로 사망하는 불행한 일은 정부도 피하고 싶었을 것이다. 정부의 이런 생각을 의심하는 이는 없다. 다만 백신을 접종받지 않은 국민은 백신을 접종하여 노출되는 위험에 비해 높은 위험에 노출된다는 과학적 사실을 국민들에게 알림과 동시에 사람에 따라서는 낮은 확률이기는 하지만 사망을 포함한 백신 부작용이 발생할 수 있다는 과학적 사실도 인정해야 한다. 과학이 진실을 얘기하는 세상이기 위해서는 과학이 사실을 넘어 진실로 가는 모든 통로를 허락해야 한다. 보다 많은 국민이 백신을 접종받는 것이 코로나 위기를 극복하기 위한 바람직한 정책이라고 믿는 정부의 진실을 과학적 사실과 혼동해서는 곤란하다.

백신이 효과가 있고 백신을 접종받은 국민들이 코로나 위기를 극복했다면 가장 바람직한 결과이다. 선한 결정을 했고 선한 결정이 선한 결과를 만들어냈다. 하지만 백신 부작용으로 사망한 사람에게 정부가 백신 접종을 권했다면, 그 사람에게 정부는 엄연히 악이다. 하지만 정부는 그가 백신 접종 후 사망할 것을 알고 접종을 권하지는 않았다. 죽음에 이르게 한 백신 접종은 분명 '악'이다. 하지만 그 의도는 '선'한 것이었다. 최소한 정부를 인간으로 표현하자면 자신을 최소한 속이지 않은 것이다. 불행하게도 결국은 '악'이었지만 '선'한 목적으로 행동한 것이다. 책 전체를 통해 이를 악마의 윤리학이라고 정의한다.

다른 예를 들어보자. 이번에는 다른 견해, 다른 과학적 해석 차원이 아니다. 제국주의 국가 주도의 합법이라는 이름으로 자행된 폭력에 유린된 희생이다. 백신이 선한 목적으로 악이 만들어질 수 있다면, 이번 예는 악한 목적이 '선'으로 포장된 위선을 나타낸다. 과학으로 출발하여 진실의 영역에서 악의 목적을 위해 과학으로 설명할 수 없을 때 법이 어떻게 악용될 수 있는지 보여주는 예이다.

제2차 세계대전 당시 한국을 비롯한 여러 아시아 국가의 여성들은 일본군과 일본 정부의 강요에 의해 '위안소'에서 일본

군 장병에게 성적 착취를 당해야 했다. 일본 정부를 대신하여 사업을 추진한 매매춘업자들이 희생자들과 계약을 맺었는데, 희생자들은 전쟁 지역에서 노동하는 대가의 임금 가불이나 최소 수입 등을 보장한다는 계약서 작성을 강요받았다. 법학자이자 하버드 대학교 교수인 존 마크 램지어John Mark Ramseyer는 논문[1]에서 당시 일본 정부의 인증을 받은 매매춘업자들의 계약은 희생 여성들이 노예가 아니라 상호 협의에 따라 계약을 맺고 성적 서비스 제공을 허가받은 매춘부였다고 주장한다. 계약에 의해 자발적으로 택한 노동이었다는 것이다. 그는 "악마에게도 자신만의 진실이 있을 수도 있다."고 주장한다.

일본제국주의의 폭력성과 마크 램지어 교수의 해석이 옳지 않다고 하면 누군가는 감성적인 반응이라고 할지 모른다. 왜곡된 법이라도 법은 법이고 합법이었다고 주장할지도 모르겠다. 하지만, 아무리 합법적이라 하더라도 모두에게 충분히 알려질 수 없는 법적 근거를 들어 자행된 폭력을 훗날 법학 전공자가 학문적 현학성으로 포장된 자신만의 역사적 해석이 가능한 사실을 열거하면서 법을 모르는 대중과 자세하게 검토하지 않고 눈감은 동료 학자를 속이면서 학문 토론이란 명목으로 저널에 자신의 논문을 발표한 것이라 나는 믿는다. 이것이 내 논리이

---

1   J. Mark Ramseyer, 〈Contracting for sex in the Pacific War〉, vol.65(2021), "International Review of Law and Economics".

고 사실이며 진실이다. 마크 램지어 교수는 자가당착적인 오류를 자신의 논문에서 범한다. 당시 일제에 의해 유린되어 더 이상 국가를 대표하는 공식정부가 아니었던 한국 정부란 표현을 사용하여 마치 한국 정부가 성 노예 계약을 용인한 것처럼 적었다. 그리고 그는 교묘한 언어를 사용하여 희생자 할머니들의 인권과 자존심을 짓밟는다. 당시 계약이 무엇인지도 몰랐던 희생자들이 리스크를 이해했다는 악의적인 표현을 사용했다. 위험이 아니라 리스크라는 단어를 사용함으로써 당시 희생자들에게 마치 선택권이 있었던 것처럼, 또한 상황을 이해했던 것처럼 묘사했다. 나는 마크 램지어 교수의 진실에는 관심이 없으며 그의 악의적인 사실들이 모두 허구라는 점을 알리고 이에 항의하고 싶었다. 그의 논문은 네덜란드 엘스비어Elsevier 출판사에서 출판이 진행되었다. 나는 2017년부터 이 출판사의 다른 저널에서 맡아왔던 공동 편집장직을 사임하는 것으로 출판사에 항의했다.

앞의 코로나 백신 정책에 선택적 의미를 부여하고 코로나 위기 극복 위한 정부의 노력 중에서 부작용이 발생한 부분에 대해서는 '악마의 윤리학'으로 표현했다. 그럼 램지어의 역사적 사실에 대한 해석은 어떠한가? 우선 일제의 위안소 운영은 제국주의 일본의 침략에 필요하다고 한다면 전쟁도 성적 위안 목적의 폭력도 모두 '악'이다. 그 어디에도 선한 목적은 없다. 백신 정책에 악마의 윤리학이 있었다면 위안소 운영 폭력에는 오롯이 '악'만 존재한다. 윤리성이 들어갈 틈은 없다. 그런데 법이라는 제도와 법으로 포장된 계약이라는 조건을 들어 역사적 희생자들에 가해진 폭력에 법적 해석을 행한 램지어의 논문은 '선' 없이 '악'으로 채워진 역사적 사실에 법과학을 가장한 사악한 해석을 가한 위선일 뿐이다. 즉 자기 자신을 속인 사악한 위선이다. 자기를 속인 이유는 자명하다. 연구비, 명성 등일 것으로 추측된다. 램지어는 심지어 악마가 될 자격도 없는 인물이다.

스스로 진실이라고 믿고 싶은 것은 자유이고, 여러 가지 '진실'이 존재하는 것을 피할 수는 없다. 심지어 램지어의 믿음도 진실이다. 램지어만의 진실이다. 그가 자신의 영혼을 속인 위선을 팔아 진실을 만들어냈다고 나는 믿는다. 그걸 또 저널에 실어주었다면 그 논문을 평가하고 받아들인 동료학자에게는 그들만의 진실일 수 있다. 저자의 위선적 사악성을 발견하고 항의한 많은 학자들에도 불구하고 출판을 감행한 출판사는 출판 원칙을 성실히 지켰다고 저널 홈페이지에 공지했다. 다른 누군가는 '진실'이라고 믿지는 않더라도 말이다.

지금까지 과학자 아인슈타인을 통해 과학적 사실, 개념 생성 그리고 합리적 믿음을 통한 진실을 이해하고 발생한 몇 가지 사례와 불편한 갈등과 사악성을 살펴보았다. 그럼 이를 철학의 시각에서 한번 살펴볼 필요를 느낀다. 과학이 발생하는 사실과 사실을 해석하는 존재들간의 관계를 다룬다면 사실과 존재의 본질을 묻고 답하는 게 철학이기 때문이다.

독일의 철학자 임마누엘 칸트를 언급하지 않을 수 없다. 그런데 한 가지 질문이 생긴다. 왜 갑자기 칸트인가? 나는 철학 전공자도 아니고 칸트의 철학을 심도 있게 배우거나 연구한 적도 없다. 다만 한 가지, 칸트의 『순수이성비판』을 읽고 칸트라는 사람의 생각을 이해하려 노력했다. 서양철학을 깊이 있게 연구한 전문가들은 나의 해석에 오류가 있고 이것은 칸트 철학이 아니라고 할지도 모르겠다. 다시 한 번 강조하지만 나는 이 책에서 칸트 철학을 다루는 것이 아니라 내가 읽은 『순수이성비판』속에서 다가온 칸트의 생각의 방향, 세상을 관찰하면서 느끼고 바라보는 칸트의 직관적 의미부여 방법을 이해한 대로 받아들이고 지금 시대의 시각으로 옮기려 노력했다는 점을 꼭 밝혀두고 싶다. 당신이 누군가를 만나, 만난 시간과 공간 속에서 공유한 무엇이 있다면 그 순간 공유한 생각은 (비록 당신이 만난 사람의 정체성, 철학, 과학적 사유와 거리가 있다고 하더라도) 충분히 가치롭다고 믿는다.

칸트는 기본에 충실하라고 말한다. 관찰하고 경험하고 이후 이성에 의해 자신만의 개념을 만드는 것 이외의 삶은 없다고 강조하는 듯하다. 꽃을 보면 꽃의 이름을 찾아보기 전에 제발 그 순간 꽃을 관찰하고 또 관찰하라고 칸트는 강조한다. 이미 만들어져 포장된 지식에 오염되지 않은 관찰로 자신만의 개념을 기어코 만들라 한다. 우리 모두는 그럴 수 있는 능력이 있고 개념을 만들면 그 과정이 또 다른 아이디어를 만드는 능력을 제공한다고 설명한다. 그 능력은 우리 모두 가지고 있는 이성이다. 모두 가지고 있지만 자주 사용해야 한다고도 한다. 칸트의 개념 만들기는 쉬운 듯 쉽지 않다. 만들어도 특별할 것 없어 보이고 남으로부터 인정받기 쉽지 않다. 그래서 사람들은 칸트의 말을 듣기보단 훨씬 쉬운 길을 택한다. 감각으로 관찰하고 분석하여 개념을 만들기보다는 다른 사람, 문화가 만든 레디메이드Ready-made 개념을 가져와 인용하면 훨씬 쉽고 효율적이고 또 다른 사람들을 설득해 인정받기도 쉽기 때문이다. 지식의 성격이 그렇다. 레디메이드 개념, 즉 지식을 활용하는 방법을 매너리즘이라고 한다.

'매너리즘'으로 접근하는 방식은 형식-진실-개념-지식의 경로와는 완전히 다를 수 있다. 1965년 예술사학자 아르놀트 하우저Arnold Hauser는 자연적 형식이나 관점을 뛰어넘거나 부풀리는 후기 르네상스 시기의 매너리즘 풍조에 대한 저서[2]를 발표했다. 그에 따르면, 매너리즘 과학자는 이미 알려진 지식에서

---

2 〈Mannerism: the crisis of the Renaissance & the origin of modern art〉, "Knopf", 1965.

전통적 형식-진실-개념 경로를 밟아 새로운 지식을 직관하는 대신 그 단계를 뛰어넘어 알려진 지식에서 새로운 지식을 추론해낸다. 이 발상을 다른 맥락에서 생각해보자. 축구 경기에서 부상당한 선수가 경기 중 교체될 때, 새로 투입된 선수는 이미 만들어진 절차에 들어서는 것과 같다. 이미 많은 답이 나왔고, 결론에 이르는 길은 잘 닦여 있다. 물론 자신의 생각과 관찰이 완전히 배제되는 것은 아니지만 매너리즘은 정답 있는 체계적 삶과 많이 닮아 있다. 이렇게 새로운 지식의 발명은 거의 무의식적인 행동으로 일어난다. 매너리즘은 효율적이고 엄청난 위력을 발휘하기도 한다. 과학뿐 아니라 많은 학술 분야에서 우리는 아무리 참신한 결론이라도 이미 지나온 경로에 의존하여 얻어진다.

칸트처럼 곧이곧대로 관찰하고 개념을 만드는 것은 대중에게 결코 쉽지 않다. 그래서 매너리즘에 빠진다. 물론 매너리즘은 틀린 것도 아니고 때론 충분히 활용할 필요도 있다. 다만 정체성을 잃을 정도여서는 안 된다. 현실감을 잃지 않으면서 정체성을 확보하는 방법으로 한 가지 추천할 방법이 있다. 이미 가지고 있는 개념과 지식이 있을 때 새로운 상황에서 새로운 개념을 만들어 보는 거다. 유전이라는 개념이 이미 있고 학교에서 배웠고 책에서도 공부했다. 그런데 추가로 DNA란 새로운 개념이 만들어졌다. 그럼 우리는 유전이란 기존 개념이 DNA

라는 새로운 개념으로 강해지면서 완성되는 것을 경험한다. K 리그라는 축구 경기에 익숙한 사람도 영국 프리미어리그를 알게 되면 K리그에 실망하고 우습게 보일 수도 있지만, 한국에 있는 축구팬으로서 K리그를 무시하기보다는 새로운 K리그로 한 단계 올려 이해하는 거다. 축구에 대한 새로운 이해를 가지게 된다. 이를 '실용주의'라고 부른다. 사실 칸트의 명쾌한 논리가 실용주의의 도전을 받은 것은 그가 이성주의 사상을 발표하고 100년밖에 지나지 않은 시점이었다. 1870년대 미국에서 윌리엄 제임스, 찰스 샌더스 피어스, 존 듀이 등으로부터 시작된 실용주의는 다른 진실과 지식이 서로의 존재를 완성하는 방식이다. 처음 이 생각을 제시한 것은 피어스였지만, 실용주의라는 명칭을 각인시킨 것은 윌리엄 제임스였다[3]. 미국 남북전쟁이후 대호황 시대의 산물이나 마찬가지인 실용주의는 모든 개념이나 발상(지식, 언어, 신념체계, 과학 등을 폭넓게 아울러)은 실제 활용될 수 있는 측면에서 보는 것이 가장 좋다고 주장한다. 미국 실용주의를 조금 더 피부에 와닿게 설명하면 기존에 있던 개념이 새로운 개념으로 교체되는 것이 아니라, 합쳐져서 완성되는 것이다. 어린 시절 자신의 모습을 한번 상상해보자. 가족 외 또래 친구를 처음 만나 사귀면 자신의 정체성이 사라지는

---

3   William James, 〈Philosophical conceptions and practical results〉, "the University of Chronical", 1898.

것이 아니라 친구를 만나 자신이 변해 새로운 자아로 재탄생하는 것과 같다. 이후 수많은 자아가 누군가를 만나 재탄생되고 완성되어왔을 것이다. 실용주의는 교체와 쇄신이 아니라 완성을 주장한다.

2

진실이 허락되니 생긴 위기

두통이 있을 때 약을 먹으면 빨리 회복된다. 약을 먹지 않는 대신 심호흡을 하고 휴식을 취하는 방법도 있다. 하지만 후자의 방법은 약을 복용하는 것에 비해 회복되기까지 훨씬 오래 걸린다. 어느 쪽이든 두통이 가시는 효과는 있지만, 약의 신속한 효과에 익숙해진 사회에 살고 있는 우리는 약이 낫다고 믿는다.

코로나 이후 불어닥친 경제 문제를 해결하는 데에도 두 가지 상반된 견해가 있었다. 팬데믹 시기 세계 대부분의 정부가 구제금융 제공, 통화 공급량 증가, 법정금리 인하 등으로 경제를 뒷받침하고자 노력했다. 이 방법의 찬성론자들도 통화량 증가가 인플레이션을 야기할 가능성이 높다는 것은 알지만, 국가적, 세계적 긴급 사태를 감안할 때 어쩔 수 없는 선택이라고 주장했다. 경제학자와 정치인 중 반대 견해를 가진 이들은 물가 상승률이 높아지면 팬데믹보다 더 큰 피해를 초래해 국제 경제의 붕괴와 이에 따른 세계 주식시장의 대폭락으로 이어질 수 있다고 주장했다. 그래서 정부가 나서서 인위적인 정책으로 해결하려 하지 말고 힘들어도 시장 질서에서 활력이 살아나는 방향으로 자구책을 모색해야 한다고 주장했다. 정부에서는 이를 위한 최소한의 지원만 해야 한다는 것이다. 어느 쪽 전략을 택하든 실업률 증가와 유동성 문제는 생길 것이다. 각각 자신의 해결책이 현재의 어려움을 타개할 나은 길이라는 신념에 바탕을 둔 상반된 두 의견이 함께 존재하는 형국이다.

어렵고 위험한 상황에서 극복하기 위한 길이 아예 없거나, 있더라도 하나가 아니라 여러 갈래일 때 우린 '위기'라고 한다. 그런 의미에서 코로나 팬데믹은 위기였다. 위기는 단순히 위험한 순간이라기보단 결정적 순간에 해야 할 중요한 판단을 요하는 터닝포인트다. 위기 상황에서 내린 결정은 광범위한 파급 효과를 가진다. 위기는 복잡한 해결책과 섬세한 의사 결정을 필요로 한다. 복잡한 질문에 간단한 답은 없다.

혹시, 코로나 팬데믹은 위기라기보단 재앙이라고 해야 할까? 사회학자 니클라스 루만Niklas Luhmann은 우리가 '재앙'이라는 말을 마치 불화, 혼돈 같은 말처럼 불운이라는 개념을 표현하기 위해 사용한다고 했다[4]. 『메리엄-웹스터 사전The Merriam-Webster Pocket Dictionary』은 재앙을 '큰 불운'으로 정의하고 있는데[5], 코로나 팬데믹을 재앙이라고 표현하는 순간 여러 측면에서 인류에게는 면죄부를 주는 듯해 보인다. 즉 운이 나빴고 여건이 안전하지 못해 팬데믹이 발생했기 때문에 인류의 잘못은 아니라는 것이다. 팬데믹을 재앙이라고 이름 붙이면 우리는 죄책감과 책임감에서 해방될 수 있고, 팬데믹은 물리적 거리두기와 같은 사회적 해결책이나 백신과 같은 과학적 해결책으로 풀 수 있는 문제가 된다. 그렇지만 이것을 재앙으로 분류해버리기에는 석연찮은 부분이 너무 많다. 기후변화 위기처럼 팬데믹의 원인에는 인류의 산업 활동, 생명 경시가 있다는 개연성을 무시하기 힘들기 때문이다.

그의 다른 책 『리스크Risk: A Sociological Theory』에 소개된 예를 통해 위기, 리스크를 좀 더 생각해보고자 한다. 20세기 후반, 스웨덴의 인적이 드문 지역에서 미사일 실험이 계획되었다. 외딴 곳이라 주민들은 헬기로만 대피할 수 있었다. 그런데 헬기로 대피하는 주민들이 사고를 당할 확률이 대피하지 않아 미사일 잔해에 의해 피해를 입을 확률보다 높게 나왔다고 한다. 이 경우에는 주민을 대피시켜야 할까 아니면 사고 발생 확률에 근거해

---

4 Merriam-Webster, 『The Merriam-Webster Pocket Dictionary』, "Merriam Webster", 1963.
5 Niklas Luhmann, 『Risk: A Sociological Theory』, "De Gruyter", 1993.

서 대피하지 않을 것을 추천해야 할까?

이를 팬데믹에 적용시켜보자. 팬데믹 발생 1년 여 만에 여러 가지 백신이 개발되었다. 각국 정부는 선택을 해야 했다. 아직 알려지지 않은 위험이 있을 수도 있지만 국민 대상 백신 접종을 해야 할까? 현재 밝혀진 백신 효과, 부작용의 과학적 사실에 기반하면 백신을 맞아 부작용으로 사망 또는 중증을 앓을 가능성은 백신을 맞지 않아 코로나로 사망 또는 중증을 앓을 확률이 훨씬 낮다고 알려져 있다. 여기서 과학적 사실은 전문가 집단에 의해 연구되어 학술지에 발표된 논문과 그들의 실험 결과를 의미하며 발생하는 중증과 사망은 상대적으로 단기간에 나타나는 것을 전제한다. 백신을 거부하는 국가는 없는 것을 보면 백신 접종의 이익이 백신 접종 위험보다 크다는 데 폭넓은 합의가 이루어진 듯하다. 따라서 어떤 경우든 각국에서 백신 접종을 할지 말지 결정하는 것은 우리가 앞에서 정의한 위기 사례가 아니다. 세계 모든 정부에게 백신은 필수이지 선택을 전제로 하는 리스크가 아니다. 코로나 백신에 대해서는 과학이 사실에 근거하여 진실을 허락했지만 리스크는 생겨나지 않았다. 백신 리스크는 최소한 정부 차원에서는 일어나지 않았다.

팬데믹 시기 세계 각국 정부가 리스크일 수 있었지만 선택되지 않아 리스크로 보이지 않았던 백신과는 달리 정부에 따라 다른 선택이 다양하게 발생하는 위기를 내포한 정책도 있었다.

물리적 거리두기, 이동의 자유 제한, 식당과 상점 폐쇄, 마스크 착용 의무화 등의 조치가 그것이다. 각국의 정부는 상황을 파악하고 나름의 과학적 근거, 예측모델을 사용하여 국민을 위한 정책을 선택했다. 어떤 나라는 셧다운 수준의 국민이동제한을 가하는가 하면 어떤 국가의 정부는 상대적으로 자유로운 이동을 허락하는 정책을 선택했다. 팬데믹 초기 강력한 행정 명령으로 K-방역을 시행해 코로나 전파를 최소화한 한국은 방역 모범 국가로 인정받았지만 팬데믹 후기 오미크론 변이에 대해서는 거리두기, 영업 시간 제한, 방역패스 등의 적용으로 높은 확진자 발생을 억제하는 데 큰 성공을 보이지는 못했다. 하지만 각국 정부가 어떤 선택을 했든 국민의 안전을 위해 내려진 판단에 근거한 것이고 최선의 선택을 한 국가와 정부를 예단하기는 어렵다.

나는 다른 시각으로 팬데믹 상황을 바라보았다. 백신 개발과 접종, 팬데믹 극복 노력에서 우리가 간과했던 것이 하나 있는데, 모든 결정 즉 리스크를 판단하고 행동을 이어가는 대부분의 일이 국가와 정부 단위에서 일어났다는 점이다. 개인에게는 그다지 중요한 결정을 내릴 기회조차 주어지지 않았다는 거다. 정부가 추진하는 법에 근거한 정책과 행정 명령에는 국민 개인 차원에서 선택의 여지가 없지 않은가. 즉 개인 차원에서 전지구적 팬데믹을 어떻게 대응할지 선택할 여지가 없다. 우리에게 선택지가 있는 것이 아니기 때문에 리스크도 우리가 감수하는 것이 아니다. 이러한 결정권의 대부분은 정부가 국민을 대신해서 판단하고 결정해준다. 국민은 그저 따를 뿐이다. 이를 두고 비판의 시각과 의견이 있을 수 있지만 정부가 국민의 권리를 빼앗아갔다고 하는 경우는 매우 드물다. 정부의 정책으로 피해를 본 집단, 자영업자 집단 등은 정부에게 피해보상을 요구하지만 정부의 결정, 즉 국가적 리스크에서 내려진 선택에 대한 책임을 법적 또는 도덕적으로 묻지는 않는다. 백신 접종 후 부작용으로 사망한 피해자 가족 또는 고통을 겪고 있는 사람들도 정부에 대해 고통에 대한 관심을 요구하지만 그렇다고 백신의 과학적 사실에 근거해 안정성을 보장한 정부와 전문가들에게 법적, 도덕적 책임을 묻지는 않는 듯하다.

거의 모든 정부가 국민의 직접적 동의를 구하지 않고 코로나 팬데믹 극복에 필요한 과감한 조치를 결정했다. 요컨대 정부는 자체적으로 리스크를 평가하여 결정을 내렸고, 국민은 리스크와 위기를 직접 겪지 못하고 그저 위험만 겪었다. 정부는 급박한 팬데믹 시기 리스크 판단과 결정에 국민의 의견을 묻지 않았다. 물론 그렇게 하기 쉽지 않다는 것은 충분히 이해되지만 그렇다고 그것만이 길이라고 강요할 수는 없다고 판단한다. 팬데믹 시기 재난 상황 극복이 이후 장기적 인류의 복합적인 리스크에 어떤 영향을 미칠지는 불확실하며 결과는 팬데믹 시기 결정을 내린 정부가 아니라 고스란히 대중의 몫이었기 때문이다. 갑작스럽게 들이닥친 팬데믹이었지만 정부에 의해 모든 리스크가 판단되고 결정되는 대신 대중이 직접 판단하고 결정할 수 있는 가능성은 정말 없었는지, 그리고 향후 유사한 재난 수준의 리스크가 닥쳤을 때 대중의 결정으로 극복해가는 모델은 없는지 고민해보았으면 한다. 왜냐하면 이게 끝이 아닐 수 있으며 기후변화 위기 또는 전혀 예상 못하고 있는 다른 위기가 닥쳐올 수 있기 때문이다.

첨단 과학으로 수많은 사실들이 선택될 수 있음에도 위기상황에 닥쳤을 때 믿음이 만들어내는 진실은 왜 늘 국가 단위로만 이루어져야 하는지, 이번 기회에 대중 차원의 질문이 필요하다고 생각한다. 과학은 진실을 모두에게 허락했는데 위기 상황에서의 리스크 대응 판단에 그 진실이 사용될 수 없다면 과학과 세상의 간극은 무엇으로 메울 수 있을지 걱정이다.

기후위기 사태와 코로나 팬데믹 사이에 유사성이 발견된다. 여러 해에 걸친 NGO, 연구진, 활동가들의 투쟁 끝에 각국 정부는 대부분 기후 문제를 인정했다. 변화를 위한 의사결정은 지금 진행되고 있지만, 대부분 대중의 의견 반영 없이 정부가 자체적으로 내린다. 예컨대 어떤 에너지원을 사용할지도 우리 마음대로 선택할 수 없고, 사용 가능한 것들 중에서 골라야 하는데 정부의 결정에 거의 전적으로 따를 수밖에 없다. 우리가 정말 선택할 수 있는 순간은 투표할 때가 유일하다. 사용할 전력 방식에 대한 진정한 선택권을 가지려면 집에 탄소집약적 에너지원과 재생에너지원, 두 종류의 전기를 공급하는 콘센트가 따로 있어야 하므로 지극히 제한적이고 지금 이것은 거의 불가능해 보인다.

코로나 팬데믹 극복은 어쩔 수 없었다고 하지만, 기후위기만큼은 국가간, 정부간의 다툼에 전적으로 의존하지 않았으면 한다. 경제 강대국의 지도자가 바뀌면 유행처럼 기후위기 극복이 부각되었다가, 다른 지도자가 선출되면 분위기가 급반전되어 언제 그랬냐고 되돌리곤 한다. 기후위기 극복 노력이 형성될 때에도 대부분 정부 중심의 정책과 마련된 여러 법, 세제 지원, 탄소 거래, 탄소 국경 등과 같은 경제적 해법에 목을 매는 형국이다. 이 모든 것에 대중 중심의 움직임은 찾아보기 힘들다. 기껏해야 활동가들의 움직임이 유일해 보이지만 활동가들도 정부와 정책, 관련 법의 변화를 요구하지 대중 중심의 움직임을 만들어내지는 못한다. 무엇을 위한 활동인지 의아해하지 않을 수 없다. 누구를 향한 분노인지 혼란스럽기도 하다. 정부와 지도자들인가? 그러나 활동가의 분노의 대상이 되는 그들은 전혀 신경 쓰지 않는 듯하다. 눈도 깜짝하지 않을 것이다. 활동가들의 분노도 현 사태에 특별한 책임이 없는 대중에게만 미치고 있다는 아이러니는 또 무엇인가? 국제기구, 정부, 기업들의 무늬만 기후위기 극복인 활동에 단순한 반대 대신 깊은 부정을 해야 한다. 부정은 쉽게 정해버리고 안주하지 않고 여러 다른 길을 찾아 보여주는 노력이다. 대중 중심의 부정이 지금 위기에 대한 책임 있는 결정임을 강조하고 싶다.

3

허락되지 않은 위기

기후변화로 인해 많은 생물종이 멸종될 위기에 처해 있다고 우리 모두는 알고 있다. 누구나 얼음 한 조각을 딛고 서서 오도 가도 못하고 있는 북극곰의 사진을 본 적 있고, 그런 북극곰에게 관심을 가진다. 이런 관심은 때론 북극곰을 걱정하는 마음으로 이어져 북극곰을 지키기 위해 행동을 취하는 단체에 기부하기도 한다. '관심'과 '걱정'은 작은 차이지만 엄연히 다르다. 관심은 글자 그대로 마음을 보는 것이다. 어려움에 처한 북극곰의 이미지에 관심이 갔다가도 특별히 하는 일이 없다면 그냥 관심만 가진 경우다. 하지만 걱정은 관심을 가진 후에 어느 정도의 행동으로 이어진다.

부모라면 누구나 자녀에게 관심이 있다. 하지만 부모는 관심에서 그치지 않는다. 걱정하기에 행동으로 이어진다. 마음을 담아 건강한 음식을 차려 먹이고 싶어하고, 여러 방면에서 보살핀다. 부모는 걱정하기의 명수다. 직업이 걱정하는 사람이라고 해도 과언이 아니다. 걱정하고 무언가 해주는 행동 중에 잔소리도 있다. 자식에게 부모가 하는 잔소리는 애정의 다른 표현이다. 자녀들은 잔소리를 듣기 싫어하지만 대개는 부모의 잔소리는 애정 어린 걱정이란 것을 의심하지 않는다. 세상 부모는 모두 자식을 걱정하고 잔소리하는 직업을 가졌다. 즉 관심을 넘어 행동으로 넘어가기 위해 필요한 절차가 우리에게 있는데 이것이 걱정인 셈이다.

기후 변화는 누구나 관심 있는 듯 보이지만 아무도 관심 없는 것 같은 문제다. 실제로 이를 극복하기 위해 노력하라고 스스로를 다그치는 사람은 보기 어렵다. 한여름 폭염으로 힘들 때마다 미디어에서는 기후 변화를 언급한다. 2022년 이른 봄에 있었던 최악의 강원도 산불도, 2023년 겪은 집중호우로 인한 물난리도 기후변화와 무관하지 않다고 전문가들은 분석한다. 대중의 입장에서는 과학자, 전문가, 미디어에서 그렇다고 하니 그런가 보다 할 뿐 실상 일상에서 기후변화를 실질적으로 느낄 수 있는 순간은 흔치 않다. 즉 알려주니 배워서 아는 것이지 직접 경험을 통해 체험한 것은 아니라고 할 수 있다. 다큐멘터리를 통해 무너져내리는 빙하를 보면서, 해수면 상승으로 발생한 기후 난민을 보면서 아는 것이지 일상에서 체험한 것은 아니다. 관심은 가지되 걱정은 안 하는 거다. 일상의 어려움이 없기 때문이다. 기후변화 위기에 관심을 가지더라도 그것이 탄소 배출이 적은 차로 바꾸거나 비행기를 적게 타는 등의 행동으로 이어지기 쉽지 않다. 낡은 차를 전기차로 바꾸면서 핑계로 활용하기는 하지만 기후변화 때문에 차를 바꿨다고 하면 실제로 그런 사람이 있다고 하더라도 이를 믿어주는 사람은 많지 않을 듯하다. 기후변화 위기에 대한 관심은 가지만 실질적으로 걱정되지는 않기 때문이다.

이것은 선과 악의 문제는 아니다. 미디어나 책을 통해 유명한 방송인이나 작가에게 아무리 많이 배웠더라도, 우리가 배운 것은 먼 곳 어딘가의 사실이다. 얼음 한 조각에 발이 묶인 북극곰의 모습을 눈으로 보면서도 그 상황이 어떨지 느낄 수는 없다. 일정 부분 진실이겠지만 느껴지지는 않는 것이다.

그렇다 하더라도 이처럼 관찰된 진실을 통해 우리는 기후변화에 신경을 쓸 수 있다. 그렇지만 행동을 바꾸기 위해서는 그만큼 '걱정'해야 한다. 바다에 뜬 얼음 조각에 발이 묶인 기분은 알 수 없더라도 기후변화가 실재한다는 믿음을 갖고 운전 대신 걷기를 선택할 만큼의 걱정은 할 수도 있겠다.

달에 가본 적 없는 우리는 달에 관심을 가지며, 달이 얼마나 중요하고 아름다운지 알고 있다. 발을 디뎌볼 일이 전혀 없을 줄 잘 알면서도 다른 행성의 존재에도 관심을 가진다. 하지만 행성들을 보호하기 위해 직접 어떤 행동을 할 만큼 걱정하지는 않는다. 사실 대중에게는 그럴 만한 능력도 기회도 없다. 우주를 탐사할 정도로 부유한 몇몇 기업 또는 정부기구가 달과 지구에서 가까운 화성 같은 행성 탐사와 개척을 원하지만, 그곳이 좋고 마음에 들어서가 아니라 거기서 취할 수 있는 자원을 놓칠 걱정 때문이다. 돈 많은 개인까지 이 대열에 동참했다. 일론 머스크의 화성 여행이 정말 화성을 위해서인 것 같지는 않다. 그보다는 화성에 가겠다는 꿈을 위해 막대한 돈을 지출할 의사가 있는 부자들을 대상으로 하는 새로운 사업 영역을 확장하려는 듯하다. 달과 화성에 관심을 가지는 것과 걱정하는 대상이 다른 경우이다.

각국 정부는 화석연료 교통수단의 금지, 전기 또는 수소연료 기술로의 대체 등 조치를 취할 만큼 기후변화를 걱정하고 있음을 표방하지만, 정부기관들이 의사결정과 정책 발표 시 내세우는 이유가 무엇이든 이들이 진정으로 지구 환경과 인류가 직면한 기후 비상 사태를 신경 쓰고 있는 것 같지는 않다. 관심을 보이는 대상은 동일한 듯 보이지만 걱정하는 대상은 엄연히 다르다. 많은 경우, 기후변화에 관심을 보이지만 실상은 기후변화 위기를 활용한 사업을 걱정하기에 실질적인 행동은 사업인 셈이다. ESG 경영 등이 대표적인 예다. 관심의 대상과 걱정하고 행동하는 대상은 겉모습만 같지 실질적으로는 다르다.

위기는 위험한 기회이다. 위험도 있지만 기회가 있을 때 위기가 된다. 위험은 있되 기회가 없으면 그냥 위험한 재난이다. 기회에는 선택이 따른다. 선택할 기회가 주어져야 진정한 기회이다. 좋은 기회라고 하면서 택할 수 있는 옵션이 없고 그냥 하나의 길만 있다면 이는 기회가 아닌 그냥 좋은 혜택, 특혜이다. 선택권 없는 약자에게 보여주는 기만이라 할 수 있다.

기후위기라고 하면서 선택하는 주체는 따로 있고 주체가 선택한 결과를 그냥 지켜야 하는 사람들이 있다면 기후위기의 위기는 선택 주체에게만 해당되지 선택된 길을 따라야 하는 사람들에게는 규범, 명령에 가깝다. 지금의 기후위기가 그런 모습을 띠고 있다. 국가를 대표하는 정부간 협의체는 기후변화 위기를 여러 옵션 중 선택하여 목표를 정하고 각 정부는 실천안을 정한다. 그리고 국민들에게 기후위기라고 말하며 이미 정해 놓은 목표를 알리고 정부의 정책을 잘 지켜주고 협조할 것을 부탁한다. 정책을 홍보하고 부탁하지만 실은 잘 따라달라는 반강제적인 정책이다. 국민이 잘 지키지 않으면 법적 제재와 보상을 설계하여 어떻게든 정부의 선택이 옳았다는 것을 관철시킨다. 정부의 위기이지 국민의 위기가 아님을 분명히 해야 한다. 국민에게는 선택할 길이 없다. 길을 가든지 가지 않든지 택할 수는 있지만 가지 않을 경우 법적, 경제적 불이익을 각오해야 한다.

기후 변화 위기 대응을 위한 에너지 정책의 예를 들어도 이는 분명해진다. 정부는 기후 변화 위기 극복을 위한 녹색에너지 정책 목표를 정하고 목표 달성을 위한 재생에너지 정책을 마련한다. 그리고 택한다. 태양광, 풍력으로 택하기도 하고 정부에 따라서는 천연가스와 원자력을 녹색에너지 분류에 포함시키기도 한다. 이 또한 정부가 한다. 정부는 국민의 뜻에 따라 에너지 정책을 정한다고 하지만 꼭 그렇지 않음을 국민은 잘 알고 있다. 한전에서 전기를 생산해서 보내면 소비자는 쓴다. 아껴 쓰는 것이 유일한 기후위기 실천인 셈이다. 국가 차원에서 생산되는 전기가 화력, 풍력, 태양광, 원자력, 수력, 바이오별로 공급된다면 소비자는 자신들이 택한 에너지원을 사용함으로써 비로소 기후위기에 관심을 가지고 걱정하는 행동을 한 것이다. 하지만 지금 그렇게 하는 국가, 정부는 지구상에 없다. 정부가 에너지원을 정하고 국민은 전기를 쓰는 지금의 길밖에 없는 것은 아니다. 비록 한전에서 생산하여 보내오는 전기에는 에너지원에 따라 분류되지는 않지만 소비자는 에너지원을 다르게 선택하고 선택한 에너지원에 따라 전기료를 다르게 납부하는 방법도 마음만 있다면 얼마든지 가능하다. 요리할 땐 태양광발전 전기를, 샤워할 때는 원자력 발전 전기를, 공공버스를 탈 때는 풍력으로 발전한 전기를 사용하는 전기버스를 선택해서 다른 요금을 내는 거다. 이렇게 함으로써 비록 전기는 분리되지 않지만 사용자는 선택한 전기를 이용하는 거다. 이런 방법을 통해 소비자 개인이 직접 전기 에너지원을 택함으로써 기후위기, 에너지위기를 일상에서 느끼고 관심이 걱정과 행동으로 이어지게 할 수 있다. 관심은 기후위기지만 실제 걱정하는 것은 자신이 지지하는 대통령 후보, 정당이 되는 지금의 민주주의를 보완하고 대체할 수 있는 아이디어가 된다. 이렇게 함으로써 직접 참여에 한계를 가지고 있는 지금의 민주주의 투표 제도를 디지털시대 기술적으로 가능한 일상 민주주의로 전환해갈 수 있게 된다.

기후위기, 생태위기, 에너지위기에 대한, 대중의 관심과 걱정의 대상을 일상 속에서 같은 수준으로 만들 수 있는 정치가 가능하다. 그렇게 해야만 대중이 커진다. 대중이 커지면 국가가 커진다. 반면 정부의 역할을 크게 하면 대중이 작아지고 당연히 국가가 작아진다. 일상 속 대중이 기후위기에 관심을 가지고 있다면 걱정하고 선택하는 행동으로 이어지는 길이 열려야 한다. 생태도 에너지도 마찬가지다. 정부가 모든 것을 하겠다고 하는 것은 대중이 아니라 국민을 원하는 거다. 그렇게 되면 국민은 선택해서 행동하지 못하고 체계 속에서 코드에 맞게 작동할 뿐이다. 생각하고 판단해서 자신이 선택한 방향으로 행동하는 것으로 느끼도록 교묘하게 설계해두었을 뿐 실제로는 국민은 정부의 코드대로 작동, 비작동할 뿐이다. 비작동은 대부분 다른 정부가 들어서길 기다리는 또 다른 국민일 뿐 선택하는 대중이 아님을 제대로 이해해야 한다.

4

대안이 없다고? 과연 그럴까?

"티나TINA, There is no alternative!"

영국의 총리였던 마거릿 대처Margaret Thatcher가 자주 외쳤던 말이다. 대처는 1980년대 사회주의 모델에서 탈피하여 신자유주의 시장경제 구축을 위해 애썼고 상당한 성공을 거둔 인물이다. 그의 정책인 대처리즘Thatcherism은 서구 국가에 찾아온 근본적 변화와 함께 미국 로널드 레이건 정부의 정책 노선인 레이거노믹스는 선진국 산업화 세계를 크게 변화시켰다.

한국 정부도 예외가 아니었다. 일반적으로 평등과 부의 재분배에 더 관심이 있을 것이라 여겼던 한국 IMF 시절 이후의 진보 성향의 정부들도 신자유주의를 채택했다. 보수 우파 정부에서나 기대했을 법한 일이었다. 경제성장의 기치 아래 신자유주의적 시장 경제 구축을 추진했던 것이다. 국가적 재난 상황이었던 IMF를 어떻게든 벗어나야 했던 김대중 정부에서 신자유주의를 택한 것은 어쩔 수 없었다 하더라도, 이후 티나[TINA] 분위기는 진보 정권에서도 예외 없이 이어져왔다.

사회 전체의 안녕을 추구하는 복지는 대개 정부 중심으로 진행되고, 이는 세금에 기반을 둔다. 세제 수입이 없다면 어떤 복지 정책도 시행할 수 없다. 정권을 쥔 정부의 성향과 무관하다. 경제가 성장하면 정부의 세수가 증가하므로 복지에 활용할 예산도 늘어날 가능성이 크지만, 반드시 이 분야에 배정되는 것은 아니다. 하지만 복지가 가능하려면 경제성장은 필수 조건이라는 데에는 이견을 가지기 힘들다. 지금 세상의 논리가 그렇다. 복지를 받으려면 경제성장을 해야 하고 이를 위해서는 신자유주의 시장경제가 필수불가결하다는 거다. 나눌 게 없는데 어떻게 사회복지가 가능하냐고 목소리를 높이면 뭐라도 대응하기 결코 쉽지 않다. 신자유주의자들의 티나[TINA] 논리다.

에너지 정책을 예로 들어보자. 대부분 국가는 대규모 에너지 소비 산업에 대한 근본적인 변화를 고려하지 않는다. 경제성장과 국가산업 주도 비즈니스이기만 하면 에너지 소비 자체가 문제가 되지 않는다. 화석연료 대신 재생에너지로 바꾸면 엄청난 에너지 사용은 용인되는 듯하다. 심지어 천연가스와 원자력도 그린에너지 분류에 포함시키는 정책이 제안되기도 한다. 탄소배출을 피할 수만 있다면 다른 부작용과 폐기물은 배제하지 않을 태세다. 천연가스와 원자력은 탄소중립 목표를 이루기 위해서는 어쩔 수 없고, 재생에너지도 농지와 산림에 피해를 입히고 해안 생태계에도 악영향을 주지 않느냐는 논리다. 여기서도 '대안이 없다' 주장은 설득력을 얻고 있다.

제1차 산업혁명 이후 자본주의 사고에는 대안이 없다고 여겨졌고, 이는 대다수 정치권과 행정부의 기본 구호가 되었다. 이들이 보기에는 경제성장 없는 자본주의는 허황된 목표이며, 성장의 대안은 없다. 사회주의 성향의 정당도 평등과 복지를 조금 더 강조할지 모르지만, 이들도 어쩔 수 없이 경제성장이라는 헤게모니에 사로잡혀 있는 듯 보인다. 복지와 평등에 신경 쓰고 있다고 말하지 않을 정부는 없겠지만, 실상 모든 정부의 관심사는 권력 유지와 연장일 것이다. 복지에 관한 립서비스는 인기 좋은 대중적 구호지만, 대부분의 선진국에서 지속적이고 거침없는 경제성장에 타당성을 부여하려면 신자유주의적 사고 외에는 사실상 대안이 없다고 규정짓고 싶어한다. 자본주의는 신자유주의 '대안이 없다' 모델을 만나 거침없는 전진을 하는 듯 보인다.

'대안이 없다'는 모델을 주장하는 집권 정부라도 국민 즉 유권자를 달래기 위해 통계 수치로 자신들의 정책 타당성을 증명하기 위해 끊임없이 노력해야 한다. 지구를 위한 기후변화 위기 극복과 대중을 위한 불평등 해소에 신경을 쓰고 있는 것처럼 보이지만, 정작 행동은 꼭 그렇지 않다. 경제학의 척도는 주로 주식 시장과 중앙은행을 통해 현실화되며 경제성장을 증명하는 도구가 되었고, 주식시장이 건강하게 성장하면 곧 사회가 건강하다는 뜻이 되기도 한다. 경제사회 분야 싱크탱크와 전문가들은 이를 뒷받침하며 '대안이 없다'는 사고 방식을 한층 더 정당화한다.

심지어 사회 성장의 모든 측면이 오로지 경제적 성장과 성과에 달렸다는 말까지 나온다. 이들에게는 다른 어떤 척도도 중요하지 않다. 경제성장을 달성하기 위해 다른 무엇보다 강조되는 두 가지 지표가 도입되었는데, 바로 '효율'과 '경제성'이다. 모든 사업과 사회 영역에서 효율과 경제성은 이제 불가침 영역이 되어버렸다. 경제성을 따져서는 안 되는, 따지는 것이 난센스인 분야에서도 경제성은 일상으로 너무나 깊숙이 들어와버렸다. 비즈니스 사업은 물론이고 문화, 예술, 교육, 의료, 전기와 물과 같은 공공재 등 경제성과 효율을 극복해야 하는 영역에서도 효율과 경제성은 예외가 아니다.

에너지와 물을 아껴 쓰는 것은 경제논리에 근거해서도 대체로 '좋은' 일이다. 에너지를 절약하면 비용이 절감되기 때문이다. 하지만 국가 전체로 보아 에너지 절약의 목표는 국민의 일상에서 아낀 에너지를 산업 영역에서의 활용을 위한 안정적인 확보인 경우가 많다. 국민의 일상에서 아낀 에너지가 산업에 쓰여 경제 발전에 활용되었다면 국가로 보아서는 효율적인 에너지 사용이 된다. 교육의 가치 역시 문화 및 사회 성장과 연관되기보다는 경제학적 측면에서 표현된다. 국민의 생명을 다뤄야 하는 재난 관리에서도 돈이 얼마나 절약되는가와 재난 발생 시 소요되는 사회적 비용을 예외 없이 강조한다. 우리가 하는 모든 일이 경제성과 효율의 프레임을 통해서만 측정되고 해석되며, 그 어떤 다른 기준은 객관적이지 못하다고 치부되어 고려되지 못한다. 이런 배경에도 예외 없이 '대안이 없다' 모델이 작동한다.

결국 지속적인 경제성장이 절대적으로 중요하고 자연과 환경에 대한 생각에 이르기까지 모든 영역에 '대안이 없다' 논리가 적용되고 있다. 조금만 다른 방향과 방법을 모색하려는 태도를 취하면 가차없이 대안 없는 비판을 하는 책임 없는 사람으로 몰려버리곤 한다. 이 논리대로라면 경제는 끊임없이 성장해야 하며 성장이 아닌 모든 것은 실패인 셈이다.

어딘가에 분명 경제성장 잠재력이 있고, 성장은 '좋은 것'과 동일시된다. 궁극적으로 경제 체제는 그 자체가 성장과 절대적으로 결부된다는 주장이다. 지금 우리 사회에서의 좋은 경제는 성장하는 경제다. 단순한 생각이지만 이러한 생각이 복잡한 체계에 얽혀들고 숫자와 경제학의 과학적 뒷받침을 받아 결국은 모든 것의 작동 규범, 즉 코드가 된다. 표준, 관행, 자연법까지 모든 것이 성장이라는 코드에 포섭되어버린다.

정말 대안이 없다! 확연하게 티 나는 다른 대안이 최소한 지금까지는 없어 보인다. 다양한 선택을 함으로써 여러 길을 열어주는 대신 경제성장 환상을 만들어 선택 없는 직진과 성장을 강조하는 전략은 어쨌든 효과가 있어 보인다. 왜냐하면 다른 대안이 없다는 강력한 무기와 과학이라는 이름의 보편적 통계 숫자가 논리적으로 지원하기 때문이다. 여러 갈래의 길을 원하는 대중을 눌러 앉히고 선택권 대신 단순 투표권만 국민에게 부여하는 티나^{TINA} 프로젝트는 엄청난 성공을 거두고 있다. 하지만 티는 여전히 난다.

가성비만 확보되면 만사가 형통이다. 어느 분야 하나 이것이 통하지 않는 분야가 없다. 큰 병으로 목숨이 위태로운 사람은 경제성과 효율이 중요하지 않지만 목숨이 위태로운 위기를 넘기면 어김없이 경제성과 효율을 따지게 된다. 병원도 마찬가지다. 병으로부터 생명을 구하는 숭고한 목표와 실천을 의심하지 않지만 그렇다고 해서 병원 경영의 경제성과 효율이 예외가 되지는 못한다. 우리 사회 경제성과 효율이 적용되지 않으면서 사람들의 관심을 끌고 행동으로까지 이어지는 가치를 가져올 수 있는 것은 정말 없는 것일까 질문해본다.

5

변화는 꿈도 꾸지 마라

　야구 경기에서 안타는 누가 만들까? 타자일까 투수일까 아니면 필드 위의 다른 선수들일까? 볼이 날아올랐다가 필드에 떨어지고 튕겨나오는 것은 뉴턴역학과 같은 물리법칙의 영향이겠지만, 안타인지 아웃인지를 결정하는 것은 물리법칙이 아니다. 배트를 휘두르는 속도, 투구의 구속과 구질, 팀의 능력과 경기 당일 선수의 컨디션, 바람과 기온, 경기장 환경, 이 밖에도 많은 것이 영향을 미친다. 자세히 분석하면 여러 요인의 비중을 파악할 수도 있겠지만, 볼이 어디에 어떻게 떨어질지를 궁극적으로 결정하는 요인은 무한대 조합이다.

　간단한 현상 하나라도 이렇듯 일어나기 위해서는 복잡한 요인들이 얽히고설켜 있다. 복잡성은 우리의 이해 능력을 초월한다. 그래서 스스로 그렇게 된다는 '자연'이란 이름을 붙였다.

투수는 특정 구질과 구속의 볼을 선택해서 던졌고, 타자는 이 공을 휘둘러 안타를 치길 원한다. 타자도 투수가 어떤 구질의 공을 던질지 예상하고 대처한다. 투수, 타자 모두 자신이 가진 마음을 상대에게 알려주지 않는다. 투수가 공을 던진 후 야구공이 날아오는 모습은 보이지만, 날아오는 공 속에 암호화되어 있는 미공개 정보를 타자가 모두 확인할 수는 없다. 처음엔 직구처럼 날아오던 공도 타자에게 거의 다 도달해서는 갑자기 떨어지기도 한다. 타자를 속인 것은 공이 아니라 투수가 공에 담아 넣은 미공개 코드 정보다.

야구 경기는 전략이 집합된 체계이다. 플레이는 의사소통이며, 공은 기호 또는 매체이다. 경기는 의사소통을 담고 있는 플레이들이 이어진다. 야구 경기라는 체계의 소통은 의미와 의도를 담은 야구공이라는 기호로 이루어진다.

야구공은 특정 팀이나 선수의 편을 들지 않고 양팀 모든 선수에게 공정하다. 또 공정해야 한다. 야구공을 제외한 모든 것은 개별 선수와 팀에 절대 공정할 수 없기에 야구공만이라도 공정해야 한다. 체계가 공정하려면 체계를 작동하는 소통의 도구, 즉 기호는 최소한 공정해야 한다. 하나의 체계인 야구 경기를 축구, 배구와 같은 다른 경기, 그리고 교육, 경제, 법 등과 같은 사회체계로 확장해가자. 사회체계도 의사소통 수단인 기호가 필요하다. 야구 경기 체계의 기호는 야구공이었다면 경제체계의 기호는 돈이고 교육체계의 기호는 성적표, 학점, 학위 등이다. 법체계의 법도 마찬가지다. 기호는 체계 의사소통에 참여하는 모든 이에게 공정하다. 공정하지 못하면 의사소통은 왜곡되고 해당 체계는 유지되기 힘들어진다.

체계가 유지되고 바람직한 방향으로 발전하면서 지속되길 원한다면 해당 체계와 기능적으로 관련되어 있으면서 허락된 기호가 사용되어야 한다. 교육체계는 교육기호로 소통되어야 하는데 경제기호인 돈이 사용되면 건전하고 바람직한 교육체계가 운영되기 힘들어진다. 의사소통은 기호를 통해 전달되는 정보로 시작된다. 야구공을 예를 들면, 야구공에 모든 정보가 담길 수는 없지만 모든 선수에게 공정한 야구공이어야 한다. 특정 투수에게만 야구공 회전수를 높이는 특수장치가 부착되면 체계의 공정성이 깨져 체계의 소통이 성립되지 못한다. 야구공을 통해서만 코드가 만들어져야 한다. 야구공을 투수가 던지는 순간, 직구, 투심 패스트볼, 포심 패스트볼, 슬라이드, 포크볼, 커브볼의 코드가 담기고 코드는 타자에게 다가가서는 실제로 현실이 된다. 정보에 코드가 담기면 비로소 현실이 된다. 야구 경기에서 사용하는 야구공이라는 기호는 두 팀에 동일하지만 경기에서 승리하기 위해 야구공 기호에 담는 코드는 경쟁팀에 숨겨야 한다. 상대팀은 오직 그 코드를 추측하고 예상할 뿐이다.

야구 경기처럼 팀이 정해져 있고 경기 룰이 분명하고 같은 팀과 경쟁팀이 명확하게 분리되는 경우는 어렵긴 하지만 그래도 이해가 가능하다. 하지만 체계가 있기는 한데 도대체 누가 동료이고 누가 적인지, 누구에게는 코드를 숨겨야 할지 모호하다면 체계 내에서 개인으로서 코드를 담은 기호를 어떻게 전달해야 할지 여간 혼란스러운 것이 아니다. 하지만 체계가 유지된다면 어떻게든 기호가 코드를 담아 작동하고 기능하고 있는 거다. 코드에 따라 기호가 현실이 된다면, 예를 들어, 야구공을 타자가 쳐서 안타를 만들면, 코드가 작동했다고 말한다. 투수는 커브를 던진다 던지지 않는다, 타자는 이번에 어떤 공이 오면 친다 안 친다, 1루로 진출한 선수가 이번 공에서 2루로 도루를 한다 안 한다, 이런 식으로 코드가 정해진다. 코드가 정해지면 바라고 의도했던 특정 현실이 되든지 되지 못하기도 한다.

　　어떤 조건에서는 코드가 현실이 되었다가도 다른 조건에서는 코드가 작동하지 않을 수 있다. 그래서 강한 야구팀을 만들기 위해서는 기호에 담기는 여러 코드가 원하는 현실이 되도록 프로그램을 잘 짜야 한다. 이것이 감독이 하는 일이다. 한 팀의 코드가 모두 다 작동할 수는 없으나 확률을 높이면 높일수록 강한 팀이 된다. 그럼에도 불구하고 변하지 않는 것은 기호가 여전히 혼란스러운 소통 속에서도 분명히 있고 누구에게나 공정하게 사용되기 위해 열려 있어야 한다는 것이다. 이를 사회로 확장하면 여러 체계가 사회를 이루고 체계 내 코드들이 작동할 것이다. 어떨 때는 현실화하는데 성공하고 어떨 땐 그렇지 못한다. 이를 합쳐서 멀리서 유기체처럼 바라보면 사회는 프로그램화 되어 있는 것처럼 보일 것이며 이를 질서라고 할 수 있다. 사회질서의 형성이다.

질서가 유지되는 듯 보였던 사회에도 무질서가 발생한다. 예컨대 교육체계는 전통적으로 오랜 시간에 걸쳐 형성된 프로그램으로 작동되지만 새로운 코드가 개입되기도 한다. 교육체계 속으로 경제체계가 개입되는 것이 한 예이다. 교육은 특정 코드를 담는 교육의 기호를 통해 작동해왔지만, 경제 기호인 돈과 돈의 코드가 개입하기도 한다. 두 가지 다른 코드를 합리적으로 섞어 이상적인 교육 프로그램을 만든다고는 하지만 원래 작동되었던 교육체계의 관점에서 보면 혼란스런 무질서가 생긴 거다. 무질서가 혼란을 야기해서 체계의 붕괴가 될지 혼돈을 가져와 근본적인 변화 움직임을 시작하는 계기가 될지는 불확실하며 대부분 사회 전체의 토론과 합의 절차를 통해 정해진다.

이렇듯 체계의 질서는 형성되는 것이다. 작동과 동시에 정해지는 것이 아니다. 형성된 질서가 어느 정도 유지되면 일정한 법칙이 관찰되며 법칙은 규범으로 굳어지는 것이 일반적이다. 한국, 미국, 일본의 프로야구는 같은 기호, 대부분 같은 코드를 사용하여 거의 유사한 프로그램으로 또한 거의 유사한 경기

패턴과 질서를 갖는다. 하지만 때로는 다른 질서가 생겨 국가별로 다른 재미가 있기도 하며 이러한 질서는 해당 국가의 특색에 맞게 작동하면서 유지되다가 법칙화, 규칙화된다. 국가별로 다른 야구 경기 룰을 가지고 있는 것이 그 예이다. 스트라이크 존이 다르고 심지어 사용하는 야구공 규격이 다르기도 하다. 자연계 생명체에서 돌연변이가 나타나듯 비록 출발은 같았지만 모습과 기능은 조금씩 달라지면서 변해간다. 사회체계도 그렇다.

야구는 인기 있는 스포츠다. 이는 야구 경기라는 체계가 제대로 작동하고 있다는 거다. 인기 있고 제대로 작동한다는 기준은 사람들이 모이고 유지될 수 있을 정도로 충분히 수익성이 확보되는 비즈니스란 뜻이다. 자본주의 사회에서 경제성과 효율을 충족하면서 프로그램이 작동하고 있다.

야구 경기와는 달리 제대로 작동하지 않는 체계로 관심을 돌려보자. 작동할 수 있고 작동했고 지금도 여전히 작동하는 기호와 코드를 가지고 있음에도 현재 제대로 작동하지 않는 체계를 말한다. 자본과 정부가 운영하는 국가 중심 가치 기준에서 제대로 작동하지 않는 체계들을 살펴보고자 한다.

교육체계가 대표적인 예이다. 교육체계 중에서도 학교를 살펴보면 자본주의 원리 속에서 충분히 작동하는 코드와 프로그램을 가진 학교가 있는데, 이는 학교를 다니고자 희망하는 학생들이 많아 경쟁이 발생하는 경우다. 반대로 정부의 지원 없이는 유지하기 힘든 학교도 있다. 현재 지방대학이 그렇고 시골의 많은 초등학교가 그러하다. 대학의 경우, 정부의 지원 없이 대학의 수입만으로 온전히 유지될 수 있는 대학은 엄밀히 말하면 없다고 할 수 있다. 어느 때인가부터 정부가 지원하는 것은 잊어버리고 혹은 당연한 것으로 치부한 이후에 그다음부터 체계의 코드와 프로그램을 따지게 되었다. 그러다 보니 정부의 지원을 많이 받는 대학과 그렇지 못한 대학이 경쟁해야 하고 언론은 경쟁의 결과인 대학 순위만 발표한다. 각 대학에 대한 정부지원 조건이 다른데 어떻게 경쟁이 될 수 있고 순위가 공정하게 매겨질 수 있는지 이해가 되지 않는다. 부모 찬스에는 그다지도 가혹하게 공정을 따지면서 정부 찬스에는 왜 이다지도 관대한가? 초중고등학교도 마찬가지다. 영재교육이라는 명목하에서 다른 일반학교에 비해 비교할 수 없을 정도의 지원을 받아 월등한 시설과 프로그램을 갖고 있는 학교가 있다. 당연하다고 넘겨버린 사회의 한 면을 다시 꼼꼼히 살펴봐야 한다. 공정을 얘기하면서 최첨단 무기를 가진 군대와 소총 한 자루 쥔 병사가 싸우게 해놓고는 승부를 가려 순위를 정하는 꼴이다.

교육의 기호인 학점, 학위는 모두 같아야 한다고 하고 졸업생에 대해 블라인드 채용을 한다고 하지만 그런 공정 지킴 장치로는 어림없다. 엄청난 차이를 만들어놓고는 같은 포장지로 가리는 것만으로 공정사회를 이룬다고 홍보한다. 기호의 맨 밑바닥 형식만 같을 뿐 실상은 기호가 같은 것이 아니라는 것을 이해해야 한다. 겉모양만 야구공일 뿐 값싼 고무로 만든 야구공을 기호로 제공하고는 열심히만 하면 프로야구 선수도 될 수 있고 메이저리거로 진출할 수 있다고 부추긴다. 고무로 만든 야구공에 치밀한 코드로 프로그램을 작동시킨다고 제대로된 야구 경기가 가능하겠는가? 이처럼 부실 대학, 부실 수업과 교육을 언급하면서 지원 축소, 폐지를 외치는 것이 현재 교육부라는 정부기관이다.

사람들은 "대안이 없다."라고 할 것이다. 국가의 미래를 책임질 인재를 기르는 대학에 선택과 집중하여 지원하는 것은 어쩔 수 없는 정책이라고 할 것이다. 티나^{TINA}의 논리다. 하지만 결단코 그렇지 않다! 변명을 늘어놓기 전에 제대로, 진정으로 변화를 꾀하는 고민을 했는지 생각해야 한다. 우선 정부로부터 지원받는 예산별로 대학, 교수, 학생의 성과를 평가하고 이를 기준으로 순위를 정해야 한다. 물론 교육과 연구에 순위를 매기는 것 자체가 바람직하지는 않다. 하지만 꼭 순위를 매겨 등수를 정해야겠다면 교육부 지원 예산을 분모로 해서 지원에 따른 성과를 따져야 한다. 즉 교육 기호 중 하나인 성과에 대한 코드를 달리함으로써 교육 소통의 공정성을 회복해야 한다는 거다.

두 번째, 정부의 지원이 꼭 대학을 향해야 하는지 따져보았으면 한다. 그럼 대학 교육을 지원하지 말라는 얘기냐고 따질 사람들이 있을 것이다. 그게 그 사람들 상상력의 한계다. 왜 학교를 지원하는 길만 있다고 보는가. 학생에게 직접 또는 교육자에게 도움을 주면 된다. 대학을 지원해서 그 예산이 학생에게 가는 구조가 아니라, 학생을 지원해서 그 예산이 대학으로 흘러가게 만들면 될 일이다. 대학이 필요한 연구 및 교육 시설을 갖춘 빌딩 예를 들어보자. 지금은 국립대학이 국가에 예산을 신청하고 이를 평가해서 합당하면 대학 건물을 지을 수 있는 예산을 대학에 지원한다. 그러니 정부의 지원을 집중적으로 받는 대학은 계속 교육의 질적, 성과 면에서 앞서갈 수밖에 없고 그렇게 해서 순위를 올린 대학에 입학하려고 학생들이 경쟁하는 거다. 입시지옥이다. 만약 대학이 연구시설, 교육시설을 갖추기 위해 건물이 필요할 때, 정부의 예산을 학생을 통해 지원받는다고 가정해보자. 그런 예산을 학생들이 가지고 그 학생들을 유치한 대학이 연구시설, 교육시설을 갖춘 대학 건물을 지을 수 있게 하는 것이다. 우선 대학은 학생 귀한 줄 알고 정부도 일부 대학을 지원하여 입시 지옥을 만든다는 비판에서 벗어날 수 있다. 대학에서 일어나는 수업도 비슷하게 지원될 수 있다. 학생들이 원하는 수업에 대해 지원하고 이를 특정 교수의 수업에 수강신청하면 그 수업에 지원이 확정되는 코드를 생각할 수 있다. 교수도 마찬가지이다. 교수가 지금과 같이 대학에 확고한 소속을 정하는 것이 아니라 정부의 지원을 받아야 한다면 교수가 직접 자신의 인건비와 연구비 지원을 받아 자신의 특성과 교육, 연구목표에 맞게 대학을 정해 연구, 강의하고 다른 학교로도 이동할 수도 있다. 국가에서 미래를 위해 꼭 필요한 집중 연구가 필요하면 연구소를 조직하여 이곳에 연구비를 지원하면 된다. 지금도 국내에는 이런 종류의 연구소가 이미 있지만 조직과 구조의 유연성을 살려 연구원을 통해 대학의 학생과 같이 지원하는 방식으로 운영할 수 있을 것이다.

의사소통 기호가 굳어지면 코드 변환이 어렵고 이에 따라 프로그램의 유연성이 사라진다. 이 경우 작동되었던 질서라도 유지하기 위해 규범이 만들어져 규율화되기 일쑤다. 강압적인 조직이 만들어진다. 학생들을 열심히 공부하게 하고 효과 있는 수업을 위해 만든 교육기호 학점은 이제 기호라기보다는 규율이자 평가 잣대가 되어버렸다. 가치로운 것들을 교환하기 위한 수단이었던 돈은 이제 무시무시한 힘을 가지게 된 것과 유사하다.

도덕과 질서 유지를 위해 필요했던 법은 이제 사람 위에 군림한다. 세상을 위해 고안해낸 기호가 이제는 기호를 위한 체계를 요구하게 되었다. 배보다 배꼽이 커진 상황이다. 사회가 구성원을 강제한다면 이는 바람직하지 못하다. 지금이야말로 고안해낸 기호가 원래 순수한 출발점의 기호로부터 어떻게 달라졌는지 살펴야 한다. 기호의 변경이 힘들다면 사회체계의 전환, 또는 가능하면 새로운 기호를 고안해내서라도 다른 체계로의 전환을 생각해봐야 한다. 사회에서 막히면 혼돈의 세상으로 돌아와 근본을 다시 보아야 하기 때문이다. 사회에서 머뭇거리면 기득권자와 권력을 지키고자 하는 세력자들은 예외 없이, 어김없이 '대안이 없다'는 논리로 체계 유지와 질서 유지를 강조할 것이다. 그러면서 질서를 지키는 숨겨진 의도를 발휘하여 법과 도덕을 강조할 것이다. 그것은 기득세력의 법으로 가장한 명령이며 지배를 위한 규범일 뿐이다.

변화가 요구되면 대개 체계 구조의 맨 위를 바꾼다. 야구 경기로 치면 감독을 바꾸고 경기장을 개조하거나 옮기는 거다. 경기의 룰을 바꾸기도 한다. 반대로 가장 밑바닥 변화는 기호 즉 야구공을 바꾸는 거다. 야구공의 무게, 재질, 실밥을 바꾸면 동일한 야구 경기 룰과 규칙, 같은 선수와 감독이라고 하더라도 경기의 양상은 획기적으로 바뀔 수 있다. 교육으로 치면 맨위 상단의 변화는 교육체계 혁신, 교육지원 구조 변경, 평가시스템 변화, 교육부장관이나 교육감, 총장 교체 등이다. 하지만 가장 근본적인 변화는 뭐니 해도 교육기호의 변화다. 학점, 학위 등을 다른 기호로 바꾸는 거다. 하지만 체계의 윗부분보다 아랫부분의 변화가 훨씬 어렵다는 것을 알 수 있다. 그래서 다들 변화가 필요할 때 위를 건드리나 보다.

경제체계를 살펴보자. 경제가 힘들어지면 경제부총리, 주요 경제정책, 환율조정, 기업개혁, 산업지원, 에너지 정책 중 가능한 길을 어떻게든 찾지만 경제체계의 맨 아래인 경제 기호, 즉 돈의 변화는 결코 쉽지 않다. 암호화폐의 예에서도 이 부분을 확인할 수 있다. 비트코인과 다른 가상화폐가 소개되고 획기적인 경제기호, 경제활동의 수단으로 손색이 없지만 경제기득권의 저항은 결코 만만치가 않다. 중앙집중 관리체계를 허물 수 있는 블록체인 기반 암호화폐의 애초 목적이 과연 실현될 수 있을지 의문이 든다. 또 한 가지 간과할 수 없는 것은 블록체인 기반 암호화폐가 지금 정도라도 성공을 거둘 수 있었던 것은 현재 국가와 중앙은행이 보장하는 기득권 화폐와 교환이 가능하다는 점이다. 기득권 경제기호 법정화폐를 개혁하기 위해 고안되었지만 기존 법정화폐의 가치를 기반으로 존재가치를 마련한 아이러니가 있다. 지금의 암호화폐가 상대적으로 빨리 사회 화폐로 승인받았지만 더 이상 뻗어나가지 못하고 투자의 대상으로 전락한 이유가 바로 여기에 있다.

위로부터의 체계 변화 또는 아래부터의 기호 변화는 아직 승패를 가리기 힘들다. 다만 위로부터의 변화는 티나^TINA 논리에 막혀 한 발짝도 떼지 못하고 있다. 오히려 불가능할 줄만 알았던 아래로부터의 기호 변화가 디지털이라는 거대한 물결을 타고 태동하고 있으니 기대해보면 어떨까. 여전히 어려움이 존재하지만 말이다.

6

하나의 공간, 두 개의 세상

　인간은 생각하는가? 당연하다고 하겠지만 '생각'이 무엇이냐에 따라 답은 달라진다. 19세기 후반 니체는 차라투스트라는 신과 종교의 속박에서 벗어나 생각할 수 있는 사람이라 했다. 차라투스트라를 초인, 슈퍼맨 또는 위버멘쉬라고도 불렀다. 위버멘쉬는 기존 관습과 규범 등에 얽매이지 않고 자유롭게 생각하는 사람이다. 생각만 할 수 있어도 초인이 될 수 있다는 거다.

　유학 경전인 『중용』에서는 "생각이라는 것을 하기 위해서는 우선 스스로를 비울 수 있어야 한다."고 강조한다. 이전에 생각해서 만든 결과가 남아 있어서는 새로운 생각 자체가 힘들다는 것이다. 아무리 좋은 것이라 하더라도 생각을 방해하는 것은 찌꺼기가 된다고 했다. 지식은 물론이고 경험 후 형성된 이미지, 아이디어 등을 포함한다. 이런 관점으로 보면 긍정적인 결과를 낳은 경험일수록 오히려 더 큰 장애가 될 수 있다.

생각을 하는 것이 슈퍼맨이고 생각하기 위해서는 다른 생각으로 가득 찬 마음을 비워주어야 한다. 말은 쉽지만 이게 그렇게 쉽게 되는 것이 아닐 것이다. 누구나 모두 자신은 생각한다고 믿겠지만 따져보니 생각만큼 어려운 것도 없구나 싶다.

처음 질문으로 돌아가보자. 인간은 과연 생각하는가? 생각이 중요하다는 것과 생각하기 위한 조건은 알았지만 아직 생각이 무엇인지는 말하지 않았다. 이번에는 생각이 무엇인지 알아보자.

감각으로 생각하지는 않는다. 생각한 후에 이해한다는 것도 안다. 이해해야 앎이 생기고 지식도 만들 수 있다. 그렇다면 생각은 감각하는 것과 이해하는 중간 어디에서 행해진다. 감각한 결과를 생각해서 이해에게 넘기는 거다. 단계를 따져보니 그렇다. 인간은 감각하고 이해하니, 그 중간 단계인 생각은 당연히 하는 것 아니냐고 반문할 수 있다. 아쉽게도 꼭 그런 것은 아닌 듯하다. 보고 듣고 맡고 만지고 맛본 후에 바로 이해하는 일도 발생하기 때문이다. 꽃이 보이면 사진찍는 것으로 이해해버리고, 멋진 노래를 들으면 "소름!"이라고 반응하는 이해를 하고, 놀라운 일을 누군가 해내면 "대박!"이라고 이해하는 것이다. 배고프면 대표적인 음식 브랜드를 떠올리고, 집 하면 강남아파트

등으로 이해해버리기 일쑤다. 감각한 후 생각 없이 이해로 바로 넘어가기 너무나 쉽다. 이런 생각없는 반응들만 잘해도 정체성으로 포장할 수 있고 연예계에서 인기도 끌 수 있으니 많은 사람들이 이런 식으로 반응하는지도 모르겠다. 인간을 닮은 로봇과 인공지능이 만들어지고 있는 것이 아니라, 인공지능 로봇이 학습하는 방법을 배워서 대중이 좋아하는 행동을 파악하고 연습해서 재능을 갖춘 사람이 만들어지고 있는 것이 아닌가 싶다. 꼭 예능뿐만 아니라 과학, 경제, 정치 분야도 예외가 아니다. 감각해서 생각을 하면 이미 늦어버리니 말이다. 생각 없이 인공지능 기계학습을 통해 즉각적으로 반응해야 생존하는 사회가 아닌가 싶다. 학문 분야에서도 사회현상을 받아들이면, 즉 감각하면 생각을 거치지 않고 바로 지식화하는 엄청난 능력을 어렵지 않게 발견할 수 있다. 마치 정형화된 지식을 담은 논문을 찍어내는 공장이 대학의 연구실에서 어렵지 않게 발견된다. 이런 과정도 쉽지 않고 노력이 필요하지만, 틀을 갖춘 후에는 얼마든지 영혼 없는 작업을 하게 된다. 이것도 능력이라는데 이의를 달기 힘들다. 그래서 예능분야든 학문분야에서 그들은 인정받고 성공하는 거다. 성공하여 명성을 얻는 데 이것만큼 효과적인 방법은 없다. 매너리즘이라고 한다. 하지만 아무리 성공을 향한 효과적인 길이라고 하더라도 생각없이 이루어진 것에는 늘 한계가 따르고 유지하기 쉽지 않다. 지치지 않고 이런 길을 끝까지 견디며 가는 사람도 있겠지만 많은 경우 동력을 잃게 되고 번아웃되기도 하는데 이런 모습이 오히려 인간적인 모습처럼 보인다. 인간이 기계는 아니지 않은가.

생각은 감각 후 관찰해서 이루어진다. 토마토 스파게티를 만든다고 해보자. 면을 삶고 스파게티 소스를 만들기 위해 토마토, 소금, 파, 마늘, 버터 등을 정해진 양, 정해진 시간만큼 볶고 끓이는 과정을 레시피라고 하는데, 이를 정확하게 지켜 만들면 맛있는 스파게티를 만들 수 있다. 이렇게 해서 스파게티를 처음 만들어 먹으면 맛있고 요리에 대한 흥미도 생긴다. 두 번째 만들 때도 레시피대로 해서 역시 맛있는 스파게티를 먹는다. 그런데 여러 번 요리해서 먹다 보니 이상하게 요리를 하는 것이 재미가 없고 정해진 레시피대로 하는 것도 지겨워진다. 이유는 레시피대로 정확하게 요리했을 뿐, 요리 과정을 감각하면서 생각하지는 않았기 때문이다. 스파게티 요리의 대가가 제공해준 레시피대로 요리해서 맛있는 스파게티를 먹는 지식은 알지만 자신이 생각해서 요리하지는 않은 거다. 음식 맛을 찾고 발견한 게 아니라 사실은 음식 맛 정답을 맞춘 거다. 실험실에서 특정 실험 데이터가 나오면 어떤 그래프 형식으로 만들고 몇 가지 분류된 패턴에 맞는 분석 및 해석 문장을 데이터 베이스 해두어서 논문을 작성하면 실험 결과가 나와도 별 생각없이 얼마든지 소위 좋은 저널에 논문을 낼 수 있다. 스파게티 요리나 과학실험 논문 작성에서 생각의 부재를 알게 되었다. 왜냐하면 요리 과정, 과학 연구에서 관찰이 빠져 있기 때문이다. 관찰을 할 필요가 없으니 자연스럽게 생각이 이루어지지 않는 거다. 관찰할 필요 없이 이루어질 수 있는 일은 사실 자동화 로봇이 담당해도 무방하다.

관찰은 관찰자의 내부를 살피는 일이다. 스파게티 소스를 만들면서 레시피에서 알려준 양의 소금, 토마토, 버터, 마늘을 넣은 후 바로 다음 단계로 넘어가지 않고 맛을 봐야 한다. 그 누구도 아닌 자신의 맛을 찾아내는 것이 관찰이다. 맛있다, 맛없다의 차원이 아닌 자신의 맛이 무엇인지 곰곰이 살피는 거다. 자신이 좋아하는 맛은 그 어디도 아닌 바로 자신의 내부에 있기 때문이다. 그래서 오늘 스파게티 소스를 만드는 나의 맛과 내일 만드는 나의 맛이 다르다. 나의 맛을 살피는 것이 관찰이다. 맛 보는 관찰을 하면 내부 마음으로부터 떠오르는 무엇이 생긴다. 그 무엇을 형성시키는 것이 다름 아닌 생각이다. 생각은 사람마다 다르며 같은 사람이라도 시간, 공간, 상황에 따라 달라진다. 그래서 생각은 지극히 주관적이다. 과학 실험이라고 해서 요리하는 음식과 다르지 않다. 첨단 측정 장치로 얻어낸 실험 결과 데이터를 과학자 열 명이 관찰하면 열 명 모두 다른 생각을 하게 되는 것은 당연하다. 다르니 과학이라는 것을 이미 아인슈타인에게서 배웠다. 똑같은 스파게티 토마토 소스를 열 명이 맛보는 관찰을 하면 열 명 모두 맛에 대한 다른 생각을 한다. 만약 맛과 과학 연구에 정답이 있다면 인간은 결코 로봇과 레시피를 지키는 끈기 있는 요리사와 과학자를 당해내지 못할 것이다. 하지만 세상 일에는 정답은 없고 일시적으로 답처럼 보이는 것은 있을 수 있지만 지속되지 못한다.

관찰은 정형화되어 반복되지 않는데 스파게티 소스 맛과 과학 실험 데이터를 보고 찾아내는 중요성은 관찰자 내부에서 나오기 때문이다. 만약 관찰 후 생기는 생각이 외부로부터 가져오는 것이라면 이것 또한 레시피 있는 방법을 통해 동일한 것을 생산해낼 수 있다. 하지만 관찰과 생각은 그렇지 않다. 오직 관찰자 내부에서 직접 자신의 힘으로 끄집어내야 한다.

관찰하면 관찰자 내부로부터 생각이 떠오른다. 관찰은 마음으로부터 형성되는 생각을 허락하는 과정이라고 할 수 있다. 맛이라는 생각, 중요하다는 생각, 멋있다는 생각 등이 형성되는 데 가장 큰 방해가 되는 것은 이전 생각이라는 것을 짐작할 수 있다. 이전에 엄청나게 맛있게 먹어본 토마토 스파게티라는 생각, 유사한 실험 결과 데이터로 쓰여진 유명한 대가의 논문을 읽었던 생각 등이 바로 지금 새롭게 나만의 관찰을 하면서 생각을 떠올리는 데 방해를 한다. 이전 생각들이 가득 차 있으면 자신만의 새로운 생각이 생길 수 없다.

생각은 기호를 이용해서 만들어진다. 음식이 맛있으면 표정으로, 몸짓으로, 언어로도 표현할 수 있다. 표정, 몸짓 그리고 언어 모두 기호이다. 기호는 수단인 셈이다. 실험 결과를 그래프로 그려 생각을 표현했다면 그래프도 기호이다. 생각을 표현하는 기호는 그 외에도 다양하다. 야구 경기의 야구공은 야구 선수 플레이의 생각을 담는 도구이므로 기호이다. 축구 경기의 축구공도 기호다. 경제 활동에서 교환의 생각을 표현하기 위해서는 돈이 수단으로 사용되기에 돈은 기호다.

그럼 이제 생각이 무엇인지, 어떻게 하면 생각을 할 수 있는지 알았으니 생각하면 된다. 하지만 그게 그렇게 쉽지 않다. 앞선 예처럼 맛있게 간편하게 그리고 정확하게 토마토 스파게티를 만들 수 있는 레시피가 있는데 관찰하고 생각하면서 요리하는 것을 잘 안 하게 된다. 과학자는 가능하면 빨리 실험 결과를 논문으로 발표해야 학위도 마치고 회사에 지원하고 승진하고 다음 프로젝트를 따기 위한 실적도 확보할 수 있다. 실험데이터로 관찰하고 생각하면서 논문을 작성하기보다는 데이터에서 논문작성으로 가는 틀, 매너리즘 지식작성을 택하는 근본적인 상황을 사회가 제공하고 있다. 한번이라도 효율적이고 빠른 방법을 제공하는 길을 통해 효과를 본 사람은 다른 유사한 상황을 닥치면 이전에 효과를 보았던 길로 가게 될 확률은 높아진다. 유혹을 이기기 힘들다. 애써 어려운 관찰과 생각하는 길을 택하지 않는다. 이번 고비만 넘기고 원하는 직장에 들어가면, 승진하면, 이번 프로젝트만 수주하면 다음부터는 제대로 해야지 하지만 자신과의 약속은 늘 깨지기 일쑤다. 생각하며 살 수 있는 사회가 근본적으로 아닐 수 있다.

표방하는 가치가 정부가 바뀌어도, 세계 정세가 변화해도 변하지 않는 사실이 있다. 위기는 늘 있다는 거다. 경제 위기, 에너지 위기, 사회 위기, 인구 위기, 팬데믹 위기, 환경 위기, 생태 위기, 기후 위기 등 이름만 달라지는 위기가 순환하면서 세상을 위협하고 있다. 늘 위기 속에서 살고, 정부는 늘 다른 위기를 강조한다. 위기가 강조되어야 정부의 역할이 커지고 정부 정책의 성과도 부각될 수 있다. 그래야 정권이 연장되고 혹은 반대 상황이 부각되어야 정권 교체가 될 수 있기 때문이다. 위기를 강조하며 정부는 국민에게 위기 극복에 동참할 것을 호소하지만 정작 법과 행정이라는 이름으로 강제하는 경우가 대부분이다. 팬데믹 위기 상황에서 정부는 지켜야 할 행동과 하지 말아야 할 행동을 발표했고, 모범국민은 이를 잘 지키고 협조해야 코로나 위기 극복이 가능하다고 믿었다. 이런 급박한 위기 상황에서 각 개인이 관찰하고 생각하면서 자신의 행동을 본인이 정해 코로나에 대처하는 것은 어렵고 어쩌면 불가능할지 모른다. 1970년대 석유파동, 2007년 세계 경제 위기 등의 상황이 닥쳤을 때도 마찬가지였다. 정부는 국민과 함께 위기 극복을 위해 최선을 다했다. 국민은 모범국민이 되어야 하고 경제적 여유가 있는 국민도 위기를 함께한다는 취지에서 다른 여유로운 삶의 선택을 하기 어려워진다. 이렇듯 국가, 정부 중심 사회의 위기 상황에서 자신만의 판단과 관찰로 생각하고 자신의 행동을 선택하는 것은 결코 쉽지 않다.

대학만 가면, 취업만 하면, 승진만 하면, 집만 마련하면 해야지 하고 미루고, 정권 교체만 되면, 부동산만 잡히면, 기후변화의 큰불만 끄면 하고 미루다 보니 훌쩍 10년, 20년 지나가는 형국이다. 그 사이 사람들은 큰 깨달음을 얻은 듯하다. '결국 안되는구나', '다 똑같다'.

사회나 국가 탓만 하며 거기에 끌려다니지 말고 지금 바로 작은 것부터 관찰하고 생각하면 되지 않느냐고 말하는 것이 결코 아니다. 그건 헛된 희망을 주는 고문과도 같다. 그렇게 될 가능성은 매우 낮고, 어쩌면 불가능할지도 모른다. 지금 세상의 상황을 냉정하게 파악하고 대처해야 한다. 개인의 실천으로 순진한 자기계발 형식의 노력으로 변할 수 있는 것이었다면 벌써 그렇게 되었을 것이다. 삶 속에서 관찰하고 생각하는 것이 허락되고 있다는 순진하다 못해 어리석은 믿음을 과감하게 버려야 한다. 말은 번듯이 하면서 자신은 괜찮다고 실속을 챙기는 위선자들이 있어 변화의 출구를 향한 실마리를 못 찾고 있는 거다.

그렇다고 18세기, 19세기에 있었던 일련의 혁명과 같은 변화가 21세기에도 가능한지는 잘 모르겠다. 러시아의 우크라이나 침공과 같은 일이 여전히 일어나고 있는 것을 보면 그럴 수도 있겠다 싶지만, 그래야 정권 교체 정도일 뿐이다. 대단한 일인 듯 보이지만 팬데믹 시절 무지개를 바라는 심정으로 얘기해온 뉴노멀은 다름 아닌 코로나 위기에서 다른 위기로 가고 싶어 안달인 지금의 사회를 말하는 듯해서 씁쓸하다. 이 정권에서 다른 정권으로 바뀔 뿐 세상의 지배체계는 그대로라면 희생을 감수하고 혁명을 할 필요가 무엇이겠는가.

권력을 잡은 정부는 정책을 통해 위기관리를 하며 사회를 운영한다. 정부는 예외 없이 국민의 자유를 보장한다고 주장하지만 통제를 해야 자유가 확대된다고 믿기도 한다. 정부의 성격에 따라 전혀 다른 정책이 나오는 이유다. 강한 정부가 국민의 자유를 극대화한다고 믿기도 하고 시장경제를 지키는 정도의 작은 정부가 국민의 자유를 지킬 수 있다고 믿는 정부도 있다. 복지 정책도 비슷하다. 강력한 정부가 세금을 어떻게든 징수해서 공정한 복지 정책을 펴야 한다고 믿기도 하고, 시장자유를 최대한 보장해서 경제가 성장하면 낙수효과에 따라 국민 전체가 혜택을 받게 된다고 믿기도 하다. 이렇듯 각기 다른 복지 정책을 펴며 경제, 산업, 기후위기 측면에서 미래를 대비한다. 정부에 따라 다른 세금, 금리, 부동산, 경제, 농업 정책을 펴지만 정부의 정책 기호는 동일하게 돈과 법, 즉 경제와 법체계의 언어이다. 정부는 정치철학, 이데올로기의 의미를 기호에 담아 정책을 만든다. 세금, 금리, 부동산, 경제 정책도 따지고 보면 모두 돈에 그 의미와 가치가 담긴다. 돈이 없다면 정부의 정책을 펼 수 없다. 돈은 수단에 불과하지만 바로 그 이유로 돈이 없다면 정책을 펼 수 있는 도구도 없는 것이다. 돈이라는 기호로 정책을 모두 펼치기 힘들 때는 법이라는 기호에 정책의 의미를 담기도 한다.

"생각하자"라는 말에서 정부, 정권까지 이어졌다. 정권교체 또는 혁명과 같은 체계 전복을 이야기하는 것이 아니다. 교체해서 정권을 넘겨봐야 근본적인 큰 변화는 기대하기 힘들다. 정권과 체계를 바꾼다고 세상의 변화가 온다고 믿는 건 순진한 국민이라는 점도 이해했으면 한다. 이것도 아니고 저것도 안되니 포기하고 적응하면서 살자고 말하는 것은 더더욱 아니다. 사회 의사소통의 가장 아래 기호의 변화만이 유일한 길일 것 같다는 주장을 한다. 인류 역사상 기호변화를 통해 세상 변화를 시도한 적은 여태껏 없었다. 가장 위 체계의 변화는 혁명의 이름으로, 민주주의의 이름으로 여러 차례 시도되어 때론 성공했지만 세상의 변화는 더디고 늘 유사한 차별과 계급을 유지해왔다. 이제 사회체계의 가장 아래 단위로 내려와 기호에 관심을 가지는 이유다.

앞에서 살펴본 대로 야구 경기를 근본적으로 그리고 가장 확실하게 바꾸는 것은 야구공을 바꾸는 거다. 이런 상황을 사회의 경제 분야에 대입해보자. 생각하기 힘든 일이기는 하지만 돈이 바뀌면 어떻게 되겠는가? 만약 모든 사람들이 물건을 사고팔고 투자하는 데 지금의 화폐가 아닌 비트코인으로 한다면 경제의 성격 자체에 많은 변화가 생길 것이다. 화폐는 그대로 두고 금리 변화, 화폐 발행량 변화, 세수 기준 변화 등으로 생기는 경제변화와는 차원이 다를 것이다. 하지만 비트코인도 현재 화폐로 환전이 가능한 돈 기호이다. 경제 기호의 큰 변화임에는 분명하지만 현재 화폐의 가치와 운명을 함께한다는 제약을 여전히 지니고 있다. 좀 더 큰 변화를 위해 현재 화폐와 가치 기준을 달리하고 환전의 가능성이 없는 화폐 기호가 만약 생긴다면 경제뿐만 아니라 사회 변화의 폭은 훨씬 크질 것이다. 심지어 사용하지 않으면 매일 조금씩 사라지는 돈이라면 어떻겠는가?

제도, 정책, 정부를 바꾼다고 쉽게 바뀔 사회가 아니다. 경제 정책, 부동산 정책을 바꾼다고 세상이 바뀌는가? 정부와 대통령이 바뀐다고 사회가 바뀌는가? 교육부가 강도 높은 대학 개혁을 발표한다고 대학이 바뀌는가? 대학 내 권력을 가진 질서가 잠시 바뀔 뿐 근본적인 차별은 유지되고 있다. 윗부분이 아니라 아랫부분이 변화해야 한다. 경제분야에서는 돈, 정치에서는 법 자체가 바뀌어야 한다. 대학 교수사회가 한번 바뀐 적이 있다. 이전의 나이와 경력에서 논문으로 평가되기 시작한 때였다. 이는 논문이란 가장 아래 위치한 대학의 소통 기호가 바뀐 결과였다. 학생들은 학점과 학위라는 기호가 바뀌어야 근본적인 변화가 가능하다. 돈이 바뀌면 경제의 모든 것이 바뀐다. 경제 정책뿐만 아니라 경제 법칙도 바뀔 것이다. 법이 바뀌면 정치적 시각 자체가 바뀐다.

하지만 기득권은 기호의 변화를 묵인하지 않고 지키려 할 것이다. 그동안 쌓은 자신만의 영역을 쉽게 포기하지 않는 것은 너무나 당연하다. 자신의 영역을 지키는 건 개인, 단체, 기업, 사회, 국가, 정부 모두 마찬가지다. 돈이 바뀌면 경제질서가 바뀌고 정부의 역할뿐만 아니라 정부라는 개념이 흔들릴 수 있는데 블록체인 기반 암호화폐와 같은 새로운 개념의 돈이 통용되는 것을 쉽게 허가할 리 없다. 사회 질서, 경제 질서 혼란을 운운하지만 사실은 기득권을 지키기 위한 방어 전략이다. 또는 암호화폐 통용을 허락함으로써 생길 수 있는 권력의 재편에서 얻을 수 있는 유불리를 계산하고 있을 것이다. 탄력성이 높은 야구공으로 바꾸자고 하면 프로야구 각 팀은 유불리를 따져 찬성하기도 하고 반대하는 것과 같은 이유다. 법체계의 법 바꾸는 것은 국회에서 늘상 하는 일이지만 법의 개념 자체를 바꾸는 것을 국회가 고민하지는 않는다. 성문법이 아닌 다른 형태의 법 개념을 근본적으로 고민하지 않는다면 법을 개정하고 수정하는 것으로 근본적인 변화를 가져오기는 힘들 것이다. 김영란법, 즉 청탁금지법을 통과시키면 어느 정도 효과가 있지만 불합리한 청탁을 완전하고도 근본적으로 근절시키긴 힘들다. 법을 담는 그릇을 근본적으로 바꿀 수 있어야 사회가 근본적으로 바뀔 수 있다.

돈과 같은 기호를 바꾸는 것이 힘든 것은 실행상의 어려움보다는 기득세력의 저항이라는 점을 이해해야 한다. 그렇다고 기존 권력, 기업, 정부, 부를 가진 자들을 부정하기도 힘들고 또 그렇게 하는 것은 혼란을 야기할 뿐 새로운 질서를 형성하는 데 도움이 안 된다. 대신 새로운 기호가 기존 질서와 함께 병행할 수 있도록 만들어 현재 사회에서 사용되는 기호와 경쟁하지 않아야 한다. 예를 들어 새로운 경제기호 돈을 만들려면 현재 법정화폐와 혼선을 일으키지 않게 고안되어야 한다. 새로운 돈은 현재 법정화폐와 호환되지 않고 가치 기준을 공유하지 않는 것이 대표적인 전략이라 할 수 있다. 호환되면 지금 현재 법정화폐를 통해 기득권을 가진 정부와 기업, 부자들이 새로운 돈의 출현을 막을 것이기 때문이다. 두 번째 새롭게 고안되어 제안되는 경제기호 돈이 만약 지금 현재 법정화폐 가치 기준을 그대로 사용한다면 대중은 왜 새로운 돈이 굳이 필요한지 의문을 가지고 받아들이지 않을 것이다. 비트코인과 같은 암호화폐가 기존 법정화폐인 달러나 원으로 교환이 되고 심지어 거래도 되며, 가치 기준도 동일하기 때문에 엄청난 관심을 끌면서 투자를 하지만 딱 거기까지다. 정부는 비트코인 통용을 법적으로 막고 대중은 기존 법정화폐가 있는데 왜 굳이 비트코인과 같은 암호화폐를 사용해야 하는지 의문을 가지고 사용하지 않는다. 몇몇 특이한 브랜드, 상점에서 암호화폐를 받는다고는 하지만 매우 한정적이다. 지금 현재 암호화폐는 돈이라기보다는 투자 혹은 투기 상품임을 이해해야 한다. 그러므로 새로운 기호를 만들려면 제대로 만들어야 하는데, 기존 질서를 건드려 기득권 세력을 자극하지 않으면서 기존 가치 기준과 다른 기준을 세워 그 기준 위에 기호를 만들어야 한다. 이는 경제뿐만 아니라 교육, 법 등 다른 체계의 기호도 마찬가지다.

디지털시대는 기존 질서와 겹치지 않게 새로운 가치 기준에서 기호를 생성해 사용하는 것을 가능하게 해준다. 디지털 기호의 탄생은 부정하는 힘을 가졌다. 부정하는 것은 기존 체계를 전복한다는 뜻이 아니라 인정하지만 웃으며 무시할 수 있는 능력이다. 기존 체계는 그냥 두고 다른 체계를 만들어 더 나은 방향으로 작동하는 것에 눈을 여는 행위로서의 부정이다. 무엇으로 하나 딱 정하는, '긍정'이 아니라 다양한 눈을 여는 '부정'인 셈이다. 돈을 예를 들면, 달러, 유로, 위안, 원 같은 법정화폐는 그냥 두고 가치 기준 자체가 다른 돈을 만들어 통용하는 것이다. 법정화폐 부정은 기존 화폐를 없애고 새로운 돈으로 대체하는 것이 아니라 여러 돈을 인정하는 부정이다. 하나를 정하지 않는 부정이다. 디지털시대이기에 가능하다. 법정화폐와 코드가 겹치면 반드시 법적 제재가 기다리고 있으므로 코드를 달리하면 된다. 급하다고 위선적 자세로 법정화폐 돈을 벌겠다는 목적으로 새로운 돈을 고안해서 만들면 당장은 대중의 관심을 끌고 성공하는 듯 보이겠지만 기득권의 장벽 앞에서 막히고 결국은 대중의 관심에서도 멀어질 것이다. 현재 세상에 가치 하나를 추가해야 한다. 즉 증강현실$^{Augmented Reality, AR}$ 기법을 전략적으로 취해야 한다.

디지털시대 새로운 기호를 제안할 때는 가상세계로 만들어 초대해서는 안 된다. 지금 사회는 그대로 두고 증강현실 차원의 도구 하나를 더 사용하는 초대를 해야 한다. 필요 없으면 도구를 사용하지 않아도 된다고 안심을 시켜야 한다. 그렇게 해야 대중도 안심하지만, 정부, 권력도 안심한다. 증강현실이 있다고 모든 사람이 이를 사용하지는 않지 않는가. 사실 경제 기호 돈 측면에서 증강현실과 같은 도구가 이미 시도되었다. 지역화폐가 대표적인 예이다. 지역공동체를 중심으로 지역화폐가 사용되지만 공동체 지역에는 여전히 법정화폐가 사용되고 있다. 지역화폐를 사용함으로써 지역의 재화가 외부로 유출되는 것을 막고 지역경제를 살리는 목적으로 고안되었다. 그런데 대부분의 지역화폐는 기존 법정화폐와 겹치는 부분이 많다. 호환이 가능하며 화폐 단위만 다를 뿐 가치 기준도 법정화폐와 동일한 경우가 대부분이다. 그런데 정부, 기득권이 왜 지역화폐를 막지 않는 것일까? 그것은 지역화폐를 사용하는 이용자와 사용하는 범위와 규모가 그렇게 크지 않기 때문이다. 그냥 두더라도 크게 기존 화폐 질서를 흐트릴 수 있을 정도는 아니라고 판단하기 때문이다. 기존 법정화폐와 동일한 체계와 가치 기준으로 제안된 지역화폐는 만약의 상황에는 법정화폐와 교환하면 되기에 지역공동체 중심으로 사용자에게 상대적으로 쉽게 다가가는 데는 성공했지만 왜 굳이 써야 하는지에 대한 의문점 또한 동시에 주었다. 정부가 주도한 무늬만 지역화폐인 부산 동백전, 경기화폐 등의 경우를 제외하고 순수한 형태의 지역화폐가 세계적으로 성공한 사례는 없는 듯하다. 이는 새로운 디지털 기호를 증강현실로 제공할 때 참고가 된다. 기존 기호의 가치철학, 작동 코드과 겹쳐서는 안 된다는 점이다. 비록 초기 대중을 초대하는 매력은 떨어질 수 있지만 타협해서는 안 된다. 지역화폐를 증강현실 형태로 새롭게 기호화할 때 법정화폐와 환전되지 않고 가치 기준도 다르게 해야 한다. 대중들은 처음에는 관심없을 수도 있다. 왜 사용해야 하는지 이해하지 못하고 외면당할 수 있다. 하지만 그것이 디지털시대 새로운 질서의 시작을 여는 유일한 열쇠이다. 아직은 안개 속 움직임이라도 가치 기준와 코드 독립을 가지고 있어야 안개가 걷히면 증강현실이 비로소 현실이 될 수 있다.

증강현실은 맨몸으로 감지하지 못한다. 증강된 현실을 감각할 수 있는 보조장치가 필요하다. 시력이 나빠지면 안경을 쓰는 것과 같다. 시력을 교정하기 위해 안경을 쓴 사람을 두고 안경을 쓰지 않은 사람이 불공정하다고 말하지 않는다. 이유는 나빠진 시력을 회복하는 차원이지 안경을 쓰지 않을 때보다 많은 것을 볼 수 있는 것은 아니기 때문이다. 증강현실로서의 경제기호 돈도 마찬가지다. 증강현실을 이용해서 큰돈을 버는 사람에 대한 경계심을 갖는 이유는 안경을 쓰지 않은 사람이 볼 수 없는 세상을 암호화폐 거래라는 안경을 쓰고 돈을 버는 사람들이 있기 때문이다. 정부, 대중 모두 경계심을 갖고 때로는 공정하지 않다고 믿는다. 암호화폐 거래로 인해 기존 법정화폐 중심의 경제에 영향을 끼치기 때문이다. 하지만 증강현실로 만들어진 디지털화폐 기호가 기존 법정화폐 체계와 다르게 작동한다면 얘기는 달라진다. 정부 그리고 사용하지 않는 대중들은 별다른 걱정을 하지 않을 것이다. 정부와 대중의 기존 세상이 그대로 유지되기 때문이다. 증강현실 형태로 기존 가치체계와 코드가 겹치지 않게 기호를 고안하는 것이 중요하다는 것을 알 수 있다.

증강현실 기호를 감지하기 위해서 디지털 기술과 도구가 필요하다. 이 기술과 도구는 디지털세대뿐만 아니라 기성세대, 어르신세대까지 손쉽게 사용할 수 있어야 한다. 그래야 대중성을 확보할 수 있다. 기존 법정 기호가 할 수 있는 거래와 가치교환을 가능하게 하면서도 기존 법정 기호가 담당하는 영역을 자극하지 않아야 한다. 기존 가치체계와 코드가 겹치지 않아야 이용이 확대되더라도 공격당할 가능성을 줄일 수 있다. 하나의 공간, 두 개의 세상이 열리게 된다. 증강현실 기호로 의사소통하는 인간은 사이보그이다. 맨몸이 아니라 해당 디지털 기호를 감지하는 기술을 몸에 지니고 있기 때문이다. 가장 일반적인 사이보그는 스마트폰을 지닌 사람이라고 할 수 있다. 이제 거의 모든 현대인은 이미 사이보그이다. 사이보그는 이미 디지털 언어로 생각하기 시작했다.

지금의 화폐, 법정화폐도 증강현실 형태를 취하고 있다고 볼 수 있다. 현금을 사용하기보단 전자화폐로 쓰고 있기 때문이다. 눈에 보이고 손에 만져지는 지폐와 동전보다는 이제 숫자로만 기록되어 있는 전자화폐를 사용하고 전자화폐가 가능하게 하는 컴퓨터와 카드 같은 관련 기술이 있다. 넓은 분류로 보면 우린 이미 사이보그인 셈이다. 예전에는 지폐와 동전 형태의 돈으로 경제소통을 했고, 현재까지 전자화폐인 카드로 소통하고 있는데, 모두 법정화폐를 사용한다는 측면에서는 동일하다. 하나의 기호가 하나의 공간과 하나의 세계에서 사용되고 있다. 하지만 미래 증강현실로 고안된 다양한 돈이 만들어져 독립적으로 사용 가능해진다고 가정해보자. 그러면 하나의 공간에 여러 다른 돈이 존재한다. 가치교환이라는 의사소통을 할 때 개인은 자신이 원하는 기호를 택해 거래할 수 있다. 하나의 공간 속에 다른 세상이 존재하는 것이다.

이렇듯 사이보그 세상은 여러 가치를 지니고 있는 기호가 존재하기 때문에 가치의 기준으로 비롯되는 도덕과 이를 지배하는 사회윤리가 바뀌어 공정의 개념 자체가 바뀔 수 있다. 누군가 지금의 법정화폐를 많이 벌어 부자가 되었을 때 색안경을 끼고 바라보는 시각이 있다면 그것은 돈이라는 기호가 법정화폐밖에 없기 때문이다. 그가 부자가 되었을 때 공정했는지 따지는 것 자체가 돈이 하나밖에 없어서 그렇다. 공정, 정의 등도 여기에 맞춰진다. 축구 경기에서 리오넬 메시란 선수가 현란한 드리블로 다른 선수들을 제치고 골을 넣을 수 있는 것은 축구공이 하나이기 때문이다. 만약 공이 하나가 아니라 여러 개라면 메시가 골을 넣는 것을 막는 전략보다는 다른 공들을 이용해서 메시보다 골을 많이 넣는 작전이 나을 수 있다. 지금과 달리 돈이 여러 개라면 자신에게 맞는 돈을 벌면 되지 특정 돈에 매달릴 필요가 없다. 디지털시대 체계와 소통 기호의 이치는 지금과 확연하게 다르고, 또 달라져야 한다. 같을 필요가 없다.

사이보그 인류는 생각한다. 첫째, 다른 기호로 장착된 세상을 선택해서 관찰하기에 권력으로부터 자유롭게 생각할 수 있다. 둘째, 증강현실화된 수많은 기호가 옵션으로 제공되기에 편의와 선호에 따라 선택한 기호로 생각할 수 있다. 기호 소통으로 형성되는 가치를 둘러싼 도덕, 공정, 정의 그리고 윤리 형성이 달라진다. 기존의 규범을 애써 깨부술 필요가 없다. 자신에게 맞는 사이보그가 되는 것으로 모든 대중은 얼마든지 차라투스트라가 될 수 있다.

7

복잡한 사회에는
다양한 기호를

닭이 먼저인지 달걀이 먼저인지, 생각하면 할수록 혼란스럽다. 어떤 논리로 따져보더라도 결국은 출발한 곳으로 돌아와버리니 말이다. 이 논란 못지않게 혼란스럽고 답을 찾기 힘든 질문이 있는데, 바로 생각하기 위한 조건이 '인간'인가 '언어'인가하는 것이다. 생각하는 것은 사람이니 당연히 인간이 먼저라고 여기기도 하지만, 언어가 없으면 생각할 수 없으니 언어가 우선이라는 의견도 있다. 후자의 입장에는 근거가 하나 있는데, 수만 년 전 지금 인류 종인 호모사피엔스와 경쟁했지만 어느 날 갑자기 멸종해버린 네안데르탈인의 특징이다. 신체, 두뇌, 행동 등 많은 부분에서 고고학적으로 호모사피엔스를 능가한다고 분석되는 그들이 뛰어난 조건에도 불구하고 멸종하고 지금 인류 호모사피엔스는 살아남아 진화했다. 기후변화, 지리학적 조건 등 다양한 해석이 있지만 그중에서 상이한 언어의 차이가 설득력이 있어 보인다. 호모사피엔스는 지금 인류 언어의 기원이 되는 합리성 기반 개념언어를 사용한 반면 네안데르탈인은 음악과 같은 언어를 통해 서로의 감성과 표현을 공유한 것이다. 어떤 언어가 더 뛰어났다고 판단하기는 힘들다. 한 인류의 종이 생존했다고 해서 그 생존한 종의 언어가 뛰어나거나 고차원적이라고 할 수는 없다. 단지 생존하는 데 더 적합한 언어를 사용한 것이다. 멸종한 네안데르탈인은 생명을 걸고 전투를 해야 하는 긴박한 상황에서 정확한 의사전달이 어려운 언어를 사용한 것이다. 생각하는 사람의 조건에서 인간이 먼저인지, 언어가 먼저인지 여전히 명확치 않으나, 언어가 달라지면 생존을 좌우할 수 있다는 것은 짐작할 수 있다.

사람이 있어야 생존 경쟁을 할 게 아니냐고 한다면 닭이 먼저인 것이고, 생존을 위한 경쟁도 싸울 도구가 있어야 하지 않겠냐고 한다면 달걀이 먼저인 것이다. 후자의 경우, 칼을 든 3만 명의 군사도 기관총을 가진 세 명을 당하기 어렵다고 주장한다. 노래나 아름다운 언어로 서로의 감성을 공유하고 의사소통을 하던 네안데르탈인은 고차원 사고를 할 수 있었는지는 몰라도 조직적이고 전략적인 언어 무기를 들고 달려드는 호모 사피엔스와 크로마뇽인을 당해내기는 어려웠을 것이다.

호모사피엔스와 네안데르탈인이 동시에 존재하면서 경쟁했던 때와 유사한 시기가 있다. 포스트모더니즘 시기이다. 포스트모더니즘 시기를 이해하려면 모더니즘 시대를 먼저 이해해야 한다. 모더니즘 시대가 근대사회를 가져왔다. 산업혁명 이후 인간은 비로소 자신이 인간임을 깨닫게 된 것이다. 그저 먹고살 수만 있으면 그게 인간이라고 믿었던 전 근대의 삶에서 인간다움과 인간다운 삶을 비로소 알게 되었다. 한때는 자연 앞에서 무기력했고 국가와 종교가 있어야 인간일 수 있었지만, 모더니즘 시대 인간은 비로소 자신이 독립적인 존엄성을 가진 인간임을 알게 되었다. 하지만 이것도 잠시, 인간은 또 다른 어려움을 겪게 된다. 자연, 국가, 종교를 겨우 극복하고 혼자 설 수 있었던 인간은 또 다른 벽을 만나게 된다. 이번에는 같은 인간이었다. 인간이면 모두 같은 인간이냐고 비웃듯 반문하는 시대를 맞게 되었다. 산업사회가 본격화되면서 부의 편중은 전 근대시대 이전 계급사회 못지않게 되어버렸다. 근대화 이전, 모더니즘 이전 시대에는 자연, 국가, 종교와 같은 거대한 존재 속에서 구속되어 권력에 지배받았다면, 산업사회 모더니즘 시대에는 의사소통으로 이루어지는 사회체계 속에서 의사소통으로부터 소외당하는 차별을 겪게 되었다. 가뭄이 오면 흉년이 들어 생존하기 어려웠고 홍수가 오면 삶의 터전을 잃었으며 힘 없는 나라의 국민은 인근 강대국으로부터 침략당했다면 모더니즘 시대에는 사회구성원 간의 소통으로부터 소외당하는 차별을 겪게 되었다. 배우지 못해 언어소통을 하지 못하고 돈이 없어 경제소통을 하지 못하는 것이 대표적인 예였다. 모더니즘 산업사회에서의 새로운 계급이 그렇게 형성되었다. 전근대 시대 귀족과 하층민을 규정했던 계급을 명시하는 문서는 없어 자유사회처럼 보이지만 소통의 언어, 즉 기호가 교묘하게 신계급 사회를 만들었던 것이다. 네안데르탈인이 경쟁을 위한 개념언어의 부재로 사피엔스에 지배당하는 모습을 연상케한다. 이때 인류는 이제 인간의 언어, 기호에 관심을 가지게 되었다. 계급 사회를 인간 자체로 풀기 힘드니 계급사회를 만든, 언어와 돈과 같은 기호를 제대로 알아 극복해보자는 거다. 포스트모더니즘의 노력이라고 할 수 있다. 자연, 국가, 종교로부터 권력을 넘겨받은 인간으로부터 권력을 뺏는 것보다는 권력의 무기인 기호를 포스트모더니즘은 본격적으로 다룬다.

기호는 소통의 도구이다. 언어가 대표적인 예이고 돈도 그 중 하나다. 돈은 경제체계 소통의 도구다. 인간은 언어뿐만 아니라 행동으로도 소통한다. 교육체계는 학점, 학위로 소통한다. 예술은 색과 선으로 소통한다. 법체계는 법이란 기호로 소통한다. 정치체계는 투표로 소통한다. 돈, 언어, 행동, 학점, 학위, 색, 선, 법, 투표 등이 기호의 대표적인 예이다.

기호를 사용하여 체계 소통을 하는 것은 어차피 인간인데 왜 포스트모더니즘은 인간 또는 체계보다는 기호에 매달렸을까? 인간에 실망한 나머지 인간을 배제하고 인간의 기호만을 연구했을 수도 있다. 또 하나는 인간과 기호의 관계를 살펴보면 그 실마리가 생길 수도 있다. 비슷한 시기 전성기를 맞은, 포스트모더니즘과 결이 다른 듯 유사한 행동주의를 통해 살펴보면 실마리를 발견할 수 있다. 행동주의를 살펴보는 이유가 하나 더 있는데 디지털시대 인공지능 머신러닝의 논리적 출발이 행동주의라는 점이다.

전등을 켜면 전류가 흘러 전구에 불이 들어온다. 미국 행동주의 심리학의 거장 스키너[B. F. Skinner]는 전구 필라멘트에는 전류가 흐르지 않아도 빛을 만들어낼 잠재력이 이미 들어 있다고 말한다. 인간도 마찬가지다. 상황이 맞으면 전등의 불이 켜지듯 인간도 특정 상황을 만나면 행동한다. 그 상황이 종료되면 행동은 인간의 내부로 다시 들어가 다음 상황을 기다린다. 전등은 하나의 반응만 보이지만 인간은 여러 상황에 다르게 반응할 수 있는 복잡한 구조로 되어 있다.

경제, 교육, 예술, 법, 정치체계의 특정 상황이 발생하면 인간은 각 체계의 기호를 도구로 하여 반응한다. 체계와 상황 모두를 고려하면 복잡해 보이지만 정작 세분해서 해당 부분만을 보면, 전등이 켜졌다 꺼졌다를 반복하듯, 사람도 한 체계의 특정 상황에 따라 기호로 반응했다 반응하지 않았다를 반복한다고 볼 수 있다. 즉 코드에 맞으면 기호의 특정 반응을 보이고 코드가 맞지 않으면 보이지 않는 식이다. 사회체계와 상황을 분류하고 상황별 조건과 코드를 프로그램하면 복잡한 생명체 인간의 행동도, 코드에 따라 기호작동과 비작동으로 얼마든지 간단하게 설명할 수 있다고 행동주의는 말한다. 행동주의와 포스트모더니즘은 기호를 통해 연결된다.

상황에 따라 인간본질이 드러날 뿐이라는 행동주의와 비슷하게 생각한 사람이 이전에도 있었다. 문학가 괴테이다. 괴테는 식물, 광물 등 분야에서 과학자의 면모를 보였는데 빛과 색에 대한 이론을 정리해서 1810년 『색채론Naturwissenschaftliche Schrift』[6]이란 책을 발표했다. 괴테는 다른 어떤 책보다 색채론에 대한 애착이 깊었는데 색채론을 통해 뉴턴의 광학이론을 정면으로 반박하기도 했다. 색을 볼 수 있는 것은 빛이 굴절되어 특정 파장대의 색이 망막에 맺혔기 때문이기도 하지만 해당 빛의 색이 관찰자의 내부에 존재하기에 볼 수 있다고 괴테는 주장했다. 예를 들면 노란색이 우리 내부에 없었다면 우리는 노란색을 볼 수 없다는 주장이다. 이런 괴테만의 독특한 빛과 색의 과학이론은 비과학적이고 신비주의에 가깝다는 비판을 받기도 했지만 괴테가 이런 주장을 한 배경은 앞에서 살펴본 행동주의 학

6   Johann Wolfgang von Goethe, 〈Theory of colours〉, "Massachusetts Institute of Technology", 1970.

자들의 생각과 일치하다. 전등 필라멘트에 빛을 낼 수 있는 본성이 없었다면 아무리 조건이 들어맞아도 전등은 불을 켤 수 없다는 거다. 이런 괴테의 생각을 문학가의 비과학적인 상상으로 치부해버리지 말고 과학이 진정 무엇일까 생각하는 계기가 되었으면 한다. 상황을 맞닥뜨려 행동하는 사람에게는 반응하는 행동이 그 사람에게 원래부터 내재해 있었다고 괴테는 본다. 색이라는 기호가 그저 조건과 상황에 따라 드러났다고 생각한 것이다. 이런 면에서 행동주의 심리학과 괴테의 색채론은 발상을 공유한다.

사람은 쉽게 변하지 않는다는 것이 많은 심리학자들의 의견이다. 일리가 있다. 하지만 한 가지를 추가한 이후에 동의하고 싶다. 특정 상황에서 표현될 수 있는 기호가 정해져 고정되어 있을 때 그렇다고 생각한다. 대학 교육하면 학점, 대학하면 랭킹, 경제하면 돈, 사회정의하면 법, 정치하면 투표가 떠오르는 식이다. 상황이 다양하게 발생해도 표현하고 행동할 수 있는 기호가 정해져 있으니 사람이 변하지 않는 것처럼 보인다. 특정 상황에서 표현하고 행동할 기호가 여러 개라면 얘기는 달라진다. 어떻게 반응할지 예상하기 힘들어지고 사람들도 변화무쌍하게 보일 수 있다. 하지만 아쉽게도 지금은 특정 상황이 발생하면 표현할 기호가 대부분 정해져 있고 다른 기호를 어렵게 찾아 쓰질 않기 때문에 사람은 변하지 않는다는 낙인을 찍어버리는 것이다. 기호가 다양해지고 이에 따른 코드가 작동될 수 있는 조합자체가 복잡해지면 상황은 바뀐다. 예를 들면, 집으로 들어오는 전기는 한전 전기뿐이기 때문에 쓴다, 쓰지 않는다, 낭비한다, 절약한다의 행동코드밖에 없다. 전기를 절약하는 사람은 늘 그런듯 보이고 낭비하는 사람은 또 그렇게 늘 보일 수밖에 없다. 하지만 만약 집으로 들어오는 전기 공급처가 한전 하나가 아니라 여러 개라고 가정해보자. 이 정도만 되어도 사람들의 전기를 소비하는 행동이 복잡해진다. 여기에 한술 더 떠서, 전기를 공급하는 회사도 여러 개이고, 전기생산 에너지 원도 태양광, 화력발전, 수력, 원자력, 풍력 등으로 선택 가능하고 에너지원에 따라 전기료도 달라진다고 가정해보자. 이렇게 되면 전기사용 패턴은 지금과는 비교가 안될 만큼 다양해진다. 전기와 마찬가지로 공급과 소비가 획일화되어 있는 수돗물, 사용 후 버리는 하수도도 마찬가지로 여러 옵션들이 있다면 가정에서 일어나는 여러 행동도 지금과는 달라질 것이다. 복잡하게 얽히고설키게 되고 사람들의 행동도 마찬가지가 될 것이다. 이를 음식, 교통, 교육 등에서 확장해간다면 사람들의 행동을 쉽게 예측하기 힘들어질 것이다. 지금껏 행동할 수 있는 반경을 극단적으로 좁혀두고는 사람의 행동이 판에 박혔다고 비판하고 있는 것은 아닐까 생각하게 된다.

전기 체계에서 지금의 쓴다, 안 쓴다의 코드를 가진 '전기사용' 기호는 풍력발전, 화력발전, 원자력발전 전기를 쓴다, 안 쓴다 등의 조합을 가진 기호로 다양해진다. 대중의 입장에서 지금의 전기 에너지 단순기호는 복잡한 기호들의 조합으로 바뀌고 행동으로 표현할 수 있는 기호가 늘어나는 것이다.

정치체계의 기호는 투표한다, 안 한다, 특정 후보를 찍는다, 찍지 않는다로 표현되는 지금의 기호는 해당 후보가 정치지도자가 되었을 때 발생하고 역으로 투표한 대중에게 반향되어 돌아올 상황에 비하면 너무나 간단한 기호에 불과하다. 그러니 95% 신뢰라는 허울을 쓴 여론조사 몇 번으로 국가 전체의 운명을 좌우할 수 있는 대선, 지방선거, 총선의 대세가 결정된다. 문제는 기호가 너무 간단하다는 데 있었다. 간단한 기호로 복잡한 사회체계를 구성하고 운영하려니 문제가 발생할 수밖에 없는 것이다. 사람은 변하지 않는다는 식으로 쉽게 예단할 문제가 아니었던 것이다. 그건 전문가의 무책임한 해석이다. 기호를 다양하게 하는 것으로 사회문제의 해결을 시작해야 한다. 기호가 간단하니 빅데이터, 인공지능, 머신러닝이란 그럴듯한 이름으로 사회와 인간의 복잡함을 가장하는 거다. 지금 사회체계의 문제는 기호의 다양화를 이뤄 대중들이 표현할 수 있는 선택을 늘려 자유를 키워야 해결 가능성을 발견할 수 있다. 지금의 빅데이터는 데이터의 수만 많았지 데이터를 생산해내는 기호의 코드는 너무나 간단하다.

행동주의, 괴테 색채론 모두 인간이 중요하지 않다고 말하지는 않는다. 오히려 그 반대다. 인간이 소중하다는 것을 증명하고 존엄성을 만들어내기 위해서는 인간 자체를 다루지 말고 인간이 선택해서 일상에서 사용하는 기호를 다루자고 제안한다. 이를 통해 다양한 인간 표현이 가능해지기 때문이다. 인간 행동이 고장 났으면 원인을 인간에게만 있다고 분석하지 말고 인간행동을 그렇게 유도해낸 기호도 살펴야 한다고 주장한다. 사실 그들은 가장 인간적인 주장을 했던 것이다. 그런 이유 때문에 디지털시대 빅데이터 기반 인공지능 머신러닝 알고리즘에도 영향을 주었다.

빅데이터 인공지능 작동 기작도 행동주의에 근간을 두고 있었던 것이다. 행동주의 자발적 행동 기작에서 실마리를 찾아볼 수 있다. 스키너 교수의 행동주의는 자발적 행동을 강조했다. 조건반사하는 본능적 행동과는 달리 생각하고 판단 후 이루어지기에 자발적 행동이라고 한다. 자발적 행동은 상황에 따라 강화되는데 의도하는 바람직한 행동이 일어나면 보상이 주어지기 때문이다. 행동을 강제하는 것이 아니라 원하는 행동이 반복되어 일어나도록 보상을 주는 거다. 학생이 공부하도록 하는 방법으로 회초리를 드는 대신 공부하면 어떤 보상이 따르는지 확실하게 보여주는 것이다. 공부하면 보상이 따르니 공부를 하게 된다. 공부하면 보상을 주는 체계구조를 설계하는 것이 학생에게 공부하라는 명령을 내리는 것보다 훨씬 효과적이라고 행동주의는 주장한다. 물론 보상만 바라고 행동하는 사람이 나타나면 어떻게 하느냐고 걱정할 수 있다. 그래서 행동주의는 보상이 따르는 상황 속 조건들이 간단해서는 안 된다고 말한다. 상황 속 조건들이 악용되기 힘들 정도로 조합이 복잡해야 한다. 이런 상황 속 조건들이 잘 설계되면 행동하는 행위자는 눈치채지 못하고 악용될 가능성도 줄어든다. 특정 조건에서 반응하는 행동을 해서 보상을 받으면 동일한 또는 유사한 조건을 만나면 다시 행동을 반복할 가능성은 높아진다. 그렇게 프로그램이 짜여지는데, 상황 속 특정 조건과 코드가 맞으면 기호를 가진 행동이 만들어진다. 하지만 아무리 이런 상황, 조건의 코드가 잘 프로그램 되어 있어도 무뎌지게 마련이다. 잘 작동하던 조건과 반응이 반복되다 보면 보상은 당연한 것이라고 생각하게 되어 행동이 무뎌질 가능성이 높다. 행동이 강화되는 조건의 의도를 눈치 채면 행동을 바꾸기는 훨씬 더 힘들어지기 때문이다.

인간 행동보다는 결과를 통제하는 것이 간단하고 쉬우므로 행동 조건보다는 행동 자체를 통제하는 것이 모더니즘 사회였다. 기호보다는 행동 자체, 행동보다는 인간 자체를 통제 대상으로 삼았다. 그 결과 국가를 운영하는 정부권력은 비대해져 있고 국가 권력을 뒷받침하는 법은 전지전능한 정의의 척도가 되었다. 권력을 뒷받침하는 법은 규범적 도덕을 만들고 과학이란 합리적 근거를 내세운다. 과학 근거를 가진 규범으로 사회정의는 명확해 보이지만 실상은 통제를 위한 측면이 강하다. 모범국민은 이런 배경에서 탄생했다. 디지털사회에 접어들면서 새로운 혼돈이 생겨났다. 법을 내세워 명확하게만 보이는 도덕과 사회정의는 디지털시대 다양해진 대중 가치를 모두 반영하는 데 한계를 드러낸 것이다. 권력과 가치의 충돌이고, 모범국민과 대중의 충돌이기도 하다. 크고 강한 권력형 정부를 통해 모범국민으로 질서를 유지할지, 작은 정부를 통해 큰 대중과 국가를 지향할지 고민하면서 디지털시대 새로운 질서가 형성되고 있다. 당분간 혼돈과 표면상 혼란은 피하기 힘들 것이다. 분명한 것은 기호 다양성은 디지털시대의 흐름이고 격류 속에서 새로운 질서 형성은 기득권 세력의 치열한 저항을 받을 것이란 사실이다.

8

있는 가치 지키기
vs. 없는 가치 찾기

인류의 첫 번째 과제는 생존하는 것이다. 만약 생존 투쟁을 하지 않아도 됐다면 지금의 인류로 진화할 수 있었을까? 생존에 큰 위협을 느끼지 않아도 지금 인류는 계속 진화할 수 있을까? 위기감 없이도 생존이 가능하고 발전할 수 있느냐는 질문에 쉽게 답할 수 없다. 하지만 분명한 건 생존을 위해 최선을 다하고 있다는 거다. 우린 생존의 열쇠를 두 가지에서 찾으려 한다. 생존하려면 현재 가지고 있는 것을 잘 지켜야 한다는 주장이 첫 번째고, 현재 소유한 것보다는 새로운 곳을 지향해야 한다는 게 두 번째다. 보수가 지키고 싶은 것, 진보가 앞으로 나아가 얻고 싶은 것은 무엇일까? 가치일 거다. 기존 가치를 지켜야지, 새로운 가치를 찾아야지 생존할 수 있다고 서로 다르게 믿는 것이다. 보수와 진보의 경쟁은 결국 인류 생존에 대한 질문이기도 하다.

가치를 정의해야 보수와 진보를 올바르게 이해할 수 있다. 가치의 정의도 진보와 보수만큼이나 답하기 어렵다. 가치에는 기준이 있는데 그중 가장 대표적인 것이 돈이다. 때론 돈 이외의 것으로 가치를 정할 수 있을까 느낄 정도로 돈은 강력한 가치 기준이다. 돈만으로 어떻게 살아가느냐며 여러 다른 것들을 고민하면서 다른 해석을 하려 해도, 어느새 돈은 끼어들어 가치를 정의해버리곤 한다. 속물이라고 자조할 수도 있겠지만 쉽게 드러나지 않은 가치들을 효과적으로 해석하는 도구로 돈만한 것이 있을까 싶다. 가치 지킴의 보수와 새로운 가치 찾음의 진보를 돈으로 정의해보면, 돈을 번 사람의 노고를 최대한 인정하자고 하면 보수이고, 돈 번 사람의 수고는 인정하지만 그래도 여러 가지 상황을 고려해서 나누는 게 사회 정의라고 생각하면 진보이다. 물론 너무 간단하여 위험한 정의일지 모르지만 진보와 보수를 가치 기준으로 다르게 정의하는 시도를 각자 직접 해보면 이해되기도 할 것이다. 돈이 결국 가치를 지키는 방편이다 보니 돈 자체가 가치라는 것을 인정하고 가정한 것이다. 가치를 근원적으로 이해하는 것은 여전히 힘들지만 최소한 돈이 있으니 가치를 다룰 수는 있게 된 셈이다. 돈으로 해석해본 진보와 보수의 가치를 다른 방법으로 바꾸려 해도 쉽게 떠오르는 게 없고 결국 돈으로 돌아오게 되는 걸 보면, 돈이 결국 가치의 중요한 척도 중 하나임에는 틀림없는 듯하다. 돈의 가치와 이데올로기가 이렇게 뒤엉켜 분리가 힘들게 되어버렸다.

생존을 보장받고 나면 다음은 자유이다. 생존이 가능해도 자유가 구속된다면 진정한 생존이라 할 수 없다. 자유를 지켜주는 두 가지 큰 축이 우리 사회에 있는데, 국가와 공동체이다. 국가 중심으로 자유를 지키는 것이 효과적이라고 믿는 자유주의—여기서 자유주의란 신자유주의가 아니라 고전적인 자유주의를 말한다—와 국가의 역할보다는 공동체 중심으로 개인의 자유를 지켜야 한다고 믿는 것이 공동체주의다. 공동체는 가족, 종교, 마을, 지역, 경제공동체 등으로 나눌 수 있다. 현대 산업사회에서는 시장과 기업 중심의 시장경제공동체가 대표적이다. 이 책에서는 자유주의는 정부 중심, 공동체주의는 기업과 자유시장 중심으로 개인의 자유를 보장하는 이데올로기를 말하고자 한다.

자유주의는 국가를 운영하는 정부가 세금을 통해 소득재분배 정책을 펼친다. 부의 재분배를 통해 사회정의와 국민의 자유를 지켜낼 수 있다는 믿음인데 큰 정부일수록 강력한 정책을 제대로 펼 수 있다. 이에 반해 시장경제공동체주의는 정부의 권력이 커지면 자유를 해할 수 있다고 믿는다. 대신 시장경제공동체가 자유를 지킨다고 믿는다. 특히 자본 중심으로 형성되는 시장경제공동체가 가치 지킴이 역할을 이끈다. 그런데 앞의 생존을 위한 보수와 진보의 대비에서와 마찬가지로 재밌는 것을 하나 발견할 수 있다. 정부와 시장공동체를 중심 축으로 하는 자유주의와 공동체주의가 상반된 주장에도 불구하고 공통된 부분이 있다는 것을 발견하는데, 돈을 매개로 한다는 점이다. 세금을 통한 복지도 돈을 매개로 하며 자본과 시장경제공동체도 마찬가지다. 진보와 보수, 시장경제와 복지 제도 모두 돈을 선택한 셈이다. 이 측면에서 보면 결국 다른 얘기를 하고 있는 것이 아닌 셈이다.

자유주의와 공동체주의의 돈은 물론 다른 특성과 그에 따른 모습을 띤다. 돈이라는 같은 아이디어를 택했지만 다른 방향으로 활용한다. 시장경제의 돈은 자본의 성격이지만 국가 복지 제도의 돈은 세금의 형태로 나타난다. 같은 돈이지만 다른 돈이기도 하다. 시장경제에서도 세금은 물론 있지만 가치 지킴의 핵심은 자본이라는 거다. 시장경제에서 자본의 대표적인 예로 주식과 파생 상품을 들 수 있다. 주식은 기업의 자본에 투자하는 방식인데 이제는 이를 모르는 대중이 없을 정도다. 기업의 실적, 가치에 따라 가격이 매겨지고 거래되기에 자본인 동시에 상품이기도 하다. 파생 상품은 대개 위험한 투자 상품 정도로 알려져 있다. 기업의 가치와 간접적으로 연계될 수 있지만 파생 상품은 기업과 실질적으로는 무관하게 자본으로만 운영된다. 코스닥과 같은 주가지수가 떨어지면 가치가 상승하여 돈을 버는 파생 상품도 있다. 유가와 원자재의 상승, 하락에 따라 가치가 매겨지는 파생 상품도 있다. 자본이 자본을 만드는 상품인 셈이다. 자본의 입장에서 보면 파생 상품이 꼭 나쁜 것만은 아니다. 파생 상품의 배경에는 자본시장의 위험 요소들을 자본 상품으로 막는 보험의 역할도 있지만 위험을 나누는 보험 성격보다는 투자의 성격이 훨씬 강한 것도 사실이다. 파생 상품을 자본시장의 보험으로 보는 이는 거의 없으며 고위험 고수익 상품 정도로 투자자들은 이해한다.

국가 중심 자유주의가 다루는 돈도 때론 자본(채권)의 성격을 띨 때도 있지만 정부가 중심이 되어 기관(은행), 전문가 시스템을 통해 정책 수단으로 다루어진다. 직간접적으로 자본의 성격도 띠지만 자유시장 형태가 아닌 정부가 철저하게 정책을 통해 조절하기 때문에 엄밀히 말하면 자본은 아니다. 정부 자본 정책인 셈이다. 하지만 정부 중심 자유주의의 핵심은 뭐니 해도 세금을 통한 부의 분배, 복지 체계라고 할 수 있다. 자유주의는 국가를 통해 자본으로부터 합리적인 근거로 세금을 거둬 국민의 자유를 지키는 역할을 하고, 공동체주의는 국가의 자본정책과 세금에도 불구하고 자본시장의 자율적인 역할을 통해 개인의 자유를 극대화하길 원한다. 자유주의와 공동체주의, 진보와 보수, 국가와 자본은 서로 견제하면서 경쟁한다. 같은 듯 다르지만 결국 돈 주위에서 맴돌고 있는 면에서도 별반 다를 게 없어 보이기도 한다.

돈을 중심으로 국가와 자본의 현실을 보면 조금 묘한 특징이 하나 발견된다. 시장경제공동체주의에서는 대중이 기업중심 시장 체계 안으로 들어가 돈을 언어로 하여 소통한다. 소통 기호가 돈이다. 소통하면 시장이 작동하고 시장을 통해 가치가 교환되면서 대중은 돈을 벌어들인다. 반면 자유주의의 복지 제도 대상인 대중은 정부 중심 체계가 제공하는 돈을 받을 뿐, 복지 정책 시스템 속에서 돈을 언어로 소통하지는 않는다. 대중은 자유주의 국가 체계의 환경이 되어버린다. 체계 밖 존재다. 돈을 매개로 하여 판단하자면, 시장경제공동체 체계는 대중을 시스템 기여자로 보고 자유주의는 대중을 환경으로 보고 있다는 걸 발견한다. 돈을 매개로 보았을 때라는 전제가 있지만, 자유주의의 국민은 체계의 밖인 환경으로 밀려났다는 불편함을 피하기 어렵다. 물론 자유주의의 국민은 대신 정치체계에서 투표라는 소통을 하는 것으로 주변으로 밀려난 자신을 복구시키기는 한다.

그런데 자본에 큰 변화 하나가 생겼다. 2000년대, 본격적인 디지털시대가 시작되기 이전과 지금의 자본에는 큰 차이 하나가 있다. 노동과의 연계 유무이다. 이전에는 자본시장의 극단에 놓여 있었던 파생 상품마저도 직간접적으로 노동의 가치와 어느 정도 연결을 유지했다. 하지만 지금은 기업과 노동가치와는 분리되어 가치가 매겨지는 자본이 세상을 뒤흔들고 있다. 블록체인 기반 암호화폐이다. 비트코인, 이더리움이 대표적인 예다. 파생 상품이 기업, 노동의 가치와 적당한 거리를 유지하는 자본이었다면 디지털 암호화폐는 기업, 노동과 냉정한 이별을 고한다. 암호화폐도 교환수단이긴 하지만 아직 그 역할은 제대로 담당하지 못하고 있다. 교환수단이라기보다는 가격이 매겨지는 상품, 자본의 성격이 훨씬 강하다. 암호화폐 자본 시장이 2008년 블록체인이 제안된 이후 작동하고 있다. 자본중심 시장경제공동체의 엄청난 변화이며 이데올로기 면에서도 보수를 새롭게 정의하고 해석할 필요가 생겼다. 예전 자본의 뒤에는 늘 노동의 가치가 원하든 원치않든 자리 잡고 있었지만 지금 시장경제 공동체의 가치에는 노동이 언제든지 배제될 수 있기 때문이다. 노동중심의 진보가 정치계에서 큰 역할을 담당하지 못하는 이유 중 큰 부분일 것이다. 보수와 진보 양측에서 개념적으로 노동이 배제되고 있는데 일하지 않으면 먹지도 마라, 노동 없는 소득이 웬 말이냐는 논리가 무색해져버렸기 때문이다. 암호화폐가 자본의 전부도 아니고 아직 주도적인 화폐도 아니지 않느냐고 비판적으로 볼 수 있다. 그럴지도 모른다. 하지만 극단적인 자본의 맛을 한번 제대로 본 우리 사회가 다시 돌아갈 수 있을까?

자본의 극단에서 다른 극단의 생각이 떠오른다면 이 무슨 운명의 장난인가. 파생 상품과는 비교가 안 될 정도의 암호화폐 근간의 극단적 자본 형성의 상황이, 예전에는 비현실적인 별세계 정책으로 치부해버렸던 기본소득을 다시금 떠올리는 계기를 제공하고 있다. 일하지 않으면, 정확히 임금 노동을 하지 않으면 소득을 허락하지 않았지만 지금은 암호화폐 덕분에 노동 없는 엄청난 부를 취하게 되면서 자본시장 공동체주의는 그렇게 싫어하고 터부시했던 기본소득을 부각시킬 것이란 예측이다. 팬데믹이 가속화시키고 있는 디지털시대, 자유주의와 공동체주의는 새롭게 자신들의 믿음을 증명할 유망주 신인을 발굴해냈다. 기본소득과 암호화폐이다. 이번에도 둘 다 돈의 형태를 하고 있다. 그런데 예전과는 다른 재밌고도 신기한 일이 생겼다. 세금과 자본은 경쟁하며 상대방의 단점과 한계를 부각시키는 방식으로 싸웠다면, 기본소득과 암호화폐는 묘하게도 서로의 가치를 증명해주는 아이러니한 상황을 연출한다. 경쟁 상대가 있어야 존재가치가 생긴다고 말하는 듯하다. 인공지능 자동화시대 많은 부분 퇴색해가는 인간의 노동은 암호화폐 자본시장 공동체에서 존재가치가 사라지는데 바로 그 점이 기본소득 필요성을 부각시키고 있다. 기본소득의 재원인 세금 확보의 문제는 노동이 사라진 세상이 만나게 될 두려움에 비하면 아무것도 아니기 때문이다. 노동 가치 자체가 사라진 세상을 기본소득으로 미리 대비하지 않는다면 호미로 막을 것을 가래로 막아야 할지도 모른다고 주장하는 듯하다. 그것도 치열하게 싸워온 진보와 보수 모두 합심해서 말이다. 디지털시대 이데올로기는 사라진 환상을 어떻게든 새로운 시대의 질서에 억지로 옷 입히려는 웃지 못할 쇼를 하고 있는 듯 보인다. 양쪽 모두 서로의 존재 가치만 부각시킬 뿐 결국 같은 얘기를 하고 있다. 그들은 숨는다고 하지만 대중이 찾지 않을 뿐이지 않을까.

최근 누군가가 기본소득은 모든 복지를 대신하려는 보수의 전략이라고 말하는 것을 들었다. 보수 세력 중에서도 기본소득 주장을 하는 정치인이 있는 것을 보면 그럴 수도 있겠다. 물론 기본소득은 여전히 많은 저항이 있고 기본자산이 대안이라고 진보 쪽에서도 강하게 비판하기도 한다. 정치적, 사회과학적 해석일 뿐이다. 가치의 기준이 바뀐 마당에 사라진 가치 기준을 부여잡고 감 놔라 배 놔라 하는 것이 무슨 의미가 있나 싶다. 이제 그런 차원의 해석과 믿음이 통할 시대는 빠르게 지나가고 있다. 이 부분은 후반부에서 다시 다루기로 한다.

대학 시절 학과 대항 줄다리기 시합이 있었다. 내가 속했던 토목공학과와 식품공학과가 대결을 펼쳤다. 3판 2승제로 진행되었는데, 첫 번째 경기에서 형편없이 지고 말았다. 두 번째 경기에서 힘을 써보니 첫 번째 시합하던 그 팀이 맞나 싶을 정도로 어이없이 상대팀이 끌려오길래 땅을 확인하니 굵은 모래 땅과 모래가 거의 없는 흙바닥이 승패를 좌우했다는 걸 그제야 알게 되었다. 하지만 어쩔 수 없었다. 다시 위치를 바꿔 세 번째 시합에서 사력을 다했지만 결국 우승을 놓치고 말았다. 경기에선 졌지만 힘과 팀워크가 모자라 진 것이 아니라고 서로 위로했다. 마찰력이 다른 땅의 차이가 승패를 갈랐다고. 그런데 그당시 우리가 잊고 있었던 것이 있는데, 결승에 오른 두 팀 모두 땅바닥 조건에 별 상관없이 예선에서는 가볍게 다른 팀들을 이겼다는 거다. 결승에 올라 제대로 힘을 겨눌 수 있는 상대를 만나고 나서야 작은 차이가 얼마나 중요한지 알게 되었다. 제대로 상대할 수 있는 대상이 있을 때 자신의 존재와 능력도 확인할 수 있다. 자본과 국가가 이제야 제대로 만나기 시작했는지도 모르겠다.

자본시장 공동체주의는 말한다. 돈의 가격이 매겨지는 시장, 이것이야말로 돈이 결국 인류의 안정을 지켜준다는 믿음이 만들어낸 새로운 세상이라고. 과거 같으면 크게 반발하며 냉소적으로 비판했을 자유주의는 이번에는 디지털시대 돈을 예전과 같이 대하지 않는다. 국가를 위해 돈의 이름으로 자본이 만든 이익을 나누자고 대신 제안한다. 시장경제 공동체주의, 자유주의가 윈윈할 수 있는 세상을 이제야 찾았다고 모두들 말하는 듯하다. 다만 절묘한 만남의 자리에서 샴페인 터트리는 파티를 하기 전에 체크를 하나 하고자 한다. 이런 세상을 인류가 받아들여도 되는가? 즉 가치윤리 이전 도덕에 대한 질문을 하나 하고 싶다. 자유를 지키기 위해 택한 이 길이 생존에는 괜찮은가? 옳기는 한 건가? 디지털시대 다른 차원의 돈이란 언어로 소통하게 될 대중은 스스로에게 묻고 자신의 답을 찾아야 한다. 그 과정에서 디지털시대 대중은 형성된다. 민주주의, 자유라는 명목 뒤에 숨은 권력은 이번에도 디지털시대 생존의 길을 돈에서 찾을 것이다. 언제까지 그들만의 줄다리기 시합을 비싼 입장료를 지불하고 관람만 하는 모범국민으로 살 것인가? 강자의 규범을 지키는 약자에 언제까지나 머물 수는 없지 않은가?

2부

새로운
기호를
쏟아내야
한다

쉰 살을 바라보던 아인슈타인은 1927년 벨기에 브뤼셀 솔베이 회의에서 후배 물리학자인 닐스 보어에게 신은 주사위를 던지지 않는다고 말했다가 한 방 제대로 맞았다. 약 10년 후 그는 『물리는 어떻게 진화했는가』라는 책에서 그가 그토록 의심했던 양자역학에 대한 자세한 설명과 함께 그동안의 깊은 고민을 담아 "과학은 자유롭게 만들어진 개념과 아이디어가 충만한 마음의 상태"라고 과학을 정의하면서, 양자역학자 보어에게 자신의 답을 다시 보냈다. 하지만 이번에는 보어의 답을 기다리지는 않았다. 대신 과학 논의의 중심이 주사위 놀이를 하는 신이 아니라 인간 세상의 마음으로 내려왔다고 선언하는 듯했다. 이는 마치 미래 사회에서는 절대 권력이란 세상의 축이 대중의 마음이 모여 이루는 디지털시대 빅데이터 가치의 축으로 옮겨갈 것이라고 예언하는 듯했다. 과학 전문가 집단의 도움으로 누릴 수 있었던 절대 권력은 다른 어떤 것도 아닌 인간의 마음에 가치 기준을 두는 대중 과학의 진실 앞에 무릎을 꿇을 것이라는 것을 아인슈타인은 미리 알고 있었던 것 같다. 전문가 과학자들이 보기에는 덕지덕지 찢어 붙인 누더기 몽타주 같지만 빅데이터는 함부로 던진 주사위가 아니라 대중이 디지털 기호로 소통한 진실의 과학 그 자체라는 것을 가치 생성 원리로 증명하고 있다. 대중은 언제나 옳다. 누군가 정해준 가치에 대중이 몰려드는 것이 아니라, 대중이 모이는 그곳이 가치이기 때문이다.

9

부작용도 과학의 몫이다

대중이 언제나 옳은 것은 그 옳음의 기준이 대중에게 있기 때문이다. 소통하는 대중은 관계를 맺는다. 관계의 법칙을 찾는 학문이 과학이므로 대중의 본질에 과학이 놓여 있다. 대중과 분리된 과학이란 있을 수 없다. 사회 변화를 과학 기술이 이 끈다는 것에 동의할 수 있는 것은 과학이 존재들의 관계를 연구하고 사회는 관계와 다르지 않기 때문이다.

생명을 연장하고 특정 암세포만 공격하는 등 병을 치유하는 과학기술, 백신기술, 기후변화 에너지 관련 기술이 과학인 이유는 생명체를 포함하는 존재들의 관계를 연구하기 때문이다. 그리고 또 한 가지 잊지 않아야 하는 것은 과학을 자유롭게 형성된 개념과 아이디어로 가득 찬 인간의 마음이라고 정의한 아인슈타인의 말이다. 즉 우주 모든 존재의 관계를 바라보는 인간의 마음이 곧 과학인 것이다. 소통으로 이루어지는 존재간 관계와 인간을 합치면 곧 '대중'이다.

　물론 과학을 직접 연구하는 것은 소수의 과학자다. 그리고 대부분의 과학 연구를 국가 또는 기업이 지원하고 연구 결과로 국민이 혜택을 받는다. 국가와 기업 그리고 국민과 소비자가 과학의 핵심이라는 것을 부정하기 힘들지만 관계와 인간을 본질에 두는 과학은 대중이란 개념 속에서만 가능하다. 대중은 언제나 옳기에 과학이 선택하는 진실도 대중의 그것과 다르지 않다. 만약 대중이 소통을 통해 동의하지 못하는 과학기술이 있다면 더 이상 과학이라 할 수 없으며 아무리 저명한 과학자가 훌륭한 저널에 발표했다 하더라도 진실로 인정받을 수 없다.

　과학이 그동안 허락했던 진실들에 허가를 만료하려는 배경이 있다. 과학 뒤에 숨어 사회를 통제하는 권력이란 존재는 과학을 내세우면서도 실상은 전혀 과학적이지 못한 방법으로 권력을 유지하고 있기 때문이다. 이런 권력구조와 의도를 밝혀 통제되고 조절당하지 않기 위한 길을 대중 스스로 찾으려는 거다. 대중은 때론 국민 되기를 거부한다. 위대한 영웅이 나타나 길을 찾으면 기존 권력은 극복할 수 있을지 모르지만 영웅은 새로운 권력이 된다. 산업사회 대중을 통제하고 있는 수많은 기술, 기술을 소유한 소수 기업, 그리고 정치 권력의 본성을 드러내놓기 위함이다. 하지만 다행스러운 것은 과학이 허락한 진실로 생긴 잘못된 권력을 극복할 힘도 과학 속에 있다는 점이다. 권력형 진실이 과학으로 폐기되면 권력은 자연스럽게 사라질 것이다.

과학자라고 모두 과학을 제대로 하는 것은 아니다. 대중의 생각과 상상 속에서 아이디어를 찾아 연구하고 연구결과에 특이성을 부여하는 것까지는 좋았는데 그 이후가 문제다. 연구결과에 소유권을 부여하여 독점하려 한다. 물론 이는 합법적이고 합리적이기도 하다. 잘못되었다고 하기도 힘들다. 이 과정에서 과학자는 대개 산업 사회 기업과 함께한다. 그리고 무수한 연구와 실험 결과 중에서 자신들의 결과에 특이성을 부여하고 특이성을 기반으로 이익을 만들어낸다. 이렇듯 과학자는 특이성을 찾기 위해 사회와 대중의 도움을 받지만 그 결과는 개인의 소유로 돌려버려 대중을 섭섭하게 만들기도 한다. 대중이 없었다면 가능하지 못했을 결과들을 합법으로 포장된 소유권이라는 이름으로 취해도 되는 것쯤으로 생각하는 듯하다.

좀 더 구체적으로 살펴보자. 이미 지난 일이라 생각할 수도 있지만 또 다른 팬데믹 그리고 무엇보다 기후 재앙의 상황에서 꼭 짚고 넘어가야 할 과학기술 사례라고 판단하기 때문이다. 아무리 코로나 백신이 팬데믹 극복에 기여했다는 점을 인정하더라도, 백신 접종으로 부작용이 생겼다면 부작용이 발생한 확률 역시 해당 백신을 개발한 과학기술의 몫이란 점이다. 과학이란 이름으로 기술의 이득을 취했다면 부작용도 과학의 이름으로 책임을 다해야 한다. 무슨 말인고 하니, 코로나 백신이 개발되면 임상실험을 하고 과학적 확률로 효과를 검증받고 승인되면 판매되어 개발 제약회사에서 수익을 취하는 것에 그치지 말고 백신이 접종되어 생기는 효능 확률과 부작용 발생 확률 모두에 근거하여 백신 판매수익이 결정되어야 한다는 것이다. 이 주장은 과학과 사회의 정의 차원이 아니다. 효능과 부작용의 과학적 확률을 수익 배분에도 적용하는 또 다른 과학이라는 점을 강조하고 싶다. 지금의 과학이 그렇게 믿고 좋아하는 '확률'을 개발, 보급은 물론 사후 처리에까지 적용해야 한다는 논리다. 지금은 어떠한가? 개발된 백신과 같은 의약품은 임상 검증 후 승인을 받으면 대부분의 수익을 개발 제약회사에서 취한다. 백신 접종 후 사망과 같은 부작용이 발생해도 엄청난 비용과 시간이 소요되는 소송과 같은 절차를 진행해야만 보상을 받는데 이는 정의롭지도 못할뿐더러 과학적이지도 않다는 것이다.

코로나 백신뿐만이 아니다. 거대 제약회사에서 개발되어 의료체계에서의 사용이 승인된 다른 모든 의약품도 마찬가지다. 의약품 승인 후 정해진 세금을 납부한 후 판매이익은 개발자, 관련 특허권 소유자, 제약회사에게 돌아가는데, 의약품 효능에 대한 과학적 확률과 발생한 부작용에 대한 과학적 확률을 계산해서 해당 의약품 판매수익이 과학적으로 배분되어야만 한다. 개발 제약회사, 개발자 및 특허 소유자, 부작용 피해자, 그리고 사회적 비용 등에 배분되는 것이다. 이는 인류를 위해 연구하고 관련 의약품을 개발한 제약회사와 이를 승인한 정부, 관련 전문기관 등을 비판하기 위한 제안이 아니다. 여러 번 강조했지만 지금보다 더 논리적인 방법을 제안하는 것이고 과학에 진실의 선택을 허락한 대중과 함께하는 과학의 근본적인 본질을 말하고 있는 것이다.

10

대중과학의 잠재력

아이작 뉴턴이 과학자인 걸 모르는 사람은 없지만, 요한 볼프강 폰 괴테를 과학자로 아는 사람은 드물다. 괴테는 뉴턴의 오류를 강력하게 비판했고, "자신의 모든 작업을 할 수 있게 한 위대한 유산은 다름 아닌 뉴턴의 오류"라고까지 표현했다. 이렇게 뉴턴의 오류를 싫어한 괴테였지만 이런 그를 자극해준 것도 뉴턴의 오류였다. 뉴턴은 '빛'에 포함된 스펙트럼을 프리즘을 통해 구분할 수 있다는 것을 입증했다. 예를 들어 노란색도 흰색을 만드는 구성 요소 중 하나가 된다는 것인데, 당시로서는 혁명적인 발상이었다. 흰색에 포함된 노란색은 우리가 인지할 수 없지만 흰색에 포함되어 있다는 것이다.

그런데 괴테는 뉴턴의 이런 의견에 동의할 수 없었다. 괴테는 노란색이 단독으로 관찰되는 색이 아니라 관찰자에 의해 만들어진 현상이라고 주장했다. 관찰자의 내부에 노란색이 이미 있기에 외부 노란색도 보인다는 주장이다. 괴테식 과학은 현실은 독립적으로 존재하는 것이 아니라 관찰자가 감각하는 만큼 존재한다는 발상이다. 물론 괴테도 노란색은 흰색의 구성 요소 중 하나라는 사실도 인정한다. 하지만 관찰자를 떠나서 노란색은 관찰되지 못하고 생각할 수도 없다고 믿었다. 괴테 특유의 획기적 발상은 관찰자와 별개로 측정될 수 있는 과학은 과학이 아니라는 주장으로 뉴턴 역학의 세계를 본질적으로 뒤흔들었다. 괴테의 주장에 따르면 현실은 관찰자의 감각 없이 독자적으로 존재할 수 없다.

요한 페터 에커만Johann Peter Eckermann의 책 『괴테와의 대화』에는 "오랜 시간이 지나야 색채론을 이해하게 될 것이다."라는 괴테의 자조 섞인 말이 나온다. 그만큼 그의 색채론은 당시 인정을 받지 못했다. (물론 지금도 괴테의 색채론 과학은 인정받지 못하고 있다.) 그런데 직접 언급하지는 않았지만 괴테의 과학을 그 누구보다 이해하고 어쩌면 괴테의 방법론을 활용한 것은 아인슈타인이 아니었나 싶다. 아인슈타인은 양자역학에 대해 "신은 주사위를 던지지 않는다."라고 할 정도로 확률론적 과학을 비판했다. 그는 뉴턴의 후계자임을 자부했고 평생 뉴턴의 과학 속에서 자신의 과학세계를 펼친 과학자로 알려져 있다. 이렇듯

한 치의 오차도 허락지 않는 확고부동한 결정론적 과학이론을 주장한 아인슈타인이 놀랍게도 과학이란 자유롭게 만들어지는 개념과 아이디어로 가득찬 마음의 상태라고 정의했다. 과학의 현상은 외부에 독립적으로 있어 찾아내는 것이 아니라 인간이란 관찰자 없이는 존재할 수 없는 것이라 했다. 자칭 뉴턴의 제자이면서도, 뉴턴을 싫어한 유산으로 과학을 연구한 괴테의 생각에 동의한 것이다. 아인슈타인의 과학 정의에 따르면 색도 마침내 과학적 현상으로 인식할 수 있게 된다. 관찰 대상에서 관찰자가 소외되지 않는다. 색채 현상은 생명체가 신경 쓰고 관심을 갖지 않는 한 존재할 수 없다는 것이 괴테의 과학이고, 아인슈타인은 과학의 정의를 통해 이를 뒷받침했다. 아인슈타인이란 걸출한 스타 과학자 제자가 괴테에게 생긴 셈이다. 괴테가 없었다면 아인슈타인은 우주의 근원적인 재검토가 어려웠을 것이란 가정을 해본다.

아인슈타인은 과학을 새롭게 정의함으로써 과학계뿐만 아니라 대중의 정신세계에 있어서도 무수히 새로운 지평을 열었다. 아인슈타인의 과학 모델에 따르면 누구든지 어떠한 대상을 통해 자신만의 현상을 창조할 수 있고 그에 상응하는 현실을 만들어낼 수 있다. 첨단장비를 사용해 새로운 개념을 만드는 것도 과학자지만, 특별한 도구가 없어도 관찰을 통해 조금 더 나은 인식, 발견에 다다를 수는 있다. 그동안 특별할 것 없었던 대화와 생각들이 빅데이터가 되는 것처럼, 평범한 사람들의 일상이 새로운 형태의 질서를 만들 수 있다. 따라서 이러한 '대중과학'을 통해 우리 사회는 체계를 근본적으로 변화시키고 과학적으로 모든 잠재력을 달성해나갈 수 있다. 대중이 모이면 가치가 만들어지는 디지털시대 가치 논리, 즉 '데이터는 새로운 석유'라는 논리가 되었다. 디지털시대 이전에는 절대적 가치가 있어 이를 발견하는 사람이 큰 이익을 얻게 되는 것이었다면, 디지털시대 가치는 대중이 모이는 곳에서 탄생한다. 이는 뉴턴의 과학과 괴테의 과학을 대비해서 이해할 수 있어, 뉴턴과 괴테를 극적으로 화해시킨 아인슈타인의 혜안에 감탄하게 된다.

빛과 색채 외에도 괴테의 과학은 현대 사회에서 많은 부분 활용될 수 있다. 장작불, 화남, 유전자 DNA 신진대사의 예를 들어보자. 불, 화, 신진대사란 현상을 나무, 인간 마음, 유전자라는 원천으로부터 분리한 이론을 과학적으로 얼마든지 만들 수 있다. 이런 과학적 방법은 뉴턴 역학에서 우주를 이해하는 방식이다. 하지만 괴테의 과학은 현상과 원천을 분리하지 않는다. 기원과 감각을 통해 관찰된 현상을 기반으로 개념과 아이디어가 만들어지는 것이다. 아인슈타인은 현상에 대한 이 두 가지 상반된 접근방식을 모두 받아들인다. 아인슈타인은 뉴턴의 후계자였지만 괴테의 제자이기도 했다.

하나의 예를 더 들어보고자 한다. 에테르^{Ether}이다. 아인슈타인은 빛의 존재를 입자설과 파동설을 들어 설명했다. 두 이론이 각각 설명할 수 있는 부분과 한계를 언급하고는 추가로 아인슈타인은 빛을 입자로 보지도 않고 파동으로 한정할 필요 없이 빛의 모든 현상을 완벽하게 설명할 수 있는 에테르 이론의 가설을 소개한다. 에테르는 관찰할 수 없어 과학적으로 증명되지 못한 물질이다. 과학적으로는 존재하지 않지만 에테르란 존재를 이용하면 빛의 모든 현상이 깔끔하게 설명된다. 에테르는 그럼 존재하는 것인가? 존재하지 않는 허상일 뿐인가? 언젠가 에테르 물질의 존재가 과학적 방법으로 증명될 수도 있고 에테르 아닌 다른 이론으로 빛의 현상이 설명될 수도 있을 것이다. 그런데 개인적으로 에테르는 빅데이터와 묘하게 닮았다고 생각한다. 빅데이터의 실체가 무엇인지 많은 경우 혼란스럽지만 디지털시대 많은 현상과 가치를 설명하고 있으니 말이다. 시시각각 변하고 다가가면 전혀 다른 모습으로 형태를 바꾸는 빅데이터는 환경의 변화에 어떻게든 적응하는 에테르와 본질적으로 닮아 있다. 단 한 순간도 머무르지 않는 존재가 빅데이터인 셈이다.

빅데이터는 괴테가 이해한 색채와 마찬가지로 지속적으로 변화하기에 그가 이해한 색채과학의 대상과 닮았다. 대중의 마음이 움직여 관심을 두면 생성되는 빅데이터는 디지털시대 새로운 가치를 형성하고 있다. 그런데 그 가치의 본질은 아이러니하게도 뉴턴을 계승한 아인슈타인과 뉴턴의 유산을 싫어한 괴테의 과학을 만나 분명해지고 있다.

11

돈 자본주의에서 언어 자본주의로

'돈 자본주의'는 빅데이터 기반의 '언어 자본주의'로 패러다임이 넘어가고 있다. 언어 자본주의는 기호 소통으로 생성된 데이터가 귀중한 자원인 시대이다. 디지털 데이터 가치를 새롭게 이해하는 방식은 2008년 《와이어드Wired》 편집장 크리스 앤더슨Chris Anderson이 기고한 구글비즈니스 모델에 관한 이야기[7]에 잘 나타난다. 당시 기존 경제 모델로는 도저히 설명이 안되었던 2007년 세계 경제붕괴의 원인이 구글 비즈니스 모델을 추가함으로써 밝혀졌다고 그는 주장했다. 2007년 경제붕괴 당시 영국의 엘리자베스 여왕을 포함한 많은 사람들이 궁금해했던

---

7 Chris Anderson, 〈The end of theory: the data deluge makes the scientific method obsolete〉, "Wired", 2008.

원인이 구글 비즈니스 모델에 의해 밝혀진 셈이다. 2008년 이전에는 사실 구글이란 회사의 존재가 그다지 부각되지 않았다. 구글은 엄청난 데이터로 수익을 창출할 수 있는 능력을 확보하고 이를 바탕으로 기존 경제학 이론이나 전통적 비즈니스 모델에서 완전히 벗어난 사업모델을 선보였는데, 앤더슨은 이를 10의 15승 바이트, 즉 '페타바이트Petabyte, PB 시대'라고 칭했다. 영국 옥스퍼드 대학교 팀 버너스 리Tim Berners-Lee 교수가 1989년 html 언어로 월드와이드웹www 세상을 연 지 20여 년 후의 일이다. 그런 연유로 사람들은 1989년을 디지털시대의 개막, 2008년을 구글에 의해 만들어진 빅데이터 자본주의 개막을 알린 원년으로 부른다.

빅데이터 언어 자본주의, 즉 디지털 기호가 지배하는 자본주의 시대가 본격적으로 도래하고 있다. 지난 2016년 사회학자이자 인류학자인 베르나르 스티글레르Bernard Stiegler는 10년 후면 현존하는 직업의 반 이상이 사라지고 살아남는 직업 또한 지금과 같은 온전한 형태가 아닌 새로운 차원이 될 것이라 예측했다. 그는 화석연료를 때는 동력 기반의 산업성장이 주도한 엔트로피가 증가로 특징지어진 인류세anthropocene 시대에서 빅데이터 폭발로 인해 정작 일자리와 고용은 감소하는 마이너스 엔트로피가 특징인 탈인류세neganthropocene 시대로 급변하고 있다고 경고했다. 탈인류세 시대를 대비하기 위해서는 '노동'을 '고용'에서 아예 분리하고 궁극적으로는 '고용' 개념 자체를 없앨 것을 제안했다. 탈인류세 시대에는 지금 시대 가장 진보적인 정책으로 알려져 있는 기본소득이 오히려 가장 보수적이 될 수 있는 근거가 여기에 있다. 노동한 양과 시간을 임금 계산 단위로 활용했던 지금까지의 가치 산정 논리는 더 이상 유효하지 않다. 데이터 시대에는 인간 노동 자체가 근본적으로 변화한다.

그런데 이 모든 것에 납득이 가다가도 한 가지 짚고 넘어가야 할 게 있다. 빅데이터가 왜 돈이 되는가? 다시 말해 빅데이터가 왜 가치를 갖는가? 나는 유학 사서 중 하나인 맹자 책의 가장 첫 장인 양혜왕 편에서 그 답을 찾고자 한다. 양혜왕은 꽤나 좋은 왕이었다. 백성들을 위한 정치를 펼치고 싶었다. 그래서 맹자를 모셔 백성에게 이익을 가져다줄 수 있는 정치는 무엇이냐고 물었다. 맹자에게서 한 수 배우고 싶었던 것이다. 그런데 맹자는 양혜왕에게 반문한다. '하필왈리何必曰利', 즉 '하필이면 왕께서는 이익을 입에 담으십니까? 이익을 내세우는 정치가 백성을 위한 정책으로 이어지기는 힘들다고 강조한다. 대신 백성들의 마음을 잡아 백성들이 모이면 자연스럽게 이익이 생겨난다는 것이다. 이익을 정해두고 그 이익을 좇으면 이익이 생기지 않는다고 강조한다. 디지털시대 가치도 맹자의 하필왈리 지혜와 상응한다. 가치를 정해두고 이익을 추구하면 디지털시대에는 다른 사람들의 뒤만 좇게 된다. 디지털시대 가치는 사람들이 모이는 곳에 생겨나기 때문이다. 사람이 모이면 가치가 생기고 흩어지면 가치도 사라지게 된다. 맹자의 대중 이익 이론과 디지털시대 빅데이터 가치생성 이론은 맥을 같이하는 것이다.

알고 보면 언어 자본주의(즉 기호 자본주의)는 돈 자본주의보다 더 철저하게 자본주의 특성을 가진다. 구글의 데이터 마이닝과 소위 '빅데이터'에의 접근 역시 완전히 새로운 자본주의 모델의 등장을 알리고 있다. 이런 모델의 본질은 자본에서 '언어 자본주의'로 옮겨가며, 가치 계산 단위가 기존 자본에서 데이터로 급격하게 변화한다. 여전히 막대한 돈 자본을 기저에 깔고 소비와 신용을 바탕으로 한 자본주의 질서의 지배를 받고 있고, 주식과 파생 상품을 비롯한 거래 모델이 주목받고 있긴 하지만, 빅데이터가 세상 가치를 뒤흔드는 근간이 되는 흐름은 이제 대세가 되었다.

빅데이터 언어 자본주의 세계에서의 가치 계산 단위, 즉 가치 기준은 무엇인가? 먼저 우리 사회의 가치를 이끌어왔던 기준 중 하나인 노동의 가치를 살펴보자. 비록 의미가 많이 퇴색하기는 했지만 사회 가치 기준으로서 역할을 여전히 수행하고 있다. 노동 없는 소득을 엄청나게 취하고 있는 사람들도 정작 기본소득과 같은 아이디어에는 노동 없이 어떻게 돈을 받을 수 있느냐, 일하지 않으면 먹지도 말아야 한다는 주장을 한다.

참 편리한 그들만의 논리인데 비단 자본가뿐만이 아니다. 자본가가 아닌 사람도 자신이 혜택을 받는 국가 단위의 복지 정책의 혜택은 당연하고 사회주의 성격의 복지 정책에는 노동 없는 소득이라고 하여 반감을 표한다. 아파트, 주식, 파생 상품, 암호화폐에 투자하여 큰돈을 벌면 자신의 능력으로 고생한 대가이고, 자신들의 삶을 치열하게 살아내고 있는 대중에게 지급되는 복지와 기본소득 등은 노동력 없는, 가치의 기준이 모호한 퍼주기 지원금이라고 비판한다. 이를 불합리하고 비논리적인 가치 기준이라고 치부하는 것이 아니다. 이러한 논리 배경에 과연 무엇이 놓여 있는 것일까 궁금한 것이다. 좌우 이념으로 규정하고 넘기는 것이 가장 쉬운 이해겠지만 그보다 훨씬 복잡한 무엇이 분명 있어 보인다. 5장에서 이를 야구 경기에서의 안타가 생기는 경우로 설명한 바 있다. 타자가 친 야구공이 안타가 되는 것은 어느 하나의 조건으로는 설명이 힘들다는 것이다. 가치 발생과 가치 기준도 마찬가지다. 노동이 오랜 역사 가치 기준의 하나였고 여전히 위력을 발휘하고는 있지만 노동의 가치 기준 하나로 모든 가치를 설명하기도 힘들 뿐만 아니라 빅데이터 언어 자본주의 시대에는 점점 더 노동으로 가치 기준을 설명해내기 힘들어지고 있다. 지금도 그러한데 인간 노동이 기계와 빅데이터에게 자리를 내어주는 탈인류세 시대에는 가치 기준의 모호함은 더 커질 수밖에 없을 것이다.

목표 없는 삶도 있다. 어쩌면 많은 삶이 목표가 없을 수도 있다. 목표가 없든지 보이지 않으니 그냥 일상을 살게 된다. 눈앞의 목표가 비록 인생의 목표는 아니지만 일상이 모여 인생이 된다는 믿음으로 살고 있는, 살아내는 사람들이 대중인지도 모르겠다. 대중은 언제나 옳지 않은가. 옳아서 옳은 것이라기보다는 대중이 옳음의 기준을 떡하니 자리 잡고 있어서 그곳이 옳음의 기준이 되는 것이다. 정해진 가치가 있어 그곳으로 대중이 모이는 것이 아니다. 만약 옳음이 정해져야 한다면 정부와 관련된 기관 등에서 옳음을 정하고 늘 대중을 이끌어야 한다. 하지만 이런 방법이 옳을 리 만무하다. 대중이 정부를 택하니 옳을 뿐이다. 대중 자체가 옳음의 기준이지 다른 누구도 대중에게 옳음을 알려주지 않는다. 그런데 대중에게는 목표가 보이지 않는다. 이것은 당연한 일이다. 대중이 옳음이고 옳음이 목표이므로 가야 할 곳이 따로 있는 게 아니기 때문이다. 대중은 옳음 자체이므로 대중 사이에 있는 것, 대중을 유지하는 것이 옳음을 실천하는 것이고 자체가 목표가 된다. 대중의 말과 행동, 쓰는 수단, 즉 기호가 모여 옳음의 흐름인 물결을 만든다. 이 흐름과 물결이 가는 곳이 바로 옳음이다. 흐름 속에서 자연스럽게 함께 흘러가고 있으니 보이지 않을 수밖에 없지 않겠는가. 이런 대중 물결의 흐름을 정확하게 맥을 잡아낸 것이 디지털 논리이다. 대중이 모이는 바로 그곳에 옳음이 있다면, 대중이 뱉어내는 소통의 기호가 모이는 곳에 빅데이터의 가치가 생성되는 것이다.

보이는 색은 관찰자의 마음과 상황, 조건과 관계없이 정해져 있다는 과학논리는 마치 대중이 지켜야 하는 옳음의 기준이 이미 정해져 있다고 주장하는 것과 같다. 괴테가 지적한 뉴턴의 오류이다. 나뭇잎은 초록색이어야 한다고 정해버리는 논리를 괴테는 거부했다. 꼭 색만이 아니다. 에너지와 전기는 정부와 한전이 에너지원을 선택해서 알려주고, 수자원의 활용 방안도 지자체와 수자원공사가 정해 제시한다. 대중이 선택할 수 있는 에너지원, 국가 전력생산 방향, 수자원의 생태적 활용 방향은 제한될 수밖에 없다. 정책으로 정해진 에너지와 전기, 물을 받아 사용해야 하므로 더 이상 대중이 아니라 국민이고 시민이 되어버린다. 팬데믹 시기 백신도 마찬가지다. 백신 개발의 방향이 옳은지 결정하는 것은 대중의 몫이 아니었다. 인류 생존의 문제라는 위기 속에서 거대 제약업체가 개발했고 이를 주도한 거대 강국 정부들이 옳음을 정했으며 국민은 따라야 했다. 이런 모든 예시에서 과학이 논리를 통해 뒷받침하고 있다. 하지만 빅데이터는 다르다. 대중이 선택하는 것이 옳다, 선택되었으니 그냥 옳다는 것이다. 이제껏 최적 선택지와 정답을 부여받으면 그대로 따라야 했던 국민은 디지털시대 빅데이터 가치 생성으로 소통하는 대중으로 격상되었다.

대중은 언제나 옳다. 그러니 대중을 계도하고 계몽하겠다는 헛된 망상을 가져선 안 된다. 소수의 천재가 세상의 어려움을 극복할 아이디어와 이론을 만들어 대중을 인도해온 것이 아니다. 그렇게 보일 뿐이다. 천재의 아이디어와 이론은 어디서 왔겠는가? 대중이다. 대중에서 나와 대중으로 돌아가는 거다. 천재는 대중 속 작은 요소일 뿐이다. 대중 없는 과학자는 존재하지 않는다. 이를 설명할 길이 없어 그냥 자연이라고 부른다. 대중의 감각, 판단, 상상이 자연이다. 빅데이터 시대 시시각각 대중으로부터 뿜어져 나오는 질서 또한 자연이다. 맑은 하늘 흰 구름이 생겼다 사라짐을 반복하는 현상처럼 대중은 그렇게 마음을 내었다 접었다 하는 것이다.

빅데이터와 인공지능의 등장은 전통적 노동의 붕괴가 아니라 일이란 패러다임의 전환에 도전한다. 개인은 빅데이터의 가치를 어떻게 찾을 수 있을까? 구글과 같은 거대 기업에 개인이 영향을 미칠 방법은 없을까? 아니면 대세를 그냥 받아들이고 어차피 사회를 이끄는 거대기업에 쓰이는 데이터를 생산하는 것이 개인들의 '일'이라고 받아들여야 할까? 시대는 이미 왔지만 아직 많은 질문의 답을 찾지 못하고 있다. 임금 노동을 지탱하는 가치 기준 자체가 사라지고 있는데 모두들 자신은 괜찮을 것이라 애써 자조하고 있다. 임금 노동은 결국 무너질 운명이다. 급변하는 가치와 패러다임 변화에도 불구하고 아쉽고 화나게도 권력은 여전해 보인다. 그들은 차가운 과학 논리 뒤에서 새로운 시대 가치도 독점하고 있다. 권력은 정부를 매번 갈아 치우며 생명을 이어갈 것이다. 권력은 워낙 엄청나서 이를 지키는 파수꾼들이 필요하다. 정부가 승인하는 전문가 집단이 그역할을 담당한다. 전문적 지식과 인증을 요하는 체계는 정부의 허가제도 하에서 살아남을 것이다. 새로운 시대에도 전문가 집단은 보란 듯이 생존할 것이다. 하지만 전문가도 기억해야 할역사의 교훈이 있다. 대중이 사라지면 대중을 지킨다는 명목으로 존재 가치가 있었던 전문가체계도 필요 없어진다는 것을. 전문가는 권력과 정부를 지켜서는 안 된다. 대신 대중을 지켜야 한다. 권력과 정부는 오직 대중의 눈치만 보기 때문이다. 권력과 정부가 자신이 허락한 전문체계 속 전문가인 변호사, 의료인, 엔지니어, 공무원, 교사의 눈치를 보는 것을 본 적 있는가. 전문가들은 언제든 권력과 정부에 의해 버려질 수 있다. 전문가 자신은 언제라도 권력 속에 있을 것이라 믿고 싶겠지만 그렇지 않다는 것을 이미 알고 있다. 대중의 눈치를 보지 않아도 되는 그런 시대가 오면 권력과 정부는 그들의 손아귀에 있는 전문가들이 필요치 않게 될 것은 자명하다.

과학은 기술을, 기술은 인류에게 감당하기 힘든 이성적 논리와 도덕적 자신감을 주었다. 지구 자원은 인류 행복을 위한 에너지가 되었고 지구상 모든 생명은 인류에 봉사하는 존재로 추락하게 되었다. 인류를 제외한 지구의 모든 존재는 자유를 잃고 희생되고 인류는 끝없는 무한 자유를 펼치고 있다. 인류에게 주어진 엔트로피는 더 이상 물리학적 엔트로피 수준이 아니다. 인류세의 극단에 도달한 것이 아니라 이미 인류세 한계를 넘어섰다. 스티글레르에 의하면 인류세는 벗어날 수 없는 엔트로피의 소용돌이라고 했다(스티글레르 & 로스 2018). 그의 에세이집 『부인류세, 탈인류세』에서 대안을 제시하는데, 노동의 패러다임이 바뀌면서 고용은 급격히 줄어들고 기계화를 통해 데이터로부터 새로운 가치 존재가 탄생할 것이라고 예상했다. 인류세의 극단에서 자체 모순으로 인해 많은 체계가 붕괴할 것이지만 아이러니 하게도 인류세의 여러 문제들이 체계 붕괴로 인해 해결될 수 있는 가능성도 언급했다. 극단과 또 다른 극단이 동전의 양면처럼 서로 붙어 있는 모습을 연상시킨다.

인류는 결국 인류세 탈출을 자신의 의지로 이루기는 힘들다는 판단이다. 대신 디지털시대의 여러 현상들이 인류세 문제들을 너무나 쉽게 해결해버릴 것이라는 예상이다. 빅데이터, 인공지능, 머신러닝 그리고 메타버스 가치들이 인간의 판단과 결정이 아니라 기계의 힘을 빌어 만들어져 기후위기, 생태위기, 소득불균형과 같은 문제들이 힘들이지 않고 해결되는 가설이다. 인류는 빅데이터, 인공지능 모두 결국 자신이 만든 것이라고 위안하는 정도가 전부일 것이다.

기계화, 빅데이터 디지털시대가 쉽게 해결해버리는 것은 인류세 문제뿐만이 아니다. 국가 간접자본인 인프라 건설로 인한 지역 불균형 문제도 포함한다. 즉 인프라 건설을 결정해왔던 정치적 고려가 디지털시대에는 무기력해질 것이라는 예상도 할 수 있다. 선거 때만 되면 단골 메뉴로 오르는 지역 균형 발전, 공항과 같은 인프라 건설 공약들이 디지털시대에는 큰 힘을 발휘하지 못할 것이다.

물론 많은 빅데이터가 여전히 물리적 인프라를 통해 생성되고 있기는 하다. 또한 도로, 항만, 공항, 에너지, 통신 등 물리적 인프라는 가치를 만들어내는 근간이다. 이런 인프라가 직접 또는 간접적으로 영향을 받을 수 있는 지역은 발전하고 상대적으로 인프라 시설로부터 소외된 지역은 낙후되었던 것이 지금까지의 산업사회 특징이었다. 지역 간 인프라 불균형, 불공정 투자는 정치적으로 결정되기도 했다. 정치적 불공정은 정치적 저항을 낳고 저항이 성공하면 이번에는 다른 쪽이 인프라를 통해 피해를 입는 악순환이 이어져왔다. 이런 물리적 인프라의 불균형 문제 해결이 물리적 인프라를 공정하게 건설함으로써 이루어질 수 있다는 믿음, 희망을 더 이상 가지지 않게 될 것이다. 정치적으로 물리적 인프라의 지역 불균형을 해결할 수 있다는 희망을 여전히 가지는 사람도 있고 그 역할을 자신이 하겠다는 정치인도 있다. 하지만 대중은 그런 믿음을 이미 잃었고 대안의 실마리를 다른 곳에서 찾을 것이다. 디지털시대 비물리적 가치의 등장이다. 프로그래머인 키프 모리스Kief Morris는 자신의 저서『코드로 인프라 관리하기Infrastructure as Code』에서 현대 인프라는 컴퓨팅을 담당하는 객체보다는 그 코드, 즉 기계를 작동시키는 소프트웨어라고 강조했다. 코드를 사용하는 유저들은 데이터를 생산한다. 코드가 맞아야 데이터를 통해 현실이 된다. 유저는 코드를 특정 플랫폼에서 구동되게 '선택'하고, 선택된 코드는 상품, 서비스, 자본의 형태로 현실이 된다. 코드 선택은 데이터를 생산하는 공장이 되었다. 이제 물리적으로 깔려져 있는 인프라는 예전과 같이 절대적이지 않다. 인터넷을 가능하게 하는 물리적 인프라로 만들어진 플랫폼은 물리적인 존재가 아니라 보이지 않는 연결망인데 이를 통해 제공되는 소통 기호들이 현실 속 가치를 만드는 코드를 가능하게 한다. 선택하는 보이지 않는 손이 가치를 생산하는 인프라 역할을 담당하고 있다. 코드를 선택하는 도구가 기호이므로 이번에는 기호 자체가 인프라가 된 셈이다. 선택된 기호는 데이터이며 빅데이터의 기반이다. 이러한 기호 인프라에는 공항, 고속도로 등과 같은 지역 불균형이 원천적으로 불가능하다.

물리적 인프라의 지역적 불균형은 정치적 해결이 아닌 디지털시대의 특이점 가치철학으로 해결되고 있다. 유튜브, 아마존, 마켓컬리 등 코드가 가치를 생산하는 플랫폼은 셀 수 없이 많다. 그 누구도 이 플랫폼들이 우리 지역에 없다고 불평하지 않는다. 대학에 팬데믹 기간 수업 운영을 위한 교육 플랫폼이 다양하게 있었다. 대학은 여전히 학교 건물과 IT 네크워크 시설을 가지고 있지만 보이지 않는 플랫폼을 통해서도 데이터를 생산한다. 데이터를 저장하는 가상의 집 '클라우드'라는 개념도 생겨났다. 플랫폼이 데이터를 사용해 가치에서 다른 가치를 창출하는 것은 마치 마법과 같다. 전통적 가치에서 새로운 가치가, 만져지는 가치에서 보이지 않는 가치가 창출된다.

코드형 플랫폼에서 만들어지는 가치는 몇 가지 특징을 갖는다. 우선 인간 노동 자체가 아니라 인간 노동으로 인해 파생된 결과를 계산 단위로 삼는다는 점이 특징이다. 쌀농사를 함께 지어 가을에 수확물을 나누는 것과 인터넷 세상에서 빅데이터를 통해 거둔 부를 나누는 것은 다를 수밖에 없다. 전통적 도덕 가치에 기반해서 부를 분배하기가 훨씬 어렵게 되었다. 데이터를 통해 가치를 만들지만 그 소유권은 누구에게 있는지 어떻게 배분해야 할지 모호해졌다. 데이터를 생산한 주체가 자신이 한 일의 가치를 아직 잘 모르는 상황이다. 코드형 플랫폼에서 파생된 데이터를 활용한 가치 창출의 논리와 결과물에 대한 소유 도덕이 아직 불분명하다는 것이다. 소득불균형 해결 실마리는 잡았으나 구체적인 실행방법은 아직 도덕적으로 정해지지 않았다.

숙제가 또 생겼다. 기존 물리적 인프라 지역불균형 해결은 이제 더 이상 큰 이슈가 아니다. 빅데이터가 만들어내는 엄청난 가치에 비하면 말이다. 이보다는 오히려 빅데이터를 생산하는 코드형 플랫폼 기저에 숨겨진 논리를 이해하여 인류 행복을 이끌 수 있는 새로운 가치도덕에 기초한 윤리의 정립이 필요해졌다. 빅데이터 가치까지도 독점하려는 기존 권력과 거대 기업 자본주의에 디지털시대 대중은 새로운 가치 도덕을 챙기고 어떤 사회적 윤리로 맞설 수 있을까 고민해야 한다.

12

빅데이터 몽타주

대중의 선택으로 형성된 빅데이터는 조각 이미지를 덕지덕지 이어 붙인 거대한 몽타주이다. 빅데이터 몽타주야말로 대중은 언제나 옳다는 진리를 보여준다. 누더기 그림이 뭐가 좋은지 그림을 파악하려 다들 난리도 아니다. 아무리 보잘것없이 보이는 누더기지만 그 속에 노다지가 솟아나는 샘이 숨겨져 있다. 수많은 데이터로 짜깁기하듯 그려낸 몽타주에는 가치가 높은 부분과 하찮은 쓰레기 데이터로 구별된다고 하는 데이터 분석 전문가도 있다. 하지만 그렇지 않아 보인다. 몽타주 그림 속 어느 것 하나 버릴 것 없다. 그 모습 그대로 옳고 가치롭고 신비로운 조합이기 때문이다. 마치 생명체의 DNA 유전자를 보는 듯하다. DNA에는 쓰레기란 뜻의 더미 유전자라는 것이 있는

데 신호를 받아 생명대사를 담당할 단백질을 만드는 과정에 관여하지 않아 존재의 이유가 밝혀지지 않은 유전자이다. 과학에 대한 무지가 이때도 여실히 드러난다. 자신이 모르면 쓰레기 취급을 하는 거다. 아직 밝혀지지 않았을 뿐 그 위치에 존재하는 이유가 왜 없겠는가? 사회 구성원 모두가 소중하고 그곳에 있어 존재하므로 사회가 온전하게 이루어지는 것과 같다.

순간적으로 만들어졌다간 이내 그 형태를 다르게 변형시킨다. 몽타주는 시시각각 생성되지만 스토리 연결이 되지는 않는다. 플롯이 있어 시간별 스토리 연결이 있는 것은 몽타주가 아니라 누군가에 의해 연출된 미장센이다. 처음부터 끝까지 철저하게 탄탄한 구조로 주제를 갖고 계획되어 스토리가 이어지는 미장센은 몽타주와 비슷한 듯 다르다. 빅데이터는 때론 미장센으로 보이지만 착각이다. 빅데이터는 결코 미장센일 수 없다. 애덤 스미스의 보이지 않는 손이 있어 빅데이터의 거대한 스토리를 이어간다고 한다면 할 말이 없지만 그것은 오직 자연이란 이름의 매직 같은 가정이다. 실상은 그렇지 않다.

거대기업, 정부, 전문가 그룹이 빅데이터 스토리를 만들 수 있지 않냐고 상상해볼 수는 있다. 통제 국가들을 보면 정말 그럴 수도 있겠구나 싶기도 하다. 북한이 그렇고 중국과 우크라이나를 침공한 러시아가 예이며 민주주의가 정착한 듯 보이는 국가들에서도 정부의 통제는 어디든 있다. 하지만 통제사회에서도 의사결정이 통제될 뿐 형성되는 빅데이터가 한 편의 영화와 드라마처럼 미장센으로 연출되는 것은 불가능하다. 다른 성격을 가진 빅데이터 몽타주일 뿐이다. 강력한 통제력을 가진 정부라 하더라도 사회가 만드는 것은 대중의 빅데이터일 뿐이고 빅데이터가 연출하는 미장센은 가능하지 않다. 빅데이터는 쉼 없이, 의도된 플롯 없이 만들어지는 몽타주다.

그럼 디지털시대 이전의 사회는 어떠했을까 궁금해진다. 디지털시대 이전에는 미장센처럼 연출된 시민의 여론 형성 흐름이 있었다. 국민 의사소통의 도구를 통제하면 가능할 수도 있다. 시시각각 형성되는 국민 여론은 서로 같은 플롯을 가지고 스토리가 연결이 되니 말이다. 우린 유신정권과 80년대 초 군부독재 정부 시절 이런 상황을 경험했다. 통제된 언론, 정부가 주도하는 대중예술 문화, 스포츠 등을 통해 가능했다. 하지만 아무리 통제된 사회에서도 대중은 선택한다. 모든 국민이 정부가 원하는 모범국민이 되는 극단적인 상황에서도 대중 여론은 어김없이 형성된다. 희망이 없어 보이는 암울한 독재권력 속에서도 이렇듯 대중은 존재했다. 대중이 여론을 형성하는 것이 아니라 여론을 형성하는 것이 대중이었다. 그 시절 독재권력이 영원하지 못한 이유는 바로 여기에 있다. 통제될 수 있는 것은 대중의 여론이 아니라 여론을 형성하여 대중이 되는 국민일 뿐이다. 대중이 권력을 택했다. 대중은 새로운 권력에 기대하고 시간이 지나 실망하면 다른 권력으로 바꾸기도 한다. 권력은 자신들이 만든 플롯으로 미장센을 연출하는 것이다. 역사는 미장센 중 승리한 권력이 선택해서 쓰여지지 않았던가.

디지털시대 이전 사회를 굳이 살펴본 이유가 있다. 데이터를 통해 빅데이터 가치를 만드는 대중이 미래사회를 주도하겠지만 여전히 통제하려는 권력이 있다는 것을 한 번 더 확인하고 싶었기 때문이다. 권력을 통해 사회를 통제하려는 정부 역시 계속 존재할 것이다. 예전에는 권력형 정부와 국민들 사이에서 어렵게 정보 교환을 통해 여론을 형성하는 대중이 있었다면, 디지털시대에는 빅데이터 대중 속에서도 통제를 원하는 정부가 만드는 여론을 따르는 국민도 있을 것이다. 이 차이를 분명하게 대중이 구별할 수 있어야 거대 기업 권력과 권력형 정부의 의도와 전략을 알 수 있고 대처할 수 있다.

각자의 의미를 전달하는 의사소통 과정에서 기호의 형태로 데이터가 생성된다. 데이터는 의미에서 출발한 것이다. '의미'라는 단어에는 '맛 미味'란 글자가 포함되어 있는데 대중은 자신들의 입맛에 따라 선호하는 선택을 하는 것이다. 아무리 강력하게 통제되어 있는 사회라 하더라도 입맛 하나하나를 조절하는 것은 불가능하다. 빅데이터는 이런 대중의 입맛을 시시각각 몽타주로 보여주고 있는 것이다. 새로운 가치, 새로운 질서는 대중의 입맛으로부터 출발한다는 것은 디지털시대 특징이다.

대중의 입맛을 읽으면 대중의 움직임을 읽을 수 있다. 대중이 모이면 그곳에는 어김없이 이익이 발생한다. 빅데이터가 형성되는 특정 법칙은 없지만, 무법칙 빅데이터 몽타주 사이의 유사성은 발견할 수 있다. 이런 빅데이터 몽타주 사이의 유사성을 읽어내는 엄청난 능력을 거대기업, 빅테크는 가지고 있다. 구글, 아마존 등이 대표적인데 빅데이터 기반 비즈니스모델을 가지고 있고 이를 기반으로 엄청난 수익을 내고 있다. 빅테크로 불리는 이들 거대기업의 영향력과 연계된 권력의 통제력을 언어 자본주의라고 칭한다. 이들은 코드형 플랫폼을 직접 운영하면서 대중에게 서비스를 제공하는 듯 보이지만 사실은 데이터를 제공받는 창구를 열어둔 것에 불과하다. 대중은 거대기업이 운영하는 플랫폼을 통해 서비스를 제공받고 거대기업은 대중입맛의 흐름 데이터를 확보하는 구조다. 이익의 구조가 이런 데이터의 흐름 속에서 형성되기에 이를 언어 자본주의라고 한다. 좀 더 정확하게는 플랫폼 소통의 도구인 기호를 근간으로 하는 '기호 자본주의'이다.

빅데이터는 연출된 미장센이 아니라 대중의 입맛으로 짜깁기된 몽타주이다. 무질서해 보이는 짜깁기된 몽타주에는 일정한 법칙도 스토리텔링도 없지만 대중 입맛의 흐름을 귀신같이 읽어내는 빅테크 거대기업의 노하우가 있는데, 다름 아닌 인공지능 기계학습 기술이다. 이전에는 통제력을 지닌 권력이 정치로 국민의 길을 이끌어갔다면 디지털시대 이후에는 대중은 자신의 입맛을 기계 학습 기술을 보유한 빅테크에게 간파당하고 있다. 국민 통제 권력에 저항하면서 투쟁했던 민주주의는 디지털시대 새로운 민주주의 양식을 요구하게 된 배경이 여기에 있다.

아무리 복잡한 빅데이터라도 파악해내고야 마는 엄청난 인공지능 기계학습 능력을 지닌 빅테크에 맞서는 방법은 무엇일까? 이 책은 이 답을 찾기 위해 노력하는 과정을 담았다. 문제가 발생하는 곳에서 답을 찾아야 하는데 데이터 생산 체계가 그곳이다. 빅테크가 운영하는 플랫폼을 사용하는 것을 탓할 수도 피할 수도 없다. 하지만 대중이 중심이 되는 코드형 플랫폼이 별도로 있어 빅테크가 쉽게 파악하기 힘든 데이터를 만들 때 빅테크 그들만의 세계에 혼란을 줄 수 있다. 빅데이터를 현재 좌지우지하고 있는 빅테크와 함께하는 언어 자본주의 권력에 맞서는 길은 대중 중심 데이터가 만들어져 한다는 것이다. 플랫폼이 별도로 존재하는 방법도 있겠다. 또는 빅테크 제공 플랫폼을 그대로 사용한다고 하더라도 플랫폼 사용 언어, 기호를 다양화하는 방법도 있겠다. 기호가 바뀌면 데이터도, 빅데이터도 바뀔 것이고 가치의 형태도 더불어 바뀔 것이기 때문이다.

13

운동화가 죽어야
나이키가 태어난다

마르크스 사상이 대중의 마음을 휘어잡았을 때 유럽의 하늘에 '유령'이 떠돈다는 표현이 쓰였다. 대통령 또는 국회의원 선거에서 유권자의 마음을 사로잡았을 때 '바람'이란 표현을 쓰기도 한다. 이런 유령과 바람은 일정 기간 지속되고 때로는 시절을 관통해 이어지기도 한다.

빅데이터 몽타주는 순간적으로 존재하는 유령과 바람이다. 사상과 이론, 미래를 향한 비전이 유령과 바람으로 변해 대중의 마음을 잡는다면, 무엇인지 파악하기 힘들지만 어쨌든 대중의 마음이 표현된 결과이기에 빅데이터 몽타주다. 마르크스라는 사상의 유령, 선거판의 바람과 빅데이터가 다른 점이 있다면 순간적 존재는 있되 바로 다음 순간 존재하지 않는다는 사실일 것이다.

빅데이터도 데이터이므로 디지털 세상에 남는다. 어디엔가 분명히 있으니 존재이다. 하지만 존재라고 해서 모두 존재하는 것은 아니다. 길을 걷다 보면 가로수와 가로수의 잎이 있다. 지나가면서 유심히 나뭇잎을 보았다면, 그리고 손으로 만졌다면 나뭇잎은 행인에게 존재한다. 하지만 무심히 그냥 지나치고 그곳에 나뭇잎이 있었다는 것조차 기억하지 못한다면, 나뭇잎은 분명 그곳에 있었던 존재지만 그 행인에게 존재하지는 않았다. 가늠하기 힘들 만큼 무한대로 표현 가능한 빅데이터는 분명 디지털 세상 어디엔가 떠다니고 있다. 빅데이터는 존재이다. 상황과 조건에 따라 대중이 탄생시킨 데이터는 분명 존재다. 그리고 존재할 때도 있다. 선택되어 쓰일 때 존재가 존재하는 순간이다. 관심을 끄는 인기 데이터는 반복해서 쓰인다. 반면 조금 쓰이다가 잊히는 데이터도 있고 데이터이기는 하지만 전혀 쓰이지 않고 선택받지 못하기도 한다. 데이터는 디지털 존재이지만 선택되어 쓰일 때 존재하는 정보가 된다.

대중에게 옳음을 주장하고 가르치려 하면서 강요했던 권력은 여전히 존재한다. 다만 가치의 패러다임을 빅데이터에 내어주고는 권력 유지가 흔들리고 있다. 누가 알겠는가. 너무나 견고해 철옹성으로 보이던 기반이 송두리째 뽑혀버릴지. 과학 뒤에 숨어 민주주의를 펼쳤던 권력은 디지털시대 빅데이터뿐만 아니라 언어 자본주의 이데올로기의 도전을 받아 위태로워졌다. 권력의 수단으로 중앙 집중 형태로 관리해오던 화폐도 블록체인 기반 암호화폐의 엄청난 도전을 받는 위태로운 상황을 겪고 있다. 중앙집중 형태의 권력은 이중 삼중 도전에 맞닥뜨려 있다. 이들 권력은 미래에도 유지될 수 있을 거라 믿고 싶겠지만 디지털 가치 생성 논리 자체가 이를 용인하지 않을 가능성이 높다. 예를 들어, 지금의 권력은 암호화폐 거래와 수익을 중앙정부가 허락하고 과세하는 것으로 조절할 수 있을 것이라고 믿는다. 잠깐은 그렇게 될 수 있겠지만 중앙 관리 화폐로 구입 가능한 암호화폐가 중앙정부 중심에서 벗어나 디지털 세상의 경제질서 하에서 소통의 수단이 되는 순간 법정화폐를 암호화폐로 교환해주지 않을 가능성도 충분하다. 지금은 암호화폐를 법정화폐로 투자하는 방식으로 암호화폐의 가치가 생기지만 경제 수단인 화폐가 디지털 암호화폐로 바뀌게 되면 법정화폐의 존재가 무색해질 것이다. 지금과 같은 과도기, 디지털 암호화폐로 법정화폐를 교환해주는 시기가 지나면 법정화폐는 그 생명을 다할 가능성도 충분히 있다. 이 시기가 오면 권력형 정부는 암호화폐를 관리하는 체계를 마련하려 할 것이다. 지금 중국 정부를 보면 이런 움직임을 보이고 있다. 어디 중국뿐이겠는가. 미국도 겉으로는 태연한 척하지만 이미 그렇게 준비하고 있을 것이다. 이는 정부가 암호화폐 거래에 대한 과세를 할지 하지 않을지, 과세 시기를 언제로 할지 결정하는 차원이 아님을 이해해야 한다. 세상의 경제 질서가 이렇듯 소통기호인 돈에서도 일어나고 있는 것이다.

돈이 무엇인가? 화폐뿐만 아니라 신용의 차원을 너머 자본주의 세상의 모든 가치의 기준이 된 지 오래지 않은가? 사회주의는 자본주의의 대척점에 있는 듯 보이지만, 실상은 자본으로 얻은 이익의 분배 이데올로기를 띤 지 오래다. 돈과 자본이 없는 사회주의를 생각하기 어려워져버렸다. 이제 돈을 떠나서는 가치와 가치 기준을 논할 수 없다. 돈은 경제 소통 기호 차원을 넘어서 문화, 교육, 법체계에서도 효율과 정의를 관장하는 핵심적인 기호이다. 돈이란 기호 없이 문화, 교육, 법체계 소통을 하기 어렵다. 빅데이터도 형식적으로 여러 기호를 몽타주했지만 때론 돈 자체 그리고 돈으로 연결된, 돈의 영향을 받는 형태의 기호로 이루어져 있음은 자명하다. 대중의 입맛에 영향을 끼치며 세상의 질서인 빅데이터의 흐름을 예측하는 자가 새로운 권력이 될 것은 분명해 보인다. 법칙이 가치를 만든다는 진실을 주장하는 과학은 사라지고 대중이 모이는 곳에서 가치가 형성된다는 빅데이터 과학은 갈수록 힘을 얻을 것이다.

예전에 머리 나쁘고 열심히 일하는 상사가 가장 힘들다는 우스갯소리가 있었다. 누군가 열심히 일을 하기는 하는데 왜 열심히 하는지 모른다면? 사회가 원하지 않는데 열심히만 일한다면 그것은 주위 사람에게 도움이 되기는커녕 고통만 주게 된다. 임금 노동 체계에서도 변화가 일어나고 있다. 정해진 가치를 생산하는 체계가 있고 체계의 유지가 중요했던 시절에는 시간을 채우는 노동이 필요했지만, 체계를 지탱하는 가치 자체가 변한 시대에는 시간을 채우는 노동이 필요하지 않다. 정해진 확고한 가치를 제공하던 과학은 이제 가치가 모호해지는 디지털시대를 맞아 그 옷을 갈아입고 있다. 정해진 가치로 대중이 모이는 것이 아니라 대중이 모이는 곳에 가치가 생기기 때문이다. 노동을 둘러싼 사회문제 해결 방향도 달라져야 한다. 비정규직 문제는 여전히 뜨겁다. 비정규직이 모두 정규직으로 전환되는 해결이 아직은 통할지 모르지만 디지털 탈인류세 시대에는 비정규직 문제는 정규직이란 개념이 사라져야 해결될지도 모르겠다. 이는 정규직이 모두 비정규직으로 바뀌는 것이 아니다. 정규직이란 개념이 사라지는 것이다. 소득의 공정하고 균형 있는 배분이 이전 시대 사회 정의라면, 디지털시대 사회 정의는 소득이란 개념을 다르게 해석해야 할 수도 있다. 임금 노동이 사라진다면, 임금 소득 없이 사는 사회를 상상해야 하지 않을까. 이 정도의 변화를 받아들일 준비가 되지 못한다면 민주주의와 과학 뒤에 숨어 존재했던 권력으로부터 벗어나지 못할 것이다. 디지털시대에도 말이다. 빅테크로 대변되는 소수 자본 권력이 발빠르게 새로운 디지털시대 가치를 선점하고 있기 때문이다. 권력의 주인이 권력형 정부에서 빅테크 자본 권력으로 이동하게 허락해서는 안 된다. 지금 인류는 그 기로에서 있다.

빅데이터 흐름이 간파당할 정도로 대중 입맛의 총합이 뻔하다면 큰일이지 않은가. 빅데이터는 해킹당하는 것이 아니라 간파당한다. 빅데이터는 순간순간 형태를 달리하는 구름과 같은 존재인데 이미 시간이 지난 데이터를 해킹해서 가져봐야 별 소용없다. 데이터를 지배하는 빅테크는 대신 대중 입맛과 선호도의 순간 총합 몽타주를 만드는 능력을 갖고 있다. 그들이 소비를 지배하는 이유가 여기 있다. 그들만의 창으로 대중의 선택을 지켜보고 있는 것이다. 엄청나게 많은 데이터를 기어코 분석해내는 고도의 데이터 분석 기술을 보유하고 있어 가능한 일이다. 하늘의 구름과 같이 빅데이터 몽타주가 형성된 순간, 빅테크는 그들이 가진 분석기술로 순식간에 파악해버린다.

아무리 빅테크가 그들의 창으로 대중이 선호하는 선택을 지켜볼 수 있고 빅데이터 몽타주를 파악한다 하더라도 이를 견제할 길이 전혀 없는 것은 아니다. 다음 순간 형성될 빅데이터 몽타주를 쉽게 예측할 수 없다면 제 아무리 대단한 빅테크 거대기업이라고 하더라도 어떻게 해볼 도리가 없다. 하지만 대중이 선호하여 선택하는 데이터가 대략 예측이 되고 혹시라도 빅테크가 깔아논 함정과 같은 매력에 현혹되어 대중의 선호하는 선택이 많은 영향을 받는다면 얘기가 다르다. 거대기업 플랫폼이 대중의 선호하는 선택을 주도할 수 있고 대중이 이를 따른다면 최악의 시나리오가 쓰여질 수 있다. 과학 뒤에 숨어 대중을 조절하는 권력은 아니지만 다른 방법으로 대중을 조종한다는 점에서는 유사하다. 빅데이터에서도 이런 식으로 조종당하는 패턴이 일어나고 있다면 이 또한 큰일 아닌가. 과학 뒤에 숨어 정치적 조종을 하던 권력에 대항해서는 거리로 나와 투쟁이라도 할 수 있었다. 하지만 빅데이터를 조종하는 신의 영역과도 같은 힘을 지닌 새로운 권력은 과학 뒤에 숨지도 않고, 숨을 필요도 없어 보인다. 이들의 힘은 논리적 법칙을 가지고 행동하지 않는다. 대중의 흐름을 읽고 굳이 조작하지 않는데 빅데이터 가치 흐름을 이용할 수 있기 때문이다. 이전의 권력에 대항했던 민주주의에 상응하는 빅데이터 빅테크에 맞서는 대응책이 아직은 뚜렷하지도 않다. 이것이 우려스럽고 위험한 상황이다.

그럼 디지털시대 빅테크기업이라는 거대 권력에 맞설 수 있는 길은 무엇인가. 정치투쟁, 민주주의 이데올로기로는 더 이상 가능하지 않다. 그렇다고 거대기업을 법이라는 테두리로 다시 통제하자니 이제 겨우 빠져나올 실마리를 찾아낸 권력형 정부를 다시 소환해내야 한다. 권력형 정부가 빅테크를 가진 거대기업을 조절할 수 있는 것은 화폐가 그들의 손에 아직은 놓여 있기 때문이다. 중앙집중 관리형 법정화폐 말이다. 그렇다고 권력형 정부가 지금까지와 마찬가지로 세상을 운영하는 정치를 계속 하는 것도 마땅찮다. 민주 정부란 이름으로 기후위기, 경제 위기, 공정한 윤리, 소득분배의 정의를 미래에도 권력형 정부에게 맡긴다? 설사 그렇게 원한다고 하더라도 디지털시대, 가치의 기준 자체가 바뀌고 있는데 그것이 여전히 가능한지 의심스럽다.

빅테크 기업이라는 새로운 권력을 견제하는 것은 결코 만만한 게 아니다. 빅테크 거대 기업은 법과 전문가를 중심으로 사회정의를 집행한다고 주장하지 않는다. 국민의 마음을 얻는 것에는 관심없다. 대신 대중의 마음이 선택하는 길을 힘의 근간으로 삼기 때문이다. 그들은 국민이 아닌 대중에 관심을 두고 있다. 예전의 권력형 정부와는 전혀 다른 전략을 취하고 있다. 대중이 주도하고 조종당하지 않는 바람직한 길은 바로 일상에 있는데 빅테크기업 권력이 관심을 두는 것도 대중과 일상이다. 빅테크기업 권력을 극복하는 것은 새로운 권력도 민주주의도 아니다. 빅테크기업은 새로운 형태의 권력이지만 예전 권력과는 달라 예전 권력의 옷을 입고 있지도 않다. 권력이면서 권력을 내세우지 않아 권력으로 파악하기도 힘들다. 이를 파악하고 극복하려면 대중의 일상 속에서 길을 찾을 수밖에 없다. 디지털시대 대중이 소통하는 일상이라는 길 위에 모든 해결의 실마리가 있다는 말이다. 대중은 인간 소통으로 연결되는 자연이다. 대중의 마음이 서로 연결되는 법칙은 너무나 복잡하여 과학으로도 알아내기 힘들어 우린 자연이라 이름 붙일 수밖에 없다. 그런데 디지털시대 자연은 근대 이전의 자연과는 다르다. 물론 자연은 자연 그대로 이겠지만 자연을 받아들이는 인류가 달라졌기에 자연도 달라져야 한다. 코로나 팬데믹을 극복하고 뉴노멀로 간다고 해서 팬데믹 이전 일상으로 돌아가는 것이 아닌 것과 같다. 지금의 흐름을 가만히 두었다가는 빅테크 거대 기업이 강자가 되어 약자 대중을 어떻게 다룰지 명약관화하다. 그렇다고 다시 근대의 법칙인 권력, 저항과 투쟁으로 얼룩진 민주주의로 돌아갈 수는 없으니 오도 가도 못하는 막다른 골목에 놓였다.

하지만 자연에는 약육강식 법칙만 있는 것이 아니다. 자연은 강자를 택하기도 하지만 한 종류의 강자만 있는 것이 아니다. 크기가 박테리아보다 작고 비누와 약한 소독에도 사라졌던 힘없어 보였던 나노 입자 크기의 바이러스가 인류에게 반격하는 것이 또한 자연 아닌가. 약자가 강자로 바뀌는 순간을 팬데믹을 통해 인류는 제대로 경험했다. 자연에는 수많은 법칙을 만드는 존재가 있다. 이 중 어떤 법칙이 상황에 따라 작동할지 예측하는 것은 불가능하다. 자연법칙은 상황이 닥친 후에야 겨우 파악되어 이해할 수 있다. 그런데 쉽게 존재를 드러내지 않는 자연도 한 가지 법칙만은 분명하게 드러내놓고 알려준다.

너무나 뚜렷하여 우리 주위에 늘 존재한다는 것조차 잊고 지내는 자연법칙이 있다. 약육강식, 자연선택의 법칙도 무색하게 만드는 바로 그 법칙은 죽음이다. '세상 모든 것은 죽는다'는 자연 법칙이다.

국내 운동화 브랜드 중 '르까프'가 있다. 르까프는 오래전 나이키 운동화를 국내에서 만들어 팔았는데, 운동화를 만들면서 나이키에 로얄티를 지불했다. 그 후 1986년 독립하여 르까프란 운동화 브랜드를 만들어 지금에 이르고 있다. 나이든 장년층 이상 사람들에게 르까프는 나이키 운동화를 만들던 회사라는 이미지가 아직도 강하게 남아 있다. 르까프의 주 고객 층이 주로 학생, 청년층이니 나이든 장년층 고객이 여전히 갖고 있는 나이키 이미지가 더 이상 중요하지 않지만 나이키로부터 독립한지 얼마 안 된 시절에는 나이키의 그늘로부터 벗어나고 싶은 생각도 강했을 것이다. 실제 르까프가 나이키로부터 완전히 벗어났는지 여러 측면에서 궁금하기도 하다. 르까프에게 나이키 이미지의 죽음은 여러모로 간절했을 것이다. 나이키로 인해 르까프가 부각되었지만 동시에 나이키의 하청업체 신발이란 이미지를 지우기 힘들었으니 말이다.

르까프의 이미지를 생각하다 보니, 그럼 나이키 운동화는 과연 무엇일까 하는 의문이 든다. 다른 브랜드에 비해 운동화로서의 기능 등이 압도적으로 우수한 것도 아닐진대 나이키 운동화는 엄청난 인기를 끈다. 이는 간단하게 설명 가능하다. 나이키 운동화는 운동화가 아니라 그냥 나이키인 것이다. 나이키 운동화를 구매한 사람은 운동화를 신는 것이 아니라 나이키를 신길 원한다. 물론 결국 운동화를 신고 농구를 하는 것이지만 나이키를 신는 순간 마이클 조던이 되는 느낌을 원하는 것이다. 나이키 골프화를 신고 골프를 치는 순간 마치 타이거 우즈가 된 듯한 느낌을 받는다. 나이키 운동화는 운동화 이상이고 운동화를 훌쩍 뛰어넘는 무언가 다른 매력을 가지고 있다. 어쩌면 나이키 운동화는 운동화가 아닐지도 모른다. 운동화란 사물은 사라지고 나이키 브랜드만 남아 있는 듯하다.

신발은 발을 보호하고 다양한 기능을 가진다. 일할 때 작업화, 등산할 땐 등산화, 운동할 땐 운동화, 격식을 차려야 할 땐 구두가 된다. 발을 보호함으로써 신발의 존재가 부각되던 시절, 다양한 기능별로 세분화, 전문화되는 시절, 그리고 브랜드가 된 신발의 존재를 보면 인간의 모습을 보는 듯하다. 근대 이후 인간이 독립적인 존재가 되고 이후 인간이 사용하던 기호가 해체되고 인간이 내뱉은 언어와 기호가 완전 독립된 가치가 되는 근대 모더니즘, 포스트모더니즘, 그리고 메타모더니즘을 닮아 있다. 즉 인간의 소통 기호가 인간을 떠나, 인간을 너머 가치를 가지는 것은 나이키 운동화가 더 이상 운동화가 아니라 그냥 나이키가 된 것과 겹친다. 빅데이터는 생산의 주체였던 인간의 것이 더 이상 아니니까 말이다.

　나이키 신발은 메타모더니즘의 대표적인 예이다. 메타모더니즘의 메타는 초월의 의미를 갖는다. 이미 넘어섰다는 거다. 나이키 운동화는 운동화를 넘었고 빅데이터는 소통기호 이상이 되었다. 운동화는 여전히 운동화고 언어와 기호는 여전히 언어와 기호지만 운동화란 존재, 인간의 언어와 기호라는 존재가 사라져야 나이키가 되고 빅테이터가 되는 것이다. 자연 속에서 이런 예는 많다. 오줌이 액체비료가 되기 위해서는 오줌의 존재가 사라져야 한다. 똥이 퇴비가 되기 위해서는 똥의 존재는 사라져야 한다. 여기서 사라진다는 것은 넘어서는 것이다. 오줌과 똥을 너머서야만 훌륭한 비료가 되어 식물을 자라게 할 수 있다. 오줌과 똥을 고집하면 오줌과 똥의 독성으로 식물은 오히려 시들고 죽을 수도 있다. 운동화를 강조하고 언어와 기호란 데이터 자체에 매몰되었다면 나이키와 빅데이터는 탄생할 수 없었다. 이것이 메타모더니즘의 가치생성 원리이다.

　나이키와 빅데이터는 메타모더니즘 유사성을 가진다. 운동화 이미지가 사라져야 나이키가 되듯 인간의 언어와 기호가 사라져야 빅데이터가 될 수 있다. 브랜드 가치와 빅데이터 가치를 지키려고 하는 점에서도 둘은 비슷하다. 솟아나는 샘물처럼 데이터도 솟아나 끊임없이 새로운 빅데이터 몽타주를 생성해야 생명력을 유지할 수 있다. 나이키도 하나의 모델이 탄생해서 어느 정도 시간이 지나면 이 모델은 사라지고 새로운 모델이 뒤를 잇는 것과 비슷하다. 나이키란 브랜드는 영원히 지켜야 하는 가치지만 나이키 모델은 계속해서 변모한다. 빅데이터 속에도 나이키 브랜드 같은 가치 개념이 있을 수 있는데 빅데이터란 데이터가 모이는 웅덩이는 차면 넘쳐 이전 몽타주는 사라진다.

직설적으로 표현하면 운동화가 죽어야 나이키가 태어난다. 언어를 뱉어낸 사람의 소유권 꼬리표가 없어져야, 즉 죽어야 언어는 데이터가 되어 빅데이터로 탄생한다. 운동화 가치를 부여잡고 있었다면 나이키는 결코 탄생할 수 없었고, 자신이 뱉은 말이라 강조하면서 모든 말의 소유권을 주장하면 그의 말은 결코 빅데이터 세상에서 새로운 가치로 탄생할 수 없다.

자연을 이해하는 데 죽음 개념 없이는 결코 가능하지 않다. 자연을 단순하고 총체적인 방법으로 해석할 수 있는 이론은 없으며, 개별 요소들 사이 법칙을 일일이 나열하기 힘든 복잡성을 통해서만 자연을 이해할 수 있다. 죽음은 이론으로 국한시킬 수 있는 차원의 자연법칙은 아니다. 하지만 자연을 설명하는 여러 방법 중 죽음만큼 효과적인 것이 있을까 싶다. 지극히 과학적이란 뜻이다. 사망자가 개인적으로 잘 아는 사람이든 아니든, 죽음을 사망자가 일생 동안 겪은 모든 삶의 총체로서 이해한다. 묘비석에 쓰여진 글, 죽음 후 그를 표현하는 한 문장으로 그를 이해하기도 한다. 총체는 세상 속에서, 세계 안과 옆에서 함께 존재할 수 있는 무한한 가능성 일체를 뜻한다. 유교와 불교에서는 인생이 끝나는 시점에서의 총체와 잠재력을 각각 태극과 공으로 표현한다. 죽음은 이렇듯 순환을 다루고 결국 초월의 가치를 탄생시키는 역할을 한다. 죽음이야 말로 메타모더니즘 가치이론을 자연법칙으로 설명할 수 있게 도와준다. 디지털시대 빅데이터도 예외가 될 수 없다.

빅데이터는 한 순간의 몽타주로 해석했다. 존재하는 것은 필연적으로 죽음을 맞는다. 빅데이터는 자연의 디지털화된 순간의 표현 형식이다. 자연을 설명하고 해석하는 데에 죽음이 쓰이듯 빅데이터에도 죽음은 있다. 세상의 모든 가치를 만들어낼 듯 보이는 빅데이터에게 궁극의 잠재력인 죽음은 필수적이다. 죽음 없는 가치란 생각하기 어렵다. 이쯤에서 이번 장에서 도달하고픈 지점을 짚어보자.

대중은 구글, 네이버처럼 소위 '빅브라더'로 불리는 대기업 소유의 빅데이터에 의해 만들어진 언어 자본주의 권력에 통제받으며 살고 싶지는 않다. 권력에서 벗어난 자유를 만끽하기도 전에 새로운 권력 속으로 들어가 조종당하고 싶은 사람이 어디 있겠는가.

빅데이터는 가상 세계에서 공기처럼 떠다닌다. 빅데이터는 인간을 만나 디지털 세상 자연을 형성한다. 빅데이터는 숨은 듯 드러나 있진 않지만 엄연한 존재이기에 상황과 조건에 따라 언제든 현상이 될 수 있다. 현상이 될 수 있는 가능성은 죽음을 늘 전제한다.

욕망과 질서는 빅데이터 가상 세상에 존재한다. 빅데이터는 코드형 플랫폼에서 기호를 수단으로 형성된다. 플랫폼에서 대중은 기호로 생각하고 기호로 자신의 욕망을 선택한다. 이제 자명해졌다. 대중은 생각을 허락하는 기호를 사용할지, 생각하는 것처럼 만들어준 빅테크의 기호를 사용할지 결정해야 한다. 빅데이터는 우리에게 '생각하는 사이보그'로 존재할지 좀비로 존재할지 결정을 요구하고 있는 것이다. 디지털시대에는 사이보그 또는 좀비만 있을 뿐이기 때문이다.

빅데이터의 죽음이 왜 이다지도 중요한가? 디지털 세상에서 빅데이터는 탄광이요 석유가 매장된 유전이다. 빅데이터가 영원하다면 권력형 정부가 계속해서 지배하는 것과 매한가지다. 이렇게 되면 대중에게 고통이 따른다. 독재자 통치가 그랬고 독재자는 아니더라도 장기 집권 권력형 정부는 늘 부패하고 무능해지기 마련이다. 고통은 늘 국민의 것이었다.

빅데이터는 존재다. 하늘을 떠다니다 상황과 조건이 맞으면 구름이 된다. 구름이 되면 비를 내리고 천둥, 번개도 만든다. 비, 천둥, 번개는 땅에 사는 사람들에게 뿌려진다. 그것이 빅데이터인 셈이다. 가령 빅데이터가 특정 가치를 만드는 규칙을 간파한 기업 또는 개인이 있다고 해보자. 그들은 가치를 만들 수 있는 곳에 투자할 것이다. 모든 정보가 대중에게도 공개된 듯하지만 실상은 그렇지 않다. 정보의 홍수, 빅데이터의 숨은 흐름, 질서, 규칙을 대중이 간파하기는 쉽지 않다. 특정가치를 돈 찍어내듯 만드는 곳을 아는 사람은 계속해서 그곳에 투자할 것이다. 그곳은 특정 장소가 아니다. 구름이 형성되는 곳이다. 구름 한점 없던 맑은 하늘에 구름이 만들어지는 원리, 규칙을 아는 누군가가 있다는 뜻이다. 그들이 이를 아는 것은 빅데이터 세상의 질서가 다소 굳어져 있다는 증거이기도 하다. 이래서는 가진 자가 더 가지게 되고 소외된 자들은 더욱 더 소외될 것이다. 권력의 재탄생 과정이다. 빅데이터가 죽어야 한다는 것은 생성 원리를 알기 불가능한 구름이 쉼 없이 만들어지는 것을 의미한다. 그러려면 구름을 만드는 수증기가 바뀌어야 하고 수증기가 바뀌려면 수증기가 땅에서 만들어져 대기 중으로 날아오는 길이 바뀌야 한다는 거다.

금융계 질서도 구름의 비유를 들어 생각할 수 있다. 금융도 많은 부분 빅데이터가 형성하는 질서에 좌우된다. 확고한 가치가 있어 그곳을 관리하는 것이 아니라 빅데이터가 여러 금융 상황, 조건을 만나 질서와 가치를 만들기에 이를 분석하고 가치 형성을 예측하기 어렵다. 그런데 누군가 이를 간파했다면 늘 그들은 큰돈을 벌어 부를 축적할 것이 자명하다. 실제 지금 그런 일들이 빅데이터 중심으로 일어나고 있다. 빅데이터는 대중이 만들고 있는데 그 결과는 일부 극소수의 빅테크 소유가 되어버리는 꼴이다. 자유로운 듯한 빅데이터도 결국 과거 소수 자본가들에게 모든 부를 가져다 주던 질서를 반복하고 있다. 여간 실망스럽지 않다. 기껏 기존 권력으로부터 새로운 질서의 근간을 만들었더니 새로운 권력이 나타나게 만든 것이다. 대중의 피로 독재자를 몰아 냈더니 다른 독재자가 권력을 잡은 격이다. 빅데이터가 지배하는 금융계 질서의 근간에는 다름 아닌 금융계 소통의 도구, 즉 기호가 예전의 돈, 화폐와 동일하기 때문임을 빨리 간파해야 한다.

이번에는 교육의 예를 들어보자. 소위 일류대학을 나온 사람은 평생 일류대학 출신이란 학위가 그 사람을 알게 모르게 돕는다. 높은 학점을 받은 사람은 학점이란 기록이 남아 영향을 받는다. 유명대학 출신이 아닌 사람, 학점이 낮은 사람은 다른 실적과 만회할 수 있는 길을 찾을 수는 있지만 학창시절 정답을 찾는 시험을 잘 보지 못한 결과가 평생 극복해야 하는 삶으로 귀결되어버렸다. 어찌보면 불공평하고 억울한 일이 아닐 수 없다. 빅데이터 시대에는 이런 교육체계의 불공평이 달라지는가? 전혀 그렇지 않다. 빅데이터 정보도 교육의 학위와 학점이 기본으로 사용되기에 빅데이터라고 해서 달라질 것 같지 않다. 새로운 시대가 왔는데도 차별과 불공평은 여전한데 이유는 간단하다. 디지털시대, 빅데이터 세상이 와도 빅데이터를 형성하는 교육체계의 소통 도구가 예전과 같기 때문이다. 교육체계 소통 기호가 여전히 학위, 학점이라는 것이다.

고리타분한 예전의 돈과 화폐, 학위와 학점은 그대로 둔 채 예전의 기호로 만들어진 빅데이터로 새로운 질서가 만들어지길 원하고 있는 것이다. 세계 금융과 경제를 지배하는 돈이 바뀌지 않았는데 바로 그 돈으로 만들어진 빅데이터가 세계 금융과 경제를 변화시킬 것이라 기대하는 것은 어리석은 일이다. 아무리 자유로운 영혼을 가진 대중이라 하더라도 대중이 만드는 빅데이터는 예전 돈과 화폐, 신용이기에 디지털 세상은 엄청난 변화를 가져오는 듯하지만 소수 금융권력자에서 다른 소수 금융권력자로 헤게모니만 조금 바뀌는 수준일 뿐이다. 디지털시대가 도래해도 MIT, 하버드, 서울대가 여전한 것은 근본적인 교육의 기호가 동일하기 때문이다. 사람은 기호로 생각하고 선호하는 것을 선택하는데 기호가 동일하면 아무리 세상이 바뀌어도 큰 변화를 기대하기 힘들다. 빅테크는 자신들이 원하는 빅데이터를 대중이 만들어주도록 앞으로도 계속 유도할 것이다. 기존의 언어와 기호를 분석하고, 심지어 자신들이 원하는 방향의 빅데이터를 위해 대중을 위한다는 명목의 기호를 심지어 만들어 제공할 것이다. 이런 달콤한 열매를 따먹기 위해 그들의 기호를 사용하면 대중은 생각할 능력을 상실할지도 모른다. 생각한다고 믿게 만들겠지만 실상은 그렇지 않다. 각자는 생각한다고 믿지만 크게 바라보니 모두가 한곳을 향해 맹목적으로 달려가는 좀비 현상이 나타날 것이다. 디지털시대 자신의 기호로 생각하는 사이보그의 등장이 필요한 이유가 여기 있다. 요는 대중의 기호가 만들어져야 한다는 것이다. 만들어져도 한두 개 만들어서는 별 효과가 없다. 새로운 기호가 쏟아져 나와야 한다. 돈도 하나일 이유가 없다. 도처에 돈이 깔려 있으면 어떤가. 교육기호가 왜 학위, 학점뿐이어야 하는가. 사람의 능력을 정답에 맞추지 말고 잠재성으로 눈길을 돌려 상황에 따라 개인의 능력이 발휘되고 정당하게 평가되는 교육기호가 쏟아져 나와야 한다. 수많은 기호를 대중이 사용해 만드는 빅데이터는 분석과 예측이 거의 불가능해야 한다. 그 수준으로 갔을 때 디지털 세상, 빅데이터 질서가 비로소 대중을 향해 미소 지을 수 있다.

빅데이터의 탄생과 죽음 모두 대중의 언어와 기호에서 출발함을 기억해야 한다. 죽음은 탄생으로 이어지기도 한다. 언어가 다양해질 때 언어로 소통하는 사람들의 생각도 다양해진다. 다양한 사고는 변화무쌍하고 가치가 고정되지 않은 사회를 형성한다. 웅덩이로 들어오는 물길이 다양할 때 웅덩이 속에 고인 물의 성질이 어떠할지 예측하기 힘들다. 웅덩이 물은 시시각각 변한다. 웅덩이 물의 순간은 여러 물길로부터 다른 물이

들어와 금방 사라진다. 한 순간의 물이 다음 순간의 물과 연결되지만 그 연결고리 파악이 쉽지 않다. 빅데이터는 끊임없이 변하기 때문에 한순간 빅데이터가 다음 순간과 논리적으로 연결되기 어렵고 거의 불가능해 보인다. 변화가 이어져서 다음 순간 어떤 빅데이터가 형성될지 모르는 현상을 빅데이터의 죽음이라 개념 지었다. 대중이 권력과 맞서고 싶다면 승산 없는 싸움 대신 죽음이란 자연법칙을 이용하면 된다. 권력에 굳이 직접 저항할 필요가 없다. 저항할 권력 자체가 근원적으로 만들어지지 않기 때문이다.

14

디지털시대 기호들의 만남

포식자는 먹잇감을 사냥하여 죽인다. 약육강식 살생은 의심의 여지없이 자연이다. 인류는 포식자의 맨 위에 위치하여 모든 동물을 음식으로 먹는 호사를 당연시한다. 인류는 약육강식 자연 관계에서 절대 강자로 모든 동물을 음식으로 만드는 도덕을 만들었다. 자연 속 절대 강자인 인류에게 희생되는 동물은 약하기에 그 어떤 논리를 내세워서 저항할 수 없다. 그런데 자연에는 정글의 법칙, 약육강식만 있는 것은 아니다. 흥미로운 비교를 할 수 있는 다른 관계를 『이기적 유전자』의 저자 리처드 도킨스는 짚어냈다. 바로 죽이지 않고 먹이감을 살려둔 채로 이용한다. 약해 보이지만 사실은 포식자인 경우다. 기생충이 그것이다. 기생충은 숙주를 죽이지 않고 살려두어야 계속

이용할 수 있다. 기생이라는 말을 붙이는 것은 숙주가 기생충에게 전혀 도움받을 게 없기 때문인데 사실 도움을 받을 수도 있는데 과학적으로 밝혀지지 않아 모르기 때문일 수 있다. 기생충과의 조화로운 관계를 받아들이기 쉽지 않겠지만 이 또한 자연인 것에는 변함이 없다. 리처드 도킨스가 언급한 기생충과 숙주와의 관계는 사실 기생충의 기생이란 단어로 인해 공생한다고 받아들이기 쉽지 않다. 동물 몸속 박테리아는 기생충은 아니다. 어떤 동물은 박테리아에 감염되어 죽기도 하지만 대장 속 박테리아는 장속의 소화된 음식물, 똥을 먹이로 하여 엄청나게 이로운 일을 담당하기도 한다. 장속 박테리아 군집이 없다면 동물은 생존할 수 없다. 공생관계이다.

약육강식, 기생, 공생을 인간 사회 속에서 그 예를 찾아보는 아주 불편한 시도를 한번 해보자. 우리 모두는 자신이 속한 사회에서 공동체를 위해 어떻게든 기여한다고 믿는다. 믿으니 '진실'이 된다. 과학이 허락한 진실을 이 책 전반부에서 이미 살펴보았다. 설사 기여하지 못한다고 해서 그냥 약육강식 자연법칙에 따라 사라져야지 하고 결심하는 사람은 없다. 공동체 속에서 자신의 역할을 하고 그 대가로 다른 사람이 만들어낸 것으로 살아간다면 이는 공생관계라고 할 수 있다.

하지만 불편한 진실도 있다. 인간 사회, 구성원 중에서 기생하는 존재는 없는가? 기여하는 역할은 없고 사회의 생산물로 생존한다면 여기에 해당되는데 인류는 기생하는 공동체 구성원은 없다는 도덕을 갖는다. 이는 중요할뿐더러 기본적인 인류사회공동체의 출발점이다. 여기에 대한 인류 차원의 합의가 없었다면 지금의 인류가 될 수 없었을 것이다. 약육강식, 기생, 공생 모두 자연이다. 인류는 약육강식은 어느 정도 경쟁사회를 통해 인정하지만 혹시라도 존재할 수 있는 기생관계는 모두 공생으로 전환하는 장치가 필요했던 것이다. 도덕이란 장치가 필요한 배경이다. 도덕으로 탄생한 것이 법이다. 도덕, 법은 인간사회 유지를 위해 반드시 필요한 장치인 셈이다.

인간 사회에서 경쟁하여 승리한 사람이 패배한 사람을 죽이지는 않는다. 정글 속 약육강식 관계이기는 하지만 동물의 세계처럼 약해서 잡아먹히지는 않는다. 대신 무언가 내어놓아야 하며 또는 가질 수 없게 되는 측면에서는 비슷하기는 하다. 하지만 인간은 경쟁에서 패배해도 살아남아 사회 속에서 생존할 수 있다. 절대강자가 아니어도 동물세계와 다르게 인간 사회는 함께 살아갈 수 있게 장치를 만들어냈는데, 그것이 도덕인 것이다. 인간은 영특하여 도덕에 기발한 아이디어 하나를 더했다. 약육강식 동물의 세계에서는 절대강자가 있지만 인간사회에서는 강자가 한명이 아니라 여러 명을 둘 수 있는 아이디어를 내었다. 경쟁사회 순위를 매기는 아이디어이다. 1등만 있는 것이 아니라 2등도 있다는 아이디어다. 2등에게도 1등 정도는 아니지만 여전히 경쟁에서 승리했고 대가도 받을 수 있는 자격을 부여하는 것이다. 약육강식인 동물의 세계에서도 2등이 있기는 하다. 사냥에 성공한 사자가 먹잇감을 모두 먹어치우진 않는다. 배불리 먹고 나면 하이에나가 와서 남은 먹잇감을 먹는다. 이 경우 하이에나가 2등인 셈이다. 인간 사회에서는 획득하고 남은 것을 그다음 사람이 갖는 것이 아니라, 처음부터 나누어 갖는 것이라고 할 수 있다. 경쟁사회 약육강식 자연의 법칙을 어기지 않고도 인간사회를 공생의 관계로 돌려놓는 기발한 아이디어인 셈이다. 경쟁사회 2등 아이디어는 도덕과 이를 실현시킬 수 있는 법 제도를 요구한다. 구성원 모두가 이 모든 상황을 흔쾌히 인정하면서 받아들이기 쉽지는 않겠지만 사회 유지를 위해서 지켜져야 한다.

약육강식의 승자, 패자를 정하는 것은 자연이다. 자연의 선택이라고 한다. 기생 또는 공생관계도 자연의 법칙이다. 인간 사회도 자연의 법칙이라고 받아들이면 경쟁사회, 소통, 도덕, 법 모두 자연일 것이다.

복잡하다는 말밖에는 할 수 없는 자연법칙을 과학은 인간사회로 끌어들이는 역할을 성공적으로 해왔다. 과학이 없었다면 인간사회 관계를 유지하게 만든 논리, 법칙은 불가능했을 것이다. 구성원 모두가 동의하기 힘들 때, 심지어 다수가 반대할 때도 사회 전체를 위한다는 명분을 과학은 성공적으로 제공한 것도 사실이다. 이로 인해 사회와 구성원들이 큰 피해를 당한 결과로 귀결되기도 했지만 말이다. 과학은 이 또한 자연이라고 항변하는 듯했다. 누군가 과학 뒤에 숨어 과학의 '허락'을 합리화란 무기로 인간사회를 조종한 존재(1부)와 이를 드러내고 밝히려 노력한 인간사회의 노력(2부)도 살펴보았다. 인류는 자연 속 약육강식을 도덕화하여 때론 계급이란 아이디어를 두어 노예, 농노를 합리화했다. 국가란 존재는 눈감았다. 그 시대는 그러한 도덕이 필요하다고 그 시대 권력은 항변했다. 그 또한 자연이고 자연의 법칙, 관계를 설명하는 과학이 있었다. 과학은 그렇게 이용되기도 했다. 이후 인류는 산업혁명을 거쳐 노동자가 자본가에게 착취당하는 사회를 인정하는 도덕과 윤리적 합의를 과학적으로 만들어냈다. 그때는 그것이 합리적인 자연법칙이라고 권력은 과학적으로 설명했을 것이고 대중은 또 그것을 믿어야만 했다. 디지털 사회가 되어 이제 노동자도 서서히 사라져가는 시대를 인류는 맞닥뜨리고 있다. 아직 모두 드러나지는 않았고 디지털시대 권력도 생겨날 것이다. 이번에도 도덕과 윤리적 합의, 법을 만들어 전문가 집단과 함께 합리적인 과학적 근거를 마련하는 노력을 하는 누군가가 있을 것이다.

이번에도 강자가 나타나 약육강식, 기생과 공생 관계를 사회 속에서 도덕과 법으로 합리화할 수 있는 과학적인 근거를 마련하고 권력화하는 데 성공할 가능성 또한 배제하기 힘들다.

다만 디지털시대에는 가치가 조금 다르게 작동하고 있다는 것 또한 살펴보았다. 과학이란 근거로 설명되는 가치가 있는 곳에 대중이 모여들어 유지되는 사회가 디지털시대에는 대중이 모이는 곳, 바로 그곳에 가치가 생겨나는 질서로 변하고 있다고 2부에서 살펴보았다. 영특한 권력과 전문가 집단은 이 또한 어떻게든 해석해낼 가능성도 있지만 과거 대중의 동의와 합의를 교묘하게 얻어냈던 권력 논리가 이번에는 큰 장애물을 만났다는 거다. 대중의 소통으로 형성되는 가치 옹달샘 빅데이터다. 전문가, 빅테크는 빅데이터를 어떻게든 해석해내려 할 것이다. 이번에도 과학이란 존재 뒤에 숨은 누군가가 있는 셈이다. 하지만 만나야 하는 존재들이 정해져 있지 않고 '우연'이 만들어내는 만남이 끊임없이 새로운 것을 형성하는 빅데이터에 대중은 기대를 걸 수밖에 없다. 여기서 한 가지 잊지 말아야 하는 것이 있다는 것을 2부 '새로운 기호를 쏟아내야 한다'에서 알 수 있었다. 인간사회에서 처음으로 일어나고 있는 일이다. 사람이 만나지만 사실은 사람들이 소통하면서 그들의 언어가 만난다는 개념이다. 언어가 만나고, 돈이 만나고, 소통하는 도구가 만난다는 것이다. 즉 디지털 기호가 만나 형성하는 무한대의 빅데이터에 인류는 새로운 희망을 가져보는 것이다. 다양하고 어쩌면 무한대로 발산하는 기호가 인류의 새로운 하지만 마지막 희망일 수 있다. 무한대로 발산하는 기호가 만드는 빅데이터는 그 어떤 전문가, 과학, 인공지능이라 하더라도 해석해내지 못하기 때문이다. 이것도 물론 믿음이다. 디지털시대 기호의 우연한 만남은 마법과 같다.

3부

약자의
결단

예능 프로그램을 보면 시합에 앞서 강한 팀이 약한 팀에게 몇 점을 미리 주고 시작하는 경우가 있다. 얼핏 보면 공정한 시합처럼 보이지만 몇 점을 미리 받고 겨루어야 하는 약팀의 입장에서는 여간 불편한 현실이 아닐 수 없다. 시합이 시작되면 대부분 몇 점 앞선 상황은 금세 역전되어버리고 만다. 공정한 시합을 한답시고 미리 받은 점수는 약팀의 특징, 능력 또는 경험과 무관하게 강팀에 의해 반 강제로 주어졌다. 미리 받아 앞선 점수는 실제 시합에서 동기를 잃게 만든다. 마치 "너는 약하니까 잔소리 말고 주는 거 받기나 해. 받았으면 이제 제대로 한판 붙어보자." 라는 느낌이다. 공정한 게임의 룰이 결코 될 수 없는 상황이다. 강자의 게임 룰에 휘둘리면서 이 옆에 있으면, 떨어지는 콩고물은 얻을 수 있지만 결코 권력자가 될 수 없다. 권력자가 되는 것이 좋은 것도 아니지만 권력 주위를 맴돈다고 될 수 있는 것은 아니다. 길을 직접 선택해서 가려면 권력과 함께해서는 안 된다는 것, 자신이 약자라는 것을 깨닫는 것으로부터 출발해야 한다. 약자라는 것을 자각하는 순간 이미 강해지고 있는 것이나 다름없다. 약자라는 존재를 인정하고 받아들이면 함께 소통할 수 있는 세상의 많은 약자들이 보이고, 소통으로 생긴 가치는 힘을 만들어 강한 대중을 만들 수 있기 때문이다.

15

돈 앞에서
옳다고 외치면

대개 소통은 좋은 것이라 생각한다. 하지만 소통을 원한다고 모두 할 수 있는 것은 아니다. 억울한 일이 있어 길거리에서 외쳐도 아무도 들어주지 않으면 소통이 아니다. 소통이 허락된 자, 무리, 집단과 계급이 정해져 있다면 소통을 꼭 좋은 것이라 할 수 있을까? 또한 소통할 특권을 가질 자격이 있다고 믿는 사람이 있다면, 무엇보다 개인에게 소통의 의미가 무엇일지 다시 생각해봐야 한다.

개인에겐 소통 이전에 반드시 거쳐야 하는, 소통과 무관한 영역이 있다. 언어로 생각하기 이전이다. 생각하기 이전에도 느끼고 행동한다. 사물과 만나 감각하고 느낀 이후에 언어로 소통한다. 사람은 다른 동물과 비슷한듯 다르게 감각하고 느끼고 반응한다. 예쁜 꽃을 보고 향기를 맡고, 주위에 다른 사람이 없어도 반응한다. 꽃향기는 기억에서 무언가 끄집어낸다. 꽃향기가 행복한 순간을 소환하여 눈물이 쏟아졌다면 주위에 다른 사람이 있어 이루어지는 소통과 분명 다르다. 누군가와 대화하면서 눈물이 났다면 상대방이 보내온 언어, 표정, 기호에 반응한 것이지만 홀로 꽃을 느끼고 눈물 흘리는 반응은, 언어가 만드는 반응과 다르다. 옆에 아무도 없어도 표정 짓고 움직임으로 이어지기도 한다. 타인에게 보여주기 위한 것이 아니다. 경험이 만든 기억은 언어를 넘어서기도 한다. 기억이 현실 속에서 만들어내는 세상도 언어 이전이다. 소통으로부터 자유롭기에 이를 자유의지라고 한다. 설사 소통하는 중이라고 하더라도 소통에 얽매인 마음을 잠시 소통 없는 세상으로 가지고 와서 판단한 이후에 소통으로 다시 돌아갈 자유의지는 원하기도 한다. 심지어 자신과 소통하는 것도 벗어나기도 한다. 언어로 생각하는 자신과의 소통도 자유의지가 제대로 작동치 못하게 하기 때문이다.

자유의지는 소통과 자연스럽게 이어지며 소통이 성공적으로 일어나게 만드는 정보를 제공한다. 타자가 원하는 정보 없이 소통이 성공하긴 힘들다. 타인에게 매력을 주는 정보는 개인의 매력, 정체성에서 나오는데 자유의지가 만든다. 이를 개인의 자산이라고 한다. 자산이 있어야 정체성과 매력을 가진 개인이 되어 자신의 세상에서 사회로 나가 타인과 소통한다. 여기서 자산은 재산과 다르다. 재산으로 소통하는 사회, 즉 돈이 소통의 언어로 손색이 없다 보니 혼란스럽지만 재산이 곧 자산인건 아니다. 꽃을 보고, 구름을 보고, 흙을 만지고 석양을 바라보면서, 하늘을 나는 새를 보고, 꽃봉오리를 보고 오직 자신만의 감각으로 순간적으로 떠올려 자기 것으로 만들 때 자산이 생긴다. 자산은 자유의지가 "옳구나, 이거다." 하고 집어내는 그 무엇이다. 감각으로 옳구나 하고 느끼는 것으로 출발해서 개인은 자산을 만들고 자산으로 무장한 후에야 비로소 타인과의 소통하는 세계, 즉 사회로 나갈 수 있다.

영어 단어 'right'를 살펴보자. '옳다, 정당하다'는 뜻도 있고, '권리, 권한, 자산'이란 뜻도 있다. 이 뜻을 이어보면, 옳고 정당하기 때문에 당연한 권리가 생겨 자산이 된다. 그리고 이 단어에는 지체하지 않고 당장이라는 뜻도 있는데, 이렇게 해석할 수 있다. 옳고 정당해서 당연한 권리와 자산이 되는 것은 언어로 생각하기 이전 단계에서 순식간에 결정된다는 것이다. 언어를 매개하지 않고, 즉각, 즉시(im(반대)+mediated(매개하는)=immediacy(매개하지 않은))여야 한다. 언어로부터 자유롭다. 사물을 만나 느껴 그 즉시 개인에게 생기는 것을 'right'로 표현한 것이다. 언어에 구속되지 않은 채 옳고 정당한 가치를 만들려는 의지를 사람이면 가진다고 해석한다. 'right'를 만들어내는 능력이 언어 이전 자유의지다.

언어 이전 단계에서 자유의지가 작동하기에, 자유의지란 단어의 자유는 언어의 구속을 받지 않음을 의미한다. 인간은 사물을 만나 언어를 거치지 않고도 옳고 그름을 감각과 느낌을 통해 판단한다. 판단하는 행동은 개인의 온전한 몫이다. 다른 누구도 아닌 자신이므로 개인 자산이 생긴 거다. 확보된 자산은 언어로 전달될 때까지는 타인이 알 길 없다. 만들어진 자산은 드러내 놓지 않으면 개인 내면에 숨겨져 있다. 자유의지로 소중한 자산을 만든 개인은 노출돼 빼앗길 것을 염려해 감춘다. 또는 타인에게 보여주고 싶어 안달나기도 한다. 보여줄 방법을 아직 찾지 못해 덮어두고 있기도 한다. 타인이 확인한 결과, 사실 그다지 귀한 것이 아니라는 판단을 할 수도 있다. 하지만 자유의지 단계에서 타인의 판단은 개입되지 못하고 그닥 중요하지 않다. 오직 개인이란 이름으로 자신에게 칭찬해주는 단계다.

자유의지라 하더라도 완벽하게 자유롭지는 못하다. 자유의지도 기억의 영향을 받기 때문이다. 기억이 자유의지의 조건인 셈이다. 기억은 개인마다 다르기에 자유의지도 다를 수밖에 없다. 또 다른 조건이 있는데, 시간과 공간이다. 기억이 개인마다 다르다면 시간과 공간은 개인에 상관없이 동일하다. 보편 조건이다. 시간과 공간을 조건으로 생긴 사물의 순간을 자유의지는 감각한다. 감각하면 공간이고 공간은 주어진 시간과 합쳐져서 순간을 만든다. 우린 한번에 하나만 감각한다. 오직 하나의 사물만 감각한다. 감각엔 동시란 없다. 감각하면 공간이고 시간 없인 존재하지 못한다. 이렇듯 공간과 시간은 보편적, 우주적 조건이다. 자유의지는 공간과 시간을 조건으로 기억이 만들어내는 작품이다. 순간의 장소에서 언어의 간섭 없이 감각의 도움을 받아 기억으로부터 자유의지는 행동된다. 이를 사회라고 하지 않는 이유는 언어 이전 세상이기 때문이다. 생명이 가지는 자유의지는 개인의 세상 속에서 이루어진다. 자유의지는 개인이 개인되게 하며 인간이 인간답게 되는 필요조건을 마련해준다.

자유의지가 만드는 첫 번째 작품은 '옳거니'다. 기억을 합쳐 지금 대하는 사물을 우주의 시간과 공간으로 감각하면 '옳거니' 하고 무언가 뚝딱 만들어진다. 내면에서 끄집어낸 자식과도 같은 소중한 작품이다. 너무나 소중해서 남에게 보여주기 두렵기도 하지만 빨리 보여주고 싶기도 하다. 세상에 존재하는 '옳거니' 자산은 무한대다. 하찮게 보일 수 있는 개인은 이렇듯 세상이란 깜깜한 우주 속에서 '옳거니' 하고 마법을 부린다.

자유의지는 자신 속에서 귀한 것을 끄집어내는 능력만 있는 게 아니다. 사물을 감각하고 이번에는 자신 속에 없는 것도 발견한다. 자신 밖 세상에서 "이건 도대체 뭔데 이렇게 아름답지?" 하는 것을 발견한다. '옳거니', '아름다워' 외에도 자유의지는 역할을 한 가지 더하는데, 이번에는 '가슴이 저리네'다. 기억들이 감각을 통해 사물을 만나 '가슴이 저리네' 작품을 만든다. 모두 자유의지가 만들어내는 귀하디 귀한 작품이다. 개인을 인간이게 하는 능력이다. 사람이 태어나 살면서, 옳거니, 아름다워, 가슴이 저려 외에 도대체 무엇을 더 할 수 있겠는가? 개인이 사회속 인간으로 나가 소통하기 위해 준비하는 소중한 과정이다.

'옳거니', '가슴이 저려', '아름다워'는 진선미다. 진실, 선함, 그리고 아름다움이다. 인간은 이를 통해 자신을 증명하고 살아 있음을 느낀다. '옳거니'는 철학, 도덕의 영역으로, '가슴이 저려'는 사회, 윤리의 영역으로, '아름다워'는 예술의 영역으로 확대한다. 확대는 관계와 소통이며 연결을 의미한다. 즉 과학의 영역이다.

감각에 의지하며 세상의 아름답고 소중한 것을 자산으로 개인에게 가져다주는 자유의지가 이렇듯 대단하다면 이를 이어 발생하는 소통의 세계, 사회에서 강자와 약자의 차별은 왜 생기는 것일까? 그러지 말아야 할 결과가 소통하는 사회에서 생긴다. 자유의지가 가져다주는 소중한 자산으로 무장한 개인이 소통하여 가치가 발생하는데 가치는 여러 형태로 배분되고 저장되기도 한다. 배분 과정에서 차별은 불가피하다. 하지만 분배과정에서 설사 불균형, 불평등이 있다고 하더라도 배분된 가치가 유통기한이 있는 상품과 나무에서 열리는 과일처럼 썩어서 사라진다면 상황은 달라질 것이다. 즉 소통이 일어난 이후 매번 리셋, 리부팅된다면 가치 분배의 결과 생기는 약자와 강자도 없을 것이다. 하지만 가치는 저장되고 때론 불어나기 때문에 약자와 강자, 가진 자와 가지지 못한 자의 간극은 커진다.

기호로 소통하지만 소통의 결과로 생긴 가치도 기호의 형태를 갖는다. 기호 중 하나인 돈을 예를 들면, 소통하기 위해 돈이 필요하지만 소통의 결과로 돈이 생긴다. 돈은 가치를 저장하고 가진 자와 가지지 못한 자, 즉 강자와 약자를 만든다.

돈에서 소외된 약자는 뭉쳐서 갖지 못한 돈을 재분배하려고 노력한다. 약자가 믿는 정의 구현은 물론 또 다른 소통이기도 하다. 정의롭지 않고 선하지 않게 배분된 돈이라는 기호를 법 정의를 실현하는 정치 소통으로 재배분되게 하려고 노력하기 때문이다. 합법적인 제도와 민주적인 정치적 노력이다. 세계에서 막히면 세상으로 돌아간다고 했다. 돈으로 강자와 약자로 구별되어버린 세계에서 개인은 소통 이전의 자유의지로 돌아가는 것 말이다. 소통을 소통으로 풀 수도 있지만 이 경우 충돌을 피하기 힘들기 때문이다. 충돌을 피해 문제를 해결하기 위해 사회에서 개인으로 돌아간다. 사회에는 선과 악의 윤리가 있다면 개인에게는 옳게 혹은 옳지 않게 느끼는 도덕이 있다. 도덕은 자유의지의 영역이다. 돈으로 발생한 문제가 있을 때 사회 부정, 불평등을 바로 잡자, 즉 돈을 재분배하는 정치적 해결로서의 소통을 하는 방법이 있다면, 이는 선과 악의 윤리 영역이라 윤리적 소통을 통해 해결하는 방법인 것이다. 이것이 우리 사회가 근대 이후 민주주의를 통해 성취하고자 하는 정의였다. 다른 방법도 있다. 돈에 대한 자유의지의 발현이다. 소통 이전의 세상에서 "돈이 진정 뭐지?"라는 근본적인 의문을 가진 후 아예 다른 돈, 즉 전혀 다른 경제 소통도구 기호를 만드는 거다. 그래서 만들어진 전혀 다른 개념의 돈에 대해 "옳거니" 하고 새로운 출발을 하는 거다. 약자의 극복을 강자의 가진 것을 가져오는 것으로 하는 것이 아니라, 약자와 강자를 구별하게 만든 세계의 소통을 리부팅 또는 기존 세계를 그냥 둔 채 다른 세계 하나를 만들어버리는 거다. 약자의 자산을 새롭게 만드는 방법이다. 일종의 멀티소사이어티이다. 하나의 공간, 다른 세계를 전혀 다른 돈으로 설계하는 거다. 이런 식으로 사회의 선악 윤리에 저항하면서 싸우지 않고 약자의 새로운 도덕으로 처음부터 새롭게 만드는 것이다. 가진 자의 재산을 가져오지 않고도 약자를 구해낼 수 있는 길을 시도할 수 있다. 지금까지 가진 자의 재산을 정의라는 이름으로 배분하는 소통에 의존했다면 가진 자, 권력에 기대지 않고 새로운 세계를 여는 시도를 한다. 가진 자에 매달린다는 오해를 풀려 하지 말고 이제 권력에서 제대로 벗어나 보자. 약자의 도덕으로 말이다.

16

의심은 약자의 힘으로
생겨난다

개인의 자유의지는 사물을 만나야만 자산을 만든다고 했다. 그런데 사물을 만드는 힘도 다름 아닌 자유의지다. 자유의지는 감각이 상황을 만나 기억의 도움으로 자신만의 사물을 탄생시킨다. 예를 하나 들어본다. 잠이 덜 깬 아침, 공기와 분위기를 느끼면 감각은 커피에게 귀띔한다. 커피라는 물리적 물질은 이미 있었지만 자신의 느낌이 작동하는 순간 모닝커피가 상상된다. 선호하는 원두를 갈아 감각적으로 드립하여 만든 모닝커피다. 지금까지는 없었던 사물이 개인의 감각으로 생겨났다. 공간과 시간, 그리고 순간이 빚어낸 물질, 즉 '사事'이다. '사물'의 '사'는 인간의 일이고 '물'은 자연의 물질이다. 그런데 시각, 청각, 미각, 후각, 촉각만으로는 특별한 모닝커피를 상상해내기 쉽지 않다. 오감을 깨어나게 하되, 확장된 다른 감각이 필요하다. 계절을 느끼는 감각, 아침 시간 자신을 느끼는 감각, 오늘 하루를 어떻게 마주하게 될지 느끼는 감각, 감정을 살피는 감각 등 다양하고 특별한 능력이 필요하다. 이러한 감각을 상상, 인식 등으로 표현할 수도 있겠다. 하지만 언어로 이루어지지 않았고 순간을 감각하는 능력이 빚어낸다. 설익었지만 숨겨져 있던 소중한 것을 찾아낸다.

물질은 감각하는 대상이다. 물질이 거기 있으니 감각할 수 있다. 여기에 새로운 물질이 하나 추가된다. 감각해야 비로소 생기는 물질이다. 메타버스 시대를 맞아 감각할 수 있다면 그곳에 물질이 있음을 새삼 알게 되었다. 현실세계에는 없지만 가상에서 감각이 가능하다면 그것도 물질이다. 영화 〈매트릭스〉에서 키아누 리브스가 가상세계로 들어가 의자를 만지면서 진짜냐고 묻는 장면이 있다. 감각할 수만 있다면 물질이며 의미가 생긴다. 물질 경계가 허물어졌다. 물리적 물질을 디지털 시대에는 다르게 정의한다. 물질보다 감각이 먼저다. 사실 디지털시대 이전에도 감각하면 물질이었다. 디지털기술이 분명하게 보여주면서 증명한 것뿐이다. 감각하는 물질은 자연의 물리적 물질物과 인간의 물질, 즉 일事을 포함한다. 이 두 가지를 합치면 사물事物이 된다.

이번에는 기후변화를 예로 들어보자. 아침마다 마시는 커피에서 기후변화를 감각할 수 있을까? 한여름 뜨거운 태양 아래 일하는 농부와 노동자라면 모를까 냉방이 잘된 실내에서 기후변화를 피부 깊숙이 느낄 수 있을까? 태풍 뉴스에 등장한 기상 전문가들의 기후변화 해석을 듣고는 그런가 보다 하지만 일상 속에서 기후변화를 감각하는 것은 결코 쉽지 않다. 기후변화 과학자, 국제기구, 기후활동가들의 말을 듣고 있으면 모두 맞는 말이지만 조금 과장하면 잔소리 작렬이다. 전문가 분석과 해석 속에서 대중이 기후변화를 감각할 근거를 찾기는 어렵다. 듣고 있으면 때론 오히려 반발이 생기곤 한다. 도대체 일반인들이 뭘 그렇게 잘못했고 어쩌라는 건지. "당신들 말대로 과학이고 팩트인 건 알겠으니 그냥 제발 전문가답게 할 일만 하지 왜 엄한 대중들에게 그러는지, 원." 하고 말하고 싶어질 지경이다. 말이 감각에 영향은 미칠 수 있지만 근본적으로 자극하긴 어렵다. 일반 대중에게는 말과 이론뿐인 기후변화 위기가 감각으로 와닿지 않는다. 기후변화 물질, 사물이 만들어지기 힘든 이유다. 오감으로 감각하기 힘들어 사물을 만들지 못하는 기후변화 위기 상황은 인간의 다른 능력인 확장된 감각을 통해 기회를 만들 수는 있다. 사회와 세계의 관계 속에서 인간은 그 누구도 아닌 자신의 확장된 감각으로 기후변화, 기후위기의 사물을 만들 수 있다. 온갖 기후변화 위기 보도와 전문가들의 언어에는 굳게 문을 닫고 있던 감각이 묘하게도 작동하기 시작한다. 몸과 정신을 맑게 해주는 자신의 모닝커피를 떠올려냈던 능력과 비슷하게 기후변화를 위기로 인식하는 감각 능력이 작동한다. 경험한 많은 기후위기, 기후재앙 기억이 일상 순간에서 자유의지를 만나 기어코 사물을 만들어낸다. 이것이야 말로 인간의 능력이고 세상을 세상답게 만든다. 언어로 표현되기 힘들지언정 여전히 사회를 변화시키고 재앙으로부터 구한다. 위기에서 발휘되는 개인 자유의지가 모여 위기에 대처하는 감각 역할을 담당한다.

이렇듯 감각을 확대하면 인식이 생긴다. 사물은 인식의 조건이지만 인식해도 사물이 생긴다. 손 안에 쥐어준 모닝커피가 없고 기후위기의 실체가 없어도 감각하고 인식해서 사물을 만드는 인간의 자유의지 능력이다. 자유의지가 모닝커피, 기후변화를 바로 그 순간의 물질로 만들어낸다. 마음만 먹으면 발휘할 수 있는 자신만이 가질 수 있는 뛰어난 능력이다.

자유의지가 만든 순간의 물질은 미덕이 된다. 세상 속에서 남을 위해 큰 뜻으로 쓰일 수 있기 대문에 미덕이라 이름 지어졌다. 미덕은 뛰어남을 전제로 한다. 감각적 탁월함이다. 뛰어나지만 아직은 가치가 모호하여 타인에 전달하긴 쉽지 않다. 전달하기 위해서는 남들이 좋아하는 모습으로 바꿔야 한다. 미덕을 포장하는 작업인데 '객체화'라고 한다. 객체의 객은 손님이다. 손님을 맞는 것은 주인, 즉 주체이다. 주인과 손님 주객

관계이다. 감각으로 사물을 만들었다면 이번에는 포장해서 손님을 맞아야 한다. 주인 역할이다. 주인이 없으면 손님도 없고, 손님이 없으면 주인도 없다. 사물을 순식간에 감각적으로 만들었다면 이번에는 옳음으로 포장해주어야 한다. 포장해야 타인도 좋아한다. 포장재는 자유의지를 내었던 존재가 한 번 더 역할을 해서 만든다. 진리가 몸을 받아야 비로소 사물에 맞는 포장재를 만들 수 있다. 진리의 체화를 도덕이라고 한다. 도덕으로 포장해야 객체가 완성되고 자산이 된다.

도덕이 옳다는 인정마크를 찍어주면 미덕은 자산이 된다. 이제 자산은 주체를 떠날 준비가 됐다. 주체가 사라지면 객체도 없다. 주인이 없는데 손님이 있겠는가. 이제 온전히 자산만 남는다. 자산은 미덕을 만든 사람에 속한 것이 아니다. 그래서 역설적으로 소유란 개념이 필요하다. 사물을 만들어 포장까지 한 사람은 억울하겠지만 소유권을 주장해야 할 처지에 놓였다. 소유권을 주장하지 않으면 자산은 그 누구의 것도 아닌 것이 되어버린다. 이제 타인에게 갈 일만 남았다.

순간순간 개인으로부터 만들어지는 미덕은 무한대다. 순간이 공간을 만나 미덕이 된다. 이런 수많은 미덕이 합쳐진다. 하나라는 개념이다. 개인은 이제 대중이 되고 대중은 언제나 옳다. 옳음은 대중에서 출발하기 때문이다. 즉 '선'이다. 비슷한 성질의 미덕들이 모여 정체성이 된다. 내가 만든 모닝커피를 마신 타인이 소중하다고 동의하면 이제 나와 타인이 옳음을 공유한다. 옳음들이 쌓이면 옳음을 관통하는 정체성이 생기고 이제 나의 모닝커피는 '선'이 된다. 대중이 만든 사회 윤리다. 개인의 도덕은 다수가 모인 사회에서 보편적 옳음, 윤리가 되었다.

윤리는 선을 기반으로 사는 삶을 지지한다. 선에 기반한 윤리적 삶에 동참할지 또는 동참하지 않을지 대중은 결정만 한다. 도덕적 판단이 개인의 옳음에 있었다면, 선이 만든 윤리에는 동참할지 않을지 결정만 있다. 즉 도덕은 판단이고 윤리는 참여다.

옳음은 도덕, 선함은 윤리의 영역이다. 자유의지는 옳음에서 출발하므로 타인이 없지만 선함에는 타인이 전제된다. 선함에는 소통이 있다는 거다. 소통은 참여로 이어진다. 선함과 윤리는 소통 도구인 언어를 필요로 한다. 언어가 필요하므로 선함의 영역에는 언어 이전의 감각영역인 자유의지가 자리할 곳이 사라진다. 이 말은 무엇인가? 사물을 포장하여 자산을 만들면 이제 주인 역할이 끝났다. 손님이 가면 다시 자기 자신으로 살아야 한다. 손님은 갔는데 주인 행세를 계속할 수는 없다. 주인에서 벗어나야, 다른 상황에서 감각하여 자유의지를 온전히 작동시킬 수 있다. 이는 삶 속에서 쉽게 상상할 수 있다. 남을 위하는 봉사활동을 했다고 이를 강조하고 계속 마음에 남겨두면 제대로 된 자신으로 돌아오기 힘들다. 봉사활동 증명이 남으면 증명서를 받기 위해 봉사한 것밖에 안 된다. 개인이 옳다고 판단한 옳음을 행하고 나면 옳음의 주인은 미련없이 포기하고 옳음을 행하기 이전의 본 모습으로 돌아와야 한다. 옳음과 옳음의 행동은 자산이지만 행하고 난 후에도 연연해하면 찌질한 소유권만 남는다.

한 예술가가 기후위기, 기후재앙을 오감 외의 확장된 감각으로 순간을 인식하여 상상한 모습을 그림으로 그렸다고 가정해보자. 예술가가 상상한 모습은 물질, 사물이고 미덕이다. 상상한 모습, 즉 미덕을 타인에게 보여주기 위해 예술 작업을 한다. 예술에도 어떤 형식으로든 옳음은 존재한다. 옳다는 예술가의 믿음 없이 작업이 가능하겠는가? 어림없다. 작업하는 주체와 주체가 만들어내는 객체 관계이다. 작품으로 완성하는 것은 예술가의 포장이다. 포장이 완성되면 자산이 되어, 더 이상 예술가에 머물지 않는다. 예술가는 이제 자산을 만든 주인으로서 자신의 작품을 홀가분하고 쿨하게 떠나 보낼지 아니면 소유권을 가질지 결정해야 한다. 작품은 자산이 되어버려 주객관계가 아니기 때문이다. 작품을 보면 예술가가 출발했던 순간 감각했던 기후위기, 기후재앙을 작품을 보는 관객들은 나름 느낄 수 있다. 소통이다. 작품과 관객이 소통한다. 이때 예술가도 소통에 참여할 수는 있다. 하지만 작품의 소유권을 가진 자격 또는 한때 그 작품의 전신이었던 미덕의 주인 자격으로만 소통할 수 있다. 관객들이 그림을 해석해달라고 하면 예술가는 관객에게 보이는 대로 감상하면 된다고 한다. 그건 실제로 그렇기 때문이다. 예술가도 최초의 순간에 가졌던 감각을 언어로 표현할 수 없다. 다만 주체로서 객체를 만들어낸 과정, 포장작업을 얘기해줄 수는 있지만 그건 군더더기일 뿐이다. 예술가도 자신의 작품을 관객과 비슷한 위치에서 바라보면서 소통한다. 소통은 기억을 남긴다. 자신의 작품 주위를 맴돌다 마침내 더 이상 친밀하지 않다고 느낀다. 이별할 때가 된 것이다. 이제 자신도, 자신의 분신도 아니고, 심지어 자신과 친밀하지도 않다. 순간에서 출발한 긴 여정은 끝이 난다. 작품이 팔렸다면 그나마 주장할 수 있었던 소유권도 없다. 순간, 물질과 사물, 미덕, 주체, 객체, 작품으로부터 모두 벗어나야 한다. 벗어나야 온전할 수 있다. '죽음'이라는 이름으로 자신으로 복귀한 것이다. 이미 다룬 빅데이터의 죽음과도 상통한다.

자산과 소유를, 부부, 자식, 벗, 공동체, 시민사회로 나누어 생각해보자. 부부는 결혼을 통해 한 몸, 한마음이 된다. 즉 부부의 자유의지가 구별되지 않는다. 다른 몸, 다른 마음이지만 하나가 되자고 약속한 관계이기 때문이다. 상황을 만나 서로의 다른 감각으로 만들어내는 자유의지라도 부부는 공유한다. 배우자가 만든 자유의지일지라도 서로의 안에 있다. 즉 객체화하기 위해 부부간에는 주체를 따로 만들지 않는다. 그것이 부부다. 새로운 생명, 자식을 탄생시킬 정도로 한 몸, 한마음이기에 굳이 자유의지를 서로에게 설명하고 설득할 필요가 없다. 그렇게 하는 순간 남이 되어버린다. 두 몸, 두 마음이지만 부부는 약속에 의해 하나가 되는 기적과도 같은 인간의 일이다. 하지만 자식은 다르다. 자식은 분신이다. 여전히 가족이지만 분리된 존재이다. 가족이기에 옳다고 쉽게 동의하지만, 그래도 여전히 옳음을 설명하고 설득해야 한다. 자식과는 소유를 따질 수밖에 없다. 벗은 믿고 뜻을 함께한다. 한곳을 바라보고 비록 한 몸과 한마음이 아니고 분신도 아니지만, 타인 속에서 자신을 발견할 수 있는 존재이다. 자유의지가 다르지만 옳음의 미덕이 최소한 비슷하길 원한다. 자연스럽게 뜻이 함께 되는 관계가 벗이라면, 공동체 구성원은 뜻을 함께하기로 약속한 관계다. 벗은 사람을 믿지만 공동체는 사람이 아니라 뜻을 믿는다. 그래서 공동체는 규약을 가진다. 뜻을 믿기에 공동체 구성원끼리 지키기로 약속했다. 사회로 확장하면 절대적 믿음 대신 상황마다 생기는 의견에 의존한다. 의견을 함께하는 사람과 연결되어 사회를 이룬다. 사회는 소통할 뿐이다.

이전 장에서 약자의 도덕을 다루었다면, 이번 장에서는 질문한다. 약자의 윤리란 무엇인가? 누군가 남들보다 많이 가졌다면 그 소유만큼 이유가 있다. 잘못한 것이 아니다. 충분히 칭찬받고 존중받을 이유가 있다. 다만 남들보다 많이 가진 것을 자기의 소유로 생각하는 순간, 그렇게 받아들이면 자유의지로 돌아갈 몫은 줄어들 수밖에 없다. 많이 가질수록 이후 오감 너머 '확장'된 감각에게 주어질 여유 공간은 없어진다. 하지만 불편해하지 않는다. 가진 것으로 소통하는 삶 또한 살아볼 만 해 보이기 때문이다.

소유로부터 소외된 약자가 늘어나면 약자의 윤리는 자연스 럽게 재분배 쪽으로 향한다. 늘어난 약자는 편중된 소유와 부 가 정의로운지 의심하게 된다. 의심은 약자의 힘으로 생겨난 다. 이 힘은 편중된 부가 재분배되는 방향으로 작동한다. 약자 가 모여 형성된 대중은 언제나 옳다고 하지 않았던가. 역사는 때로는 피의 혁명으로, 때로는 민주주의로 가진 자로부터 부와 권력을 뺏음으로써 정의를 실현했다. 하지만 대중의 정의가 실 현된 그 바로 다음 순간 대중은 다시 민중과 국민으로 돌아가 곤 했다. 대중은 잠시뿐이었다. 대중은 언제나 옳으니 그 순간 작동했다가도 대중은 이어지지 못하고 권력을 다른 자의 손에 넘겨 자신을 다시 국민의 위치로 되돌리곤 했다. 국민이 되는 순간 국가, 정부, 권력이 늘 옳음을 다시 대행하게 된다. 국민은 권력을 전제할 뿐이다. 옳음도 스스로 정하지 못하고 권력이 정한다. 대중이 국민으로 되돌아가지 않고 대중으로 쭉 살 수 있는 길은 진정 없는 것일까 고민해본다. 약자를 극복하는 대 중의 윤리가 가진 자들의 부와 권력을 뺏지 않고 관심을 가지 지 않고 그냥 둔 채로 새로운 부와 권력을 만드는 길을 진정 없을까 거듭 고민한다. 한 국가, 두 개의 민주주의, 한 공간 두 개의 세상 말이다. 부도 여러 개, 권력도 여러 개로 만들어 한 공간을 나눠 삶을 영위하는 메타버스 방식의 메타도시, 메타국가는 불가능할까? 다중 정부, 다중 세금과 복지, 다중 화폐, 다중 신용 등으로 복잡하게 얽혀 있지만 마법처럼 작동하는 기적의 자연법칙을 상상하는 것이 왜 불가능하다고만 하는가?

17

눈 밝은 시계공
뒤에 선 존재

　개인이 지닌 자산 중 최고의 자산은 단련을 통해 향상된 신체적, 정신적 능력이다. 이때 신체 능력은 외부의 도움을 받을 수 있는데, 시력이 나빠지면 안경을, 다리가 불편하면 지팡이나 휠체어의 도움을 받는 것이다. 또 아직 의학기술의 한계가 있긴 하지만 로봇 팔과 다리, 인공 척추 등으로 보완할 수도 있다. 공상과학 영화나 소설에서 볼 수 있었던 사이보그 출현도 머지않은 듯하다. 그런데 신체 능력을 끌어올리기 위해 장착한 것인지 자신이 단련한 결과인지 모호한 게 있는데, 바로 '유전자기술'이다.

　유전자 변형을 통해 특수한 능력을 가질 가능성은 이미 많은 부분 과학적으로 증명되었다. 유전자 과학기술은 식량, 약품, 백신뿐만 아니라 인간 신체 장기 이식 분야에까지 연구가 진행되고 있다. 유전자 분석, 진단을 통해 질병 발생 가능성을 예측해 치료하기도 한다. 코로나를 통해 일반인도 mRNA 백신을 알게 되었다. 예전에는 유전자 관련 식품에도 펄쩍 뛰었는데 유전자기술로 개발된 백신이 신체에 직접 주입돼도 이상하게 여기지 않게 되었다. 바이오 유전자 과학자들은 RNA는 금방 사라지기 때문에 아이러니하게도 안전하다고 설명한다. 인체에 주입되어도 백신 기능을 수행하고는 사라진다는 거다. 유전자 연구 과학자와 관련 분야 전문가들이 과학적으로 주장하는 것이니 안정성을 반박하기 쉽지 않다. 자칫 잘못 비판했다가는 백신 반대주의자가 되어버린다. 백신을 맞지 않았을 때와 맞은 경우의 코로나 감염 확률과 부수적으로 발생할 수 있는 질병 위험 가능성을 비교하면서 팬데믹의 위중성을 이해해달라는 정부를 의심하는 것은 더욱 어렵다. 과학자가 안전하다니 믿고 정부가 위중한 상황이라고 하니 어찌 받아들이지 않겠는가.

유전자 기반 과학기술 적용 결과물이 신체에, 그것도 주사를 통해 직접 주입되었다. 코로나 이전 다른 백신에서도 유사한 사례가 있었다고 하지만 일반 대중 입장에서 자세하게 알 기회가 거의 없었다. 이전 백신에서도 mRNA 유전자기술이 정말 이용되었다면 전혀 몰랐기에 개인적으로 놀랍기만 하다. 하지만 이제 어쩔 수 없이 유전자기술 백신과 인류 사이에는 엄청난 진도가 나가버렸다. 유전자기술로 개발된 백신이 인체에 주입된 지금 인간에 대한 근본적인 질문이 생긴다. "나는 여전히 나인가?" 하는 의문이다. 놀라운 건 주위를 둘러봐도, 인터넷을 찾아봐도 이 질문을 하는 사람이 없어 보인다.

학창 시절 학교에서 예방주사라는 이름으로 백신을 맞았다. 선생님이 맞으라고 하시니 믿고 맞았다. 꽤 아픈 예방주사도 있었다. 불주사였던 것으로 기억나는데, 백신을 믿었던 게 아니라 선생님을 믿고 참고 견뎠다. 이후 백신에 대해 부정적인 주장을 하는 사람들을 볼 때도 그냥 그런가 했다. 일반인에게 백신은 질병을 예방하는 유익한 의학기술이고 지금도 크게 다르지 않다. 과학과 전문가를 믿는 것이다. 코로나 백신은 유전자기술이 일상으로 깊숙이 들어온 계기가 되었는데 백신에도 항원-항체형 그리고 유전자기술인 mRNA방식이 있다는 걸 알게 되었다. 병에 저항하고 면역력을 키우기 위한 백신은 외부로부터 우리 몸에 주입된다. 병을 이겨내고 면역력을 높이기 위해 몸을 단련시켜주는 용병을 데리고 온 셈이다. 훈련 방식이 근본적으로 다른 두 가지 훈련 조교 용병이다. 항원-항체반응 백신은 바이러스 균의 모습을 하고 있지만 여전히 우리 편이다. 실제 질병 균이 들어왔을 때를 대비해 우리 몸을 단련시켜준다. 권투시합 전에 스파링 파트너와 연습경기를 하면서 실전을 대비하는 것과 비슷하다. 반면, mRNA 백신은 병을 이겨낼 비법이 몸 안에 뿌려지는 거다. 몸 속 세포에서 균에 저항할 수 있는 단백질 물질이 특정정보를 받아 DNA에서 생산된다. 병에 저항하는 물질을 만들 수 있는 능력을 가진 DNA가 있어도 특정정보를 받지 않으면 작동하지 않는다. 그런 특정 정보를 mRNA가 DNA로 운반한다. 코로나 바이러스 특징은 외부 돌기인데 돌기에 저항하는 단백질을 만드는 정보를 mRNA 백신이 지니고 있다. 돌기 저항 단백질을 만들어 돌기를 가진 바이러스에 저항하는 거다. 백신 접종 후 진짜 코로나 바이러스가 인체로 들어오면 인간 세포 DNA는 정보를 알아차리고는 mRNA 백신이 알려준 정보대로 저항물질 단백질을 생산한다. 생각하기에 따라서는 mRNA 백신을 통해 저항하는 방식은 우리 몸이 직접 한다고 보기 힘들 수도 있다.

불빛 하나 없는 동굴에서 길을 잃은 사람을 구출하는 상황을 생각해보자. 항원-항체 백신의 경우는, 동굴에 갇혀 한 치 앞을 보기 어려운 사람에게 작은 불빛이라도 비춰져서 출구를 찾도록 돕는다. 출구 쪽에 보이는 작은 불빛만 있을 뿐, 벽을 더듬고 동굴 바닥의 돌뿌리와 웅덩이를 피해 온몸의 감각을 활용해서 출구 쪽으로 한 걸음씩 직접 나와야 한다. 도움을 받기는 했지만 동굴 속에서 길을 잃은 사람이 어쨌든 직접 탈출한 거다. 그런 이유로 이후 비슷한 상황에 처하게 되면 과거 동굴을 탈출한 경험을 몸이 기억한다.

mRNA백신은 다르다. 길을 더듬을 필요 없이 왼쪽으로 두 발, 오른쪽으로 세 발… 이런 식으로 시키는 대로 움직여 동굴을 탈출한 거다. 예전 토플시험 준비할 때 사용했던, 특정 단어가 포함된 지문은 다 읽지 않고도 답을 찾는 방식처럼 보인다. 단련했다고는 하지만 병에 저항하는 능력이 향상되었다기보다는 특정 정보에 단순히 반응했을 뿐이다. 이런 신비한 탈출은 과연 사람이 직접 한 것인가 싶다.

마음 한구석에 남은 코로나 백신에 대한 불편함은 백신의 안전성 때문이 아니다. 유전자기술이 아무리 안전하고 효과적이라 하더라도 마음 한구석 불편함이 사라지지 않는다. 정보만 주고는 사라진 mRNA 유전자 자체가 부작용을 일으키지는 않았다고 하더라도, 정보를 받고 단백질을 만들어낸 세포와 DNA는 제대로 병에 저항하지 않고도 이겨낸 기억을 한다는 것이 왠지 두렵다. 저항이란 노력 없이 대가를 얻은 세포 속 기억이기 때문이다. 향후 다른 질병이 발생하면 그땐 또 다른 mRNA 백신을 접종할 것이고, 백신 접종은 반복될 것이다. 감각은 무뎌지고 세포 차원에서의 정보 소통이 자체적으로 작동하기 어렵지 않겠는가. 세포 수준이긴 하지만 내가 알고 있던 내가 맞나? 나는 여전히 나인가?

어려움을 극복할 수 있는데 유전자 변형 기술이면 어떻느냐는 태도는 이전 장의 감각에 기반한 자유의지 없이 정의란 이름으로 얻게 되는 부의 재분배와 묘하게 닮아 있다. 대중이 자신의 자유의지로 사회문제를 해결하려는 어려운 길보다는 권력에 의지한 해결을 택하는 것 말이다.

세포차원에서 일어나는 일인데 코로나 바이러스를 이겨낼 수만 있으면 족하지 않느냐 할 수 있다. 그럴지도 모르겠다. 코로나로 많은 사상자가 발생했고 여전히 고통받는 사람들이 있으니 백신의 안전이 보장된다면 선택의 여지가 없어 보인다. 다만 아무리 위급한 상황이라지만 걱정되는 게 있다. 직접 관여하지 않는 것처럼 보이지만 세포도 우리 몸의 일부 아닌가. 세포도 엄연히 처한 상황을 감각하고 옳고 그름을 나름 판단한 후 반응하고 세포 유전자간 소통할 것이다. 이 과정이 느리고 시간이 걸린다고 하여, 직접 명령을 기어이 내리는 유전자 백신은 통제사회를 쏙 빼닮았다. 강력한 명령을 정보와 함께 지속적으로 받다 보면, 통제사회의 대중처럼 세포 유전자와 분자 차원에서도 자체적으로 정보를 만들어 소통하지 못하는 무기력 상태에 이를 수 있다. 우리 몸이 그렇듯, 세포, 분자 차원에서도 가능한 시나리오이다. 두 번째 걱정은 코로나 상황이 종식된 후에도 RNA기반 유전자기술이 광범위하게 적용될 가능성이다. 코로나 바이러스 극복으로 탄력을 받은 RNA기반 유전자기술은 여러 질병 치료와 예방은 물론이고 질병이 아닌 건강 분야에 까지 광범위하게 적용될 가능성이 높아졌다. DNA 유전자변형과 조작에는 부정적인 시민, 전문가집단도 RNA 기술이라고 하면 코로나 백신을 통해 검증되었기에 인정하지 않을 도리가 없게 되었다. 유전자변형기술에 대해 부정적이었던 대중 인식도 바뀔 가능성이 충분하다. RNA유전자 건강지킴이 키트, 기후변화 적응 인류 유전자기술 등이 나오지 말란 법은 없다. 인류 전체를 위한 특수 임무 수행, 화성개발, 극한 직업인들에게 한정된다는 명목으로 유전자기술이 자유롭게 연구되고 적용될 가능성도 배제하기 힘들어 보인다.

도덕적, 법적 측면에서의 의구심과 불편함도 있다. 위급한 팬데믹 상황에서 mRNA 백신은 유전자기술 과학자들의 안정성 주장과 임상 실험을 근거로 긴급 승인되었다. 그리고 전 국민을 대상으로 국가가 백신정책을 시행하였다. 다른 국가들에 비해 유전자 기술, 특히 의학과 관련해서 상대적으로 부정적이었던 우리는 이번 mRNA백신에 대해서는 특별한 논쟁없이 받아 들였다. RNA 연구 전문가들은 자신은 물론이고 가족에게도 다른 방식의 백신보다 추천하겠다는 인터뷰를 하면서 지지한다. 하지만 백신 접종 후 부작용을 겪는 사례들이 나타나고 소수이기는 하지만 사망자까지 발생했다. 그런데 정부는 백신-사망 인과성이 밝혀지지 않았다고 발표한다. 법 테두리 내에서 안정성을 정부가 보증했기에 국민은 믿고 따랐다. 정부가 백신 개발국가의 정책과 개발기업의 실험 결과를 참고하여 정책을 결정하는 것을 탓할 수는 없다. 또한 정부도 최선을 다해 국민을 위해 코로나 백신 정책을 만들고 추진하고 있다는 것에 추호의 의심도 없다. 하지만 그걸 보증했다면, 사망사고가 발생한 경우, 아무런 조건없이 100% 완전 보상을 해야 한다. 그게 법 너머 존재하는 도덕적 옳음 아닌가. 백신 접종을 위해 만든 정책과 백신 접종 후 사망사고 대처 논리가 다르면 곤란하다. 백신 접종 후 사망에 대한 책임을 정부가 면하려면, 백신-사망의 관련없음을 정부가 직접 증명해야 하는 것이지, 백신-사망의 인관성 없다는 근거로 책임을 면할 수 있는 게 아니라고 생각한다. 과학적으로 안전하다는 전문가 집단의 주장에 근거했다고 면할 수 있는 책무가 아니다. 아무리 낮은 위험이라도 위험한 것은 위험한 거다. 리스크를 감내한 거다. 리스크는 위험과는 다른 개념인데, 위험성에도 불구하고 얻을 수 있는 게 클 때 선택한다는 개념이다. 리스크를 감안하고라도 국민 다수, 국가 전체의 안전을 위해 백신정책을 만들어 시행했다면 발생한 사고에 대해서는 완전한 책무를 다해야 한다. 그런게 국가이고 국가를 운영하는 정부의 책무라고 믿는다.

국가가 전문가체계를 활용하여 유전자기술 백신으로 팬데믹 극복을 정책으로 정했다면 그건 국가적 책임과 운영을 맡은 정부의 선택이다. 팬데믹 상황 극복을 위해 전문적인 지식이 요구된다. 충분히 이해된다. 전문 지식에 기반한 질병관리 체계에 국민을 참여시키는 것이 현실적으로 어렵다는 것도 충분히 이해된다. 그래서 대중은 코로나 팬데믹에 대처하는 체계에서 소외되었다. 대중은 백신 정책 결정에 관여하지 못하는 환경 영역에 속했다. 대중이 환경을 택한 게 아니라 국가가 그렇게 결정했다. 체계를 책임지고 작동한 정부는 위기를 극복한 성과를 취하는 동시에 아무리 작은 부작용이라도 모든 책임을 져야 한다.

『눈먼 시계공』의 저자가 유전자 백신이 갖는 '눈 밝음'에 경고하지 않는 듯하여 개인적으로 당혹스럽다. 시계공의 눈을 밝게 해준 작업용 확대경은 유전자조작 기술을 통해 엄청난 성과를 거뒀는데, 코로나 백신이 대표적이다. 지금까진 눈먼 시계공들이 혼돈의 세상을 살아왔다면, 지금부턴 눈 밝은 시계공이 포장한 꽃길을 인류가 걸을 수 있다 할 것이다. 눈 밝은 시계공 과학자와 전문가로 구성된 관련 체계는 이제 거칠 것 없는 질주를 할 것이다. 긴급상황에서 이루어진 백신 승인과 접종은 임상 수준 정도가 아니라 대규모 인류 구원기술로 인정되어 향후 이를 저지하려는 어떤 논리도 무색하게 만들 것이다. 하지만 잊어서는 안 되는 근본적인 질문이 있다. 인간이 무엇인가? 설사 유전자 백신이 완벽하게 안전하다고 전제하더라도 달라진건 없다. '눈멂'에서 '눈 밝음'으로 건너뛴 결과를 누가 예측할 수 있겠는가.

짚고 넘어가야 할 과정이 생략되면 누군가는 소외되고 때론 가혹한 대가를 치러야 하지 않았던가. 지금 상황이 아무리 중대하다고, 극복하기 힘들다고 해서 미래세대의 운명과 직결된 판단과 결정을 너무 쉽게 해버린 것은 아닌지 걱정이다. 이는 미래세대의 시간과 공간을 미리 당겨버린 기후변화 재앙 상황과 닮았다. 눈밝은 시계공은 작업용 확대경을 끼고 일하는 전문가일 뿐이다. 확대경 낀 눈으로 보면 시계 외에는 다른 어떤 것도 눈에 들어오지 않는다. 작업용 확대경은 좁은 세상을 자세하게 보는 건 돕지만 다른 세상에 대한 눈가리개일 수 있다. 얼마나 많은 작업용 확대경을 가져와야 온 세상을 볼 수 있을까? 그건 불가능하다. 정부가 아무리 많은 전문가를 동원해도 세상 전부를 볼 순 없다. 지금까지 겨우 지켜왔던 눈 먼 시계공 과학 최후의 보루가 무너져버린 듯하다. 기후변화 재앙의 경우, 인류의 화석연료 원인 또는 기후 주기설 논쟁으로 골든타임을 놓쳐버렸다면, 인체 유전자기술 적용의 경우는 충분한 과학적 논의와 증명 없이 팬데믹 극복을 위해 판단과 결정을 너무 앞당겨 해버린 듯하다.

눈 밝은 시계공은 팬데믹 이후 자신들의 공을 내세우고 대가를 요구하고 있다. 과학과 보건산업 전문가체계는 강대해질 것이 분명하다. 이들 뒤에는 거대 기업과 권력이 있다. 거대국가도 예외가 아니다. 미래 세대의 건강은 곧 질병 없음이란 개념이 되고 과학이란 이름으로 지켜진다 약속될 것이다. 어떤 결정에도 참가하지 못한, 즉 체계 속에 초대받지 못한 소외된 대중은 이번에도 주변 존재, 즉 환경이 될 것이다. 국가적 위기 상황에서 적용된 체계가 극도로 좁은 범위에서 작동하고 그 힘은 얼마나 대단한지 코로나 팬데믹은 확실하게 보여주었다. 대중은 체계의 주변 환경으로서만 존재했고, 관련 체계의 소통에서 배제되었다. 대신 규범과 법규를 잘 지키는 모범국민이란 허울 좋은 상만 받은 격이다.

당혹스럽고 암담하지만 희망을 가져야 한다. 넋 놓고 있으면 사회는 어김없이 굳어진다. 프레임에 갇히게 된다. 프레임은 높은 효율을 보이지만 융통성 없는 잣대라는 걸 잊어서는 안 된다. 체계 논리 프레임과는 달리 환경으로서의 존재, 대중은 꿈틀한다. 아니 꿈틀해야 하고, 반드시 그렇게 될 것이다. 돈과 법으로 감각이 무뎌진 사회지배체계 구성자들과는 다르고 또 달라야 한다. 코로나 팬데믹이 이제 지났으니 대중 특유의 감각을 예리하게 다시 세워야 한다. 굳어버린 규범을 인정하고 정의실현을 내세우는 권력에 길들여져 대중의 자유의지를 포기해서는 안 된다. 그래야 전문가, 거대기업, 각종 기관들이 체계 중심으로 밀어붙이지 못한다. 이후 개발될 인체에 적용하는 유전자기술은 코로나 위기 상황에서의 mRNA 백신 안전성 검증 사례를 근거로 상품화될 가능성이 높다. 대중은 잊지 않아야 하고 또 잊지 않을 것이다. 대중이 구체적으로 어떻게 대응해야 할지 혼돈이지만 눈뜨고 깨어 있어야 한다. "그땐 고마웠지만 눈 밝은 시계공 기술은 이제 다시 시계 수리할 때만 써주세요. 우린 다시 눈먼 시계공으로 돌아갈 겁니다."

18

지켜야 하는 것이 기후인가, 기후정의인가?

2002년 월드컵 때 한국 국가대표팀을 이끌었던 히딩크 감독은 16강부터 8강, 4강에 이르기까지, 한국팀이 한 번도 오르지 못했던 승리를 하고도 유명한 말을 남겼다. "나는 아직 배고프다." 한국팀이 이전까지 이루지 못한 성과를 거뒀지만 아직 모자란다는 거다. 당시 히딩크는 어디까지 이기길 원했을까? 만약 우승했다면 그의 배고픔이 채워졌을까?

우리도 배고프다. 지식에 목마르고 배움에 허기진다. 하지만 이런 배고픔보다 더한 것이 있는데, 돈, 부동산, 권력을 향한 배고픔이다. 지식, 배움 등은 제대로 먹지 않아도 금방 포만감을 느끼면서도 돈, 부동산, 권력은 아무리 먹어도 배고픔을 면하기 힘들다.

졸업하고 취업만 되면 얼마나 좋을까 했던 사람도 막상 직장에 들어가면 더 좋은 직장으로 옮기고 싶다. 두 사람 살 집만 있으면 좋겠다던 신혼부부도 직장이 가까운 서울로 옮기고 싶어진다. 서울로 옮기면 이번에는 조금만 더 큰 집을 원하고, 그 다음은 자녀의 학군, 주변에 쇼핑몰이나 문화시설이 있는 곳이었으면 한다. 열심히 노력해서 이런 조건들을 다 갖춘 아파트로 이사했다고 하자. 그렇다고 부동산에 대한 배고픔이 사라지는가? 이번에는 공기 좋고 물 좋은 곳, 별장에 대한 배고픔이 고개를 든다. 부동산 아파트에 대한 배고픔만 있다면 이 정도에서 그칠 수 있지만, 부동산이 돈과 합쳐지면 배고픔의 한도는 사라진다. 다다익선이다. 더 이상 살기 위한 집이 아니다. 집은 부동산이 되어 돈을 벌고 재산을 늘리기 위한 도구가 된다. 배가 아무리 불러도 힘들어하지 않는다. 투자란 이름의 소화제를 늘 지니고 있기 때문이다. 합리적 이유를 끊임없이 만든다. 우리가 누군가. 생각하는 갈대 아닌가.

배고프면 밥 먹고 추우면 옷 입고 잠 오면 안전한 집에서 자야 한다. 인간의 기본적인 욕구다. 충족되지 않으면 생존하기 힘들기 때문에 이것은 욕구라는 말보다는 생존 필수조건이다. 필수조건이 채워져 생존이 가능해지면 다른 욕구가 생긴다. 배고프다고 해서 허기만 면하는 식사를 하고 만족하진 못한다. 분위기 좋은 곳에서 맛있는 식사를 하고픈 욕구가 채워져야 겨우 만족한다. 만족하면 행복감이 생긴다. 추운 날씨에 거리에서 떨고 있는 사람은 어떤 옷이든 우선 입어 살을 에는 추위를 면하고 싶다. 누군가 입던 옷을 주어 맨살이 드러나지 않으면 추운 날씨를 버틸 수는 있다. 하지만 일단 추위를 벗어나면 옷에 대한 다른 욕구가 생긴다. 집도 마찬가지다. 생존 조건이 만족되면 인간은 반드시 더 나은 충족을 원한다. 양으로는 부족하고 질의 수준으로 간다. 개념 있게 살고 싶은 거다.

인간의 욕구는 다양하다. 비슷한 상황이 닥쳐도 가진 욕구는 다르다. 배고픈 사람에게 매번 같은 빵을 주면 배고픔은 면하게 도움을 주지만 욕구 충족을 보장할 순 없다. 배고픔이란 욕구는 엄청나게 다양한 음식과 다른 차원의 요리를 만드는 원동력이다. 언어로 정확하게 정리된 레시피가 아니라 욕구를 충족하기 위해 감각으로 만든다. 욕구는 긍정적으로 보면 무한한 자산을 만드는 공장 같은 역할이다. 상이하고 다양한 욕구는 탐욕 같지만 사실은 인간관계의 출발이기도 하다. 때론 빵을, 때로는 쌀밥을 먹고 싶다. 빵 종류도 한두 가지가 아니다. 밥도 한식이 있고 중식 볶음밥, 스페인식 파에야도 있다. 시간, 장소, 사건에 따라 인간의 욕구는 달라져 있어 홀로 살 수 없다. 타인이 필요하다. 타인과의 관계 없이는 욕구가 채워질 수 없다. 다양한 욕구만큼 많은 사람들과 함께하면서 관계가 이어진다. 부족하니까 원하는 거다. 모두 채워져 있다면 원할 것도 없다. 부족하기에 타인에게 묻고 요구한다. 타인과 교환하여 서로의 다양한 욕구를 충족한다. 아무리 다양해도 언젠간 부족해진다. 다양성으론 모자라 다면성이 작동하고 부족한 다양성을 채운다. 욕구는 고정되지 못하고 끊임없이 변한다. 채워지면 또 다른 개념으로 변신하여 새로운 충족을 기다린다. 욕구 충족 체계, 사회관계이다. 관계가 지속되려면 사람들이 가진 욕구도 다양해야 한다. 욕구를 충족하는 모든 것이 넓은 의미에서 물질이다. 물질은 욕구에 대응하여 감각할 때마다 생긴다. 인간의 욕구가 다양해질수록 물질은 다양하게 생겨난다. 석유가 에너지 욕구를 위한 물질이었듯이, 기술이 만들어낸 풍력 전기도 물질이다. 욕구가 다양하니 이를 만족시킬 수 있는 굿즈, 상품, 서비스, 즉 다양한 자산이 생겨난다. 농장, 공장에서 뚝딱 만들어내는 것이 아니라 인간의 자유의지가 만드는 자산 말이다. 굿즈, 상품, 서비스 형식의 표준이 생기면 공장에서 노동을 이용하여 생산하지만 그 전에는 인간 자유의지가 모든 자산 물질이 감각될 수 있도록 만든다.

욕구가 거울을 보면 자산이 보이고, 자산이 거울을 보면 욕구가 비친다. 다면성을 근간으로 다양한 욕구가 자유의지를 자극하여 자산이란 물질을 만든다. 다양한 욕구가 자산을 통해 충족된다. 욕구와 자산은 동전의 양면처럼 존재한다. 2002년 히딩크감독의 배고픔은 욕구였다. 한국으로 오기 전부터 있었던 허기가 아니었을 것이다. 자신의 팀을 만나고 생긴 허기였다. 자신을 믿고 뛰고 있는 선수들이 자신의 거울에 비친 다음부터 배고프다는 욕구가 생겼다. 그의 배고픔은 단순한 승리만으로는 채울 수 있는 것이 아니었다. 월드컵 무대, 한국 국가대표팀의 소속 선수, 코칭 스태프가 각자 그리고 함께 만들어낸 순간들이 히딩크 감독의 허기를 메꿔주었을 것이다. 그 주위로 붉은 악마가 있었다. 2002년 생긴 자산이었다. 우리가 그 순간을 감각적으로 경험했고 여전히 기억하는 이유다.

자기 것이라 생각되니 자산을 지키고 싶은 것은 당연하다. 사실 자산이 주인을 만나 손님을 대접할 물질, 굿즈, 상품이 되면 잊어버리는 게 건강한 선택이다. 물질을 만들기 이전으로 돌아가 완전히 새로운 자산을 만드는 편이 더 바람직하다. 비우고 채워야 새로운 가치가 제대로 만들어지기 때문이다. 하지만 아까운 걸 어떡하겠는가? 그러면 지킬 수밖에 없다. 내 걸 지키자니 타인의 것 또한 지켜주어야 한다. 지키되 정의롭게 지켜야 한다. 자산 소유와 정의 개념이다. 자산의 뒷면에는 욕구가 위치해 있다고 했다. 자산을 지키면 선택의 여지없이 욕구가 지켜진다. 그런데 욕구는 지키는 것이 아니라 살피고 조절해야 한다. 욕구를 지키려 힘쓰면 그것은 변질되어 욕망을 넘어 탐욕이 된다. 자산과 욕구를 혼동하면, 지키고 조절해야 하는 바람직한 대상에 혼란이 생긴다. 노동이라는 자산과 노동생산 이익 욕구가 혼돈되면 결국 노동을 지킬 수 없다. 소중한 가족을 지키려던 돈과 집이라는 자산이 투자 욕구로 잘못 연결되면 자산은 더 이상 가족을 위한 소중한 가치가 아니다. 그냥 돈과 부동산만 남는다. 가치의 보고이자 옹달샘인 소중한 자산을 욕망이 소유권으로 변질시켜버렸다. 예쁜 포장지 속에 고여 썩은 물건을 보관하는 꼴이 된다. 소유가 커지면 더 이상 자유의지가 작동하기 어렵다고 이미 살펴보았다. 소유한 것으로만 살려고 하면 개인으로 감각해서 자유의지로 만드는 자산은 더 이상 생기지 않게 된다.

욕구와 욕망 밑바닥엔 생명이 있다. 생명이 있어야 욕구도 가질 수 있다. 두려움의 근원은 바로 생명인 거다. 나와 내가 소중하게 생각하는 모든 생명을 지키지 못해 사라지는 것에 대한 두려움이다. 어쩌면 인간의 모든 욕구는 두려움의 다른 모습일지도 모른다. 생명이 욕구 다양성의 뿌리인 셈이다. 인간 욕망을 살피고 다스리려면 생명으로 돌아가야 한다. 타인과의 소통위해 자산을 상품화하더라도, 그 이후엔 자산 이전의 생명을 살펴야 하는 이유다. 자산도 결국 생명에서 나온 것이다.

인류는 화석연료로 욕구를 다층, 다면화하여 엄청난 자산을 만들어냈다. 인류세 시대를 열었다. 지구상 어떤 생명체도 해내지 못한 문명이란 이름의 업적이다. 지금이야 욕망이란 이름으로 비판하고 산업화 이전으로 되돌려놓지 않으면 안 된다는 주장을 하기도 하지만, 산업화 초기에는 지금과 같은 결과를 예측하고 우려했던 사람은 거의 없었을 것이다. 화석연료를 발견하고 인류가 가졌던 욕구는 과학기술의 도움으로 메가시티 문명을 만들었다. 메가시티는 의식주뿐만 아니라 자동차, 비행기, 여행, 문화 등 우리가 살고 있는 세상의 거의 모든 것을 포함한다. 그 결과 중 하나가 기후변화다. 화석연료가 인류 문명을 건너뛰어 기후변화로 곧바로 등식화될 순 없다. 인류 문명과 기후변화를 동일 선상에 두고 보아야 한다. 비록 기후변화가 인류 문명 형성과정에서 생긴 부작용이기는 하지만 이로 인해 인류 문명 자체를 거부할 수는 없다. 화석연료를 기반으로 만들어진 인류 문명을 무조건 긍정하는 것은 피해야겠지만, 자발적이고 능동적인 부정은 필요하다. 화석연료를 가지고 인류가 만들어낸 자산은 소중한 문명의 보고였다. 이를 통해 생긴 엄청난 소유욕이 화근이었던 것이다.

화석연료 산업화 이전의 기후로 돌아가기 위해 재생가능에너지, 청정에너지, 녹색에너지를 얘기한다. 온 나라가 난리다. 유엔도 거든다. 환경활동가들도 예외는 아니다. 그런데 이런 주장들이 왠지 불편하다. 화석연료만 아니면 괜찮다는 이런 생각은 결국 소유란 탐욕으로 이어질 것은 자명하기 때문이다. 기후변화를 일으키지 않는 에너지만 사용한다면 산업화 이후 인류가 이룬 산업문명은 받아들일 수 있고, 앞으로 지속해도 된다는 말과 다르지 않아 마음 편하지 않다. 산업화 사회의 의식주, 자동차 중심 인프라, 도시생활, 비행기를 이용한 여행 문화, 육식위주의 식생활, 수세식 화장실과 하수처리장 중심의 위생 시스템, 소독제와 화학물질이 지키는 건강과 보건 개념 등이 화석연료만 아니라면 괜찮다는 말이다. 이런 논리는 한술 더 떠서, 화석연료 문명이 가져다 준 이익을 정의롭게 나누어 야 한다는 기후정의로 연결되기도 한다. 화석연료 아닌 재생가 능에너지를 써서 미래 세대도 지금과 같은 산업문명을 누릴 수 있어야 한다는 논리처럼 보이기 때문이다. 어찌 보면 섬뜩한 논 리이다. 기온만 1.5도로 조절할 수 있다면 된다? 다른 모든 지구 생명체의 동의를 구하기라도 한 것인가? 인간 생명 외에는 안중 에도 없다. 생명에 대한 두려움이 오직 인간에게 있다고 말하는 듯하다. 이를 확대해서 세심하게 살펴보면 그나마 인류 전체도 아니다. 민족, 국가, 집단, 기구, 기업, 공동체, 가족으로 좁혀져 이런 논리들이 판을 치고 있다.

기후정의를 지킨다고 기후라는 개념이 속해 있는 생태를 포 기해서는 곤란하다. 길이 포장되면 인류는 폭주한다. 길 위의 폭주가 길의 잘못은 아니다. 개발 이익을 나누기만 하면 된다 는 식의 정의는 탐욕과 다르지 않다. 아무리 폭주해도 생기는 이익을 잘 나누기만 하면 정의인가? 정의를 기후변화에도 붙 여 기후정의가 생긴 것인지 아니면 산업화 과정에서 소외된 지구 생명들에 대한 정의인지 명확하게 해야 한다. 지금 유엔과 각국의 정부가 주도하는 기후정의에서 생명에 대한 정의를 느끼기는 힘들다. 우선 모든 노력의 도구로 돈이 나서고 있다. 돈 아닌 것으로 소통하려는 고민은 거의 보이지 않는다. 믿고 지원하던 단체도, 활동가들도 돈이 수단이고 돈이 정의의 대상인 경우가 많다. 어쩌기 힘든 현실을 내세우지만 아쉽고 때론 실망스럽다. 이미 상품화된 문명 자산의 그림자에 감춰져 있는 인간 본연의 욕구를 다시 살펴봐야 할 때다. 욕구의 다양화, 다면적 충족이 절실하다. 욕구 자체가 잘못된 것이 아니라 잘못된 욕구도 있을 뿐이다. 하나의 욕구로 포장해버리면 욕구의 다양화, 다면성은 요원해진다. 기후위기로 들춰진 기후정의가 지구 생명을 향한 관심이길 바라는 건 지나친 욕심일까? 그렇지 않다. 다면적 욕구에 대한 용기는 훨씬 멋진 자산이 얼마든지 될 수 있다. 밥을 먹고도 디저트 먹을 배가 따로 있고, 아무리 승리해도 여전히 배고팠던 히딩크 감독의 다면 욕구를 기억하자.

기후정의를 생각하니 다른 예로 노동이 떠오른다. 노동을 지키려 노동조합이 탄생했다. 노동을 지켜야지 노동조합을 지키려고 노동을 사라지게 할 순 없지 않은가? 노동조합은 당연히 소중하지만 노동조합의 목적 달성을 위해서라도 이제 용기가 필요해졌다. 사람을 지키려 국가를 만들었는데 국가가 사람

위에 있으면 곤란하다. 국가는 소중하고 필요한 개념이므로 이를 부정하는 것은 아니지만 그렇다고 국가를 위해 국민이 존재하는 것은 아니지 않은가. 국가 기능의 다양성뿐만 아니라 다면적인 국가 해석이 필요해졌다. 그래야만 국가 차원의 새로운 기후변화 대응이 생겨난다. 지금 우리가 기후를 이야기하는 목적은 생명이어야 한다. 기후 자체여서는 안 된다. 기후를 얘기하기 시작한 뿌리는 온데간데없고, 오직 주인 없는 손님, 손님 떠난 주인과 같다. 그러니 소유와 소유에 대한 정의만 얘기하는 것이다. 그것이 비록 누군가의 정의라 하더라도 기후정의가 한없이 불편한 이유다.

인류 아닌 지구의 모든 생명과 공감하는 기후위기 노력이 찌질한 생태주의로 치부되어서는 곤란하다. 기후변화 재앙과 위기에 정의라는 단어를 붙여 국가간, 지역간, 세대간 차이 극복으로 얘기하면 자칫 보상 중심의 정의로 흘러갈 가능성이 높아진다. 그러면 기후변화를 실제 야기한 국가, 지역, 세대는 탄소세를 지불하든지 대안적 에너지원을 찾아 지금 산업 문명을 지속하려 할 것이다. 지구에서 함께 살아왔고 살아갈 모든 생명을 기후 공유 주체로 볼 때 제대로 된 기후 자산이 만들어진다. 지구 모든 생명체가 기후를 감각할 권한은 인간 중심 기후변화 논의가 극복해야 할 기후변화 체계와 환경 논의의 전제조건이다. 지구 생명공동체는 제2의 대중인 셈이다. 비록 인간 대중과는 비교할 수 없이 소외되고 있지만 여전히 소중한 생명이다. 이 관점에서만 오롯이 기후정의를 논할 수 있다.

기후위기 시대 지구 생명체와 함께하는 공동체는 인류 문명과 발전의 발목을 잡지 않는다. 오히려 다양하고도 다면적 욕구로 끝없이 솟아나는 엄청난 자산으로 이어질 것이다. 굳어져 더이상 의미 없는 부와 재산에 연연하지 않을 때 인류는 새로운 문명의 출발선상에 설 수 있다. 인류는 자신을 믿지 않고 자신이 만든 고리타분한 재산을 믿고 있지는 않은지 깊은 의심을 해야 한다.

19

약자가 대중으로
격상되려면

가진 자들로부터 부와 권력을 나누는 정의를 실현하려는 순
간 가진 자들의 논리를 받아들여야 한다. 어떻게 쌓은 부인지,
어떻게 형성된 권력인지 꼼꼼히 따져보지 않고 법의 테두리 내
에서 이루어졌다는 이유만으로 가진 자들의 논리를 인정해야
한다. 물론 가진 자들이 무조건 옳지 않다는 주장을 해서도 안
된다. 그런 비판을 하는 순간, 비판의 논리 속에 갇혀버릴 수 있
기 때문이다. 대신 실마리를 일상에서 찾아야 한다. 해결할 수
있는 단서가 따로 있는 것이 아니라 하루하루를 살아가는 일상
의 순간 속에 그 열쇠가 있다. 강자의 권력은 논리를 증명하는
과학과 정책 실험실이 필요하다면 약자의 실험실은 일상의 길
이다. 외부와 완벽하게 단절된 실험실을 강자가 선호하는 이유

는 간단하다. 그들이 가진 것을 지키기 위해서는 조건이 간단해야 하고, 예상키 어려운 변수가 개입되어서는 곤란하다. 돌발 변수가 생기면 권력이 조정하기 힘들기 때문이다. 하지만 약자의 실험실 일상의 길은 다르다. 모든 변수를 우연히 만나야 한다. 어떤 일이 벌어지고 어떤 만남이 일어날지 예상하기 힘들어야 한다. 모든 사물의 가능성이 열려 있는 곳, 일상이라는 이름의 실험실이어야 한다.

약자가 권력의 주위를 배회하면 권력의 영향권을 벗어나기 힘들다. 결코 대중이 될 수 없다. 권력 주위에서 맴도는 것을 염두에 둔 가진 자들의 실험을 통해 사회 지배 논리가 만들어진다. 주위는 아무리 향상된 지위를 갖춰도 주변에 그친다. 권력 실험실 내에서 소통하는 존재가 아니다. 권력은 이렇듯 주위 존재를 변수로만 고려한 채 결코 소통을 허락하지 않는 지배 모델을 만들었다. 오래전 백성, 근대 이전 민중, 그리고 지금의 국민이란 개념이다. 민중, 국민도 엄청난 힘으로 권력을 무너뜨리기도 하지만 권력을 교체하고는 새로운 강자의 탄생을 지켜봐야 했다. 권력 주위에서 가끔 떨어져 나오는 것들을 받는 것에 만족해서는 영향권에서 벗어나긴 힘들다. 용기내어 과감하게 거부해야 벗어날 수 있다. 사회를 부정하는 것이 아니라 국민을 주변 존재로 치부한 채로 사회를 지배하려는 권력과 무관한 세상을 상상하는 것이다. 권력의 영향권에서 벗어나는 길

은 무엇일까? 우선 권력 체계를 통해 살펴보는 것으로 시작해
보자.

국가가 발행하는 여러 자격증은 원래 있었던 것처럼 당연하
고 자연스럽다. 하지만 자격증이 있어야만 해당 일을 할 수 있
는 이 제도는 다른 옵션을 배제하기 때문에 배타적이다. 교사,
의사, 변호사, 변리사, 기술사 등은 자격증이 없으면 전문가로
서의 역할을 할 수 없다. 이는 전문성을 표준화하여 운영함으
로써 국가가 믿는 최소한의 질서로 사회 효율적인 기능이 가
능하게 하고 안정과 혼란을 지키는 역할을 한다. 전문가체계가
우리 사회에서 담당하는 역할은 실로 크며 만약 이런 전문가체
계가 없다면 생길 수 있는 혼란은 상당할 것이다.

이런 전문가체계가 가지는 또 다른 특징은 다른 체계를 법
적으로 인정하지 않는다는 것이다. 의사 자격증을 갖고 있지
않은 사람이 의술을 행하면 불법이고, 교사 자격증이 없는 사
람이 합법적으로 정규 학교 교육을 담당할 수 없다. 법, 회계,
공학기술, 특허 등도 마찬가지다. 자격증을 가지지 않은 전문
가에게는 해당되는 서비스, 지식, 일 등을 맡길 수 없다. 이는
법으로 규정되고 어기면 불법이 되는 것이다. 교사자격증이 없
는 사람에게 제도권 학교 교육을 받을 수 없고 자격증을 갖춘
학교 아닌 학교에서 교육을 받을 수는 있지만 국가가 인증하

는 졸업장과 학위를 받을 수 없다. 물론 정부에서 인정하는 졸업장과 학위가 필요 없다면 국가 미인증 학교에서 교육받는 것은 가능하다. 병을 치료하는 의술에서도 비슷한데 법적인 테두리에서 엄격하게 금지된 부분과 극히 일부 허용되는 부분으로 나뉜다. 만약 누군가 침과 뜸으로 의술을 행한다고 불법은 아니지만 이를 통해 치료비를 받는 의료 행위는 할 수 없다. 이런 식으로 허용 또는 허용되지 않는 범위를 또한 법으로 정해두었다. 이 모든 것은 국가를 운영하는 정부가 법을 통해 관리하고 운영한다.

국가를 질서 있게 운영하려면 전문가체계가 없어서는 안 되는 듯하다. 다만 이런 엄청난 체계를 자격증 제도를 통해 관리하는 정부는 동시에 엄청난 힘을 가진다. 어쩔 수 없이 필요한 제도이지만 이로 인해 정부는 권력을 쥐게 되는 것도 엄연한 사실이다. 권력과 전문가 체제는 서로 의지하면서 함께할 수밖에 없는 공생관계라고 해도 과언이 아니다. 권력의 권한으로 자격을 부여하지 않는다면 전문가체계는 존재할 수 없으며 전문가 체제가 없다면 권력의 유지도 사실상 어렵다.

그럼 전문가 체제 없이 국가가 유지될 수 있겠는가? 무슨 그런 반사회적인 의견을 얘기하느냐고 비판할 수 있다. 너무나 당연한 의심이고 우려라고 생각한다. 전문가 체제 자체를 부정하는 것이 아니다. 현재 정부가 인정하는 자격을 갖춘 전문가만 담당하는 일을 자격증 없는 전문가가 나누어 기여할 수 있는 길은 정말 없을까 생각하면서 찾고 싶을 뿐인 것이다. 가능한 길을 찾아보기 위해 이번에는 전문가 제도에 대해 살펴보도록 한다.

경제 강자는 돈을 가졌고 교육 강자는 소위 좋은 대학 학위와 높은 학점을 가진 자이다. 조금 더 엄밀히 말하면 돈을 가지고 있어 경제체계 속에서 강자, 좋은 학위와 높은 학점을 가지고 있어 교육체계 속에서 강자가 된 것이다. 모든 사람이 강자가 될 순 없으며 출발할 때부터 돈, 학위, 학점을 가지고 있는 것도 아니다. 체계 속 소통 속에서 강자와 약자가 구별된다. 소통하려면 소통 도구가 필요한데 경제체계 소통 도구는 돈이고 교육체계 소통 도구는 학점이고 학위이다. 물론 돈 외에도 다른 소통 도구가 경제체계에 있고 학점과 학위 외에도 다른 소통 도구가 교육체계 속에는 존재한다. 다만 돈, 학점, 학위가 대표적이고 중요한 소통 도구라는 것을 부정하기 어렵다. 돈 없이 시장에서 쇼핑하기, 학점 없이 수업하면서 학생이 열심히 공부하게 만들기가 쉽지 않으므로 기호로서의 중요성을 이해할 수 있다.

말로 소통하므로 언어도 기호이다. 앞장에서 다룬 언어 자본주의가 기호 자본주의의 한 예인 이유다. 그 외 법, 예술, 과학 등 모든 체계에는 소통이 있고 소통에는 어김없이 도구인 기호가 있어야 한다. 예를 들면 법체계에는 성문법, 예술체계에는 캔버스, 선과 색, 과학체계에는 논문 등이 대표적인 소통 도구인 기호이다. 성문법을 다루고 판결할 수 있는 능력을 가진 자는 그렇지 못한 자와 비교할 때 법체계 강자이며, 캔버스에 선과 색으로 표현할 수 있는 예술가는 표현 능력이 떨어지는 자에 비해 예술체계 강자이고, 과학 논문을 많이 발표한 과학자가 발표 논문 수가 적은 자에 비하면 과학체계에서는 강자다. 그들은 소통 기호를 가질 수 있어 강자가 될 수 있다. 체계에서 강자들이 모이면 권력을 형성한다. 대신 가지지 못하면 약자다.

소통 기호를 가지면 강자가 되므로 교육, 법, 의술, 예술, 과학 소통을 할 수 있는 기호를 가지면 되지 않느냐 할 수 있다. 물론 그렇게 하면 된다. 하지만 이미 살펴본 대로 교육의 기호 중 하나인 학위, 법 소통 기호였던 사법시험과 지금의 로스쿨과 법학전문대학원 학위, 의학 소통 기호인 전문의 자격, 과학 소통인 논문 등에는 어김없이 일정 자격과 기준을 갖춘 정부 또는 조직의 자격증과 이에 상응하는 자격기준이 정해져 있다. 이런 자격증과는 무관할 것 같은 예술분야도 어느 정도 이런 체제가 작동하는 것을 보면 놀랍다. 예술가의 활동을 지원하는 프로그램 공고문을 보면 지원 자격이 나열되어 있는데, 만약 여기에 특정 형식의 전시 경력, 특정 예술 프로젝트 참여 경력

자격이 적혀 있다면 이는 정부가 발행하는 자격증만 아닐 뿐 비슷한 역할을 담당한다고 볼 수 있다. 소통 기호 형식을 취하고 있다고 해서 모두 소통할 수 있는 것이 아니다. 기호에도 심지어 자격 조건이 있는데 자격 조건 미달인 기호는 소통에 사용될 수 없는 사회이다. 강자와 약자만 있는 게 아니라 강한 기호와 약한 기호도 있는 셈이다. 자격증 유무에 따라 강자와 약자가 구별되기도 하지만 자격증을 갖춘 이후에도 강자와 약자는 구별되기도 한다. 대학 학위라도 소위 대학 순위로 정해지는 좋은 대학, 그렇지 못한 대학의 학위는 소통이 다른 것이 현실이고 모든 자격증이 동일하게 취급되지도 않는다는 것을 알고 있다. 변호사 자격증, 의사자격증을 갖고 변호사 사무실, 병원을 개업한다고 그들의 소통도구인 법과 의술이 동일하게 통하지 않을 수 있다. 그러니 자격증을 가진 전문가가 된다고 주어진 기호를 발휘할 수 있는 기회가 모두 보장되는 것도 아니다. 자격을 갖추어도 제대로 된 전문가 역할을 하기 위해서는 소통 기호가 추가로 필요하다. 이 중 가장 큰 위력을 발휘할 수 있는 것이 돈이다. 돈이란 경제기호인데 경제체계 밖 여러 다른 전문가집단의 소통체계에서도 큰 영향력을 발휘한다. 즉 고유 기호가 있는 체계라 할지라도 체계 밖 기호가 큰 영향을 주면서 때론 해당 체계의 기호보다 더 큰 역할을 하는 경우도 허다하다. 돈이 대표적인 예임을 알고 있다.

기호는 소통의 도구일 뿐인데 왜 기호에 왜 그다지도 우린 목을 매는 것일까? 인간이기 때문이다. 혼자 살 수 없고 함께해야만 살 수 있기 때문이다. 함께하려니 소통해야 하고 소통하려니 기호가 필요한 것이다. 기호를 두고 극단적이지만 솔직하게 말하면, 돈이 있어야 소통하고 법이 있어야 소통하며 학위가 있어야 소통할 수 있다. 할머니가 용돈 없이 훌쩍 커버린 손주를 만나기 힘들며 학위 없이 학생을 지도하는 지도 교수가되기 어렵다. 성문법 없이는 사회의 죄와 벌을 판정하기 어려워져버렸다.

이제 돈은 스위스나이프처럼 모든 소통에 관여하는 기호가되었고, 법이란 기호를 가진 정부는 권력이란 완장을 차고 모든 소통을 관장하게 되었다.

기호가 중요하고 소통을 위해 필수라는 것은 이제 충분히알겠다. 하지만 기호 이전의 세상도 사람에게 있다. 세계가 막히면 세상으로 돌아가 다시 챙겨보고 재정비해서 다시 세계로간다. 돈과 권력과 같은 기호가 꼭 필요하다 하더라도 기호만능주의가 되어서는 곤란하다. 기호는 도구일 뿐인데 도대체 이것이 뭐라고 인간이 뒷전으로 밀려나야 하는가? 소통 이전의세상이 있어야 소통의 세계로 들어갈 수 있다. 소통의 출발점이 가능하게 하는 기호의 존재를 끄집어낼 수 있는 근거는 소통의 세계에는 없고 오로지 소통 이전의 세상에만 있다.

다시 원점으로 돌아온 느낌이다. 돈과 권력 기호 관련 문제의 해결에는 어쩔 수 없이 정의로운 평등과 균형이 필요하다는 생각이 든다. 그러니 다시 민주주의를 소환하게 된다. 사회가 투표 제도, 여론, 정치와 정책을 통해 실현하고자 하는 정의 말이다. 하지만 국민과 대중을 대비하면서 이미 논의했듯이 돈과 권력이란 완장을 찬 가진 자들의 게임에 참가해서 모범국민 역할에만 만족할 수는 없다. 다수결 민주주의로는 권력형 정부와 국민이라는 수레바퀴를 벗어나기 힘들다는 걸 이젠 알 때도 지나지 않았는가.

그런데 아직 변화를 제대로 다루지 못한 길이 하나 남아 있다. 현존 기호에 매몰되어 한정된 가치 속에서 서로 많이 가지려고 경쟁하다 보니 이 모든 사달이 일어났다고 해석하고 차라리 새 기호로 새로운 가치를 만들자고 결심하는 것이다. 이게 '초월한다'는 의미의 '메타'다. 보이지 않고 만져지지 않지만 엄연히 존재하는 세상을 메타는 다루었다. 지금 누리고 있는 가치 너머 새로운 가치, 하지만 가치의 기준이 인간으로 돌아가는 메타의 길을 통해 무수한 새 기호들이 탄생한다면, 굳이 선택된 자들에게만 허락된 기호 사용을 허락받으려 모범국민이 될 필요가 없다. 모범국민 대신 무한의 기호로 소통하는 대중이 되어보자는 거다. 희소의 가치를 가진 기호보단 무한대 가치를 만들 수 있는 기호 생성원리를 생각해보자는 제안이다.

살짝 뒤틀어 생기는 반전을 통해 보이지 않았던 가치가 생기므로 권력이 운영하고 관리해 경쟁해야만 얻을 수 있는 가치들에 목맬 필요가 없게 된다. 사회적 통념으로는 금지되어 있어도 시도해볼 만한 가치는 충분하지 않을까 한다.

4부

우리의 돈이
권력의 돈을
이기려면

영국 옥스퍼드 대학교 팀 버너스 리 교수가 1989년 처음 월드와이드웹WWW을 대중에게 제시했을 때만 해도 약 20년 후 어떤 일이 발생할지 아무도 예상하지 못했다. 2007년 금융위기의 원인이 2008년 구글비즈니스 모델을 통해 알려지면서 1989년이 디지털시대를 개막하는 해였음이 비로소 밝혀졌다. 여전히 세상의 많은 중심축이 돈이라는 것에는 이견이 없지만, 빅데이터 등장으로 적지 않은 세상의 중심축이 언어 즉 기호로 이동했다. 내친 김에 기호 자본주의에서 자본을 뺀 가치, 디지털세대가 주도하는 새로운 가치가 중심이 되는 '기호주의'를 위한 신나는 실험을 시작하려고 한다. 권력이 선호하는 기호가 있다. 말 보다는 돈, 돈 보다는 법이라는 기호를 선호한다. 권력 작동 코드가 그러하다. 약자는 권력과는 달리 법 보다는 돈을, 돈 보다는 말을 좋아한다. 쥐구멍에도 볕들 날이 온다고 했던가. 반전이 일어났다. 이전에는 법과 돈이 대표적으로 권력을 상징했었는데 디지털시대가 오면서 말의 힘을 얻지 못하면 법과 돈을 갖지 못하게 되어 권력 유지가 힘들어졌다. 이제 주도권이 말이란 언어를 주도하는 대중으로 옮겨지고 있다. 대중은 수많은 소통 기호를 사용할 수 있게 되었고, 용기만 낸다면 심지어 직접 만들어 쓸 수도 있게 되었다. 기존 가치를 둘러싼 좌우이념을 훌쩍 넘어선 디지털 대중이 만드는 기호주의 사회질서를 기대해도 좋을 듯하다.

20

법보단 돈, 돈보단 말

　한국인, 중국인, 미국인, 인도인, 가나인, 미얀마인의 생각은 이들의 다른 언어만큼이나 차이가 날까? 아니면 언어가 다르더라도 생각은 비슷할까? 한국인과 미국인이 영어로 대화하면 서로의 생각이 제대로 교환되는 것일까? 한국인과 중국인이 영어로 대화하면 어떤 소통인 것일까? 또 언어 없이 생각하는 건 가능할까 궁금하다. 답이 무엇이든 언어를 매개로 생각하고 그 생각한 것을 타인과 교환한다는 사실만은 분명하다.

　번역된 책을 읽다 보면 원서와 같은 내용인가 의심 갈 때가 있다. 이는 번역이 잘되고 잘못되고의 문제가 아니다. 번역서와 원서에서 동일한 문장을 찾아 읽으면 같은 의미라는 걸 알지만, 책을 각각 읽으면 다른 생각과 이해가 생기는 것을 경험한다. 물론 책의 분야, 저자, 번역자에 따라 정도의 차이가 나겠지만 아주 심한 경우 영어로 된 원서를 한글로 번역한 책으로 읽어서는 이해가 아예 안 되는 경우도 있다. 이는 영어를 잘해서가 아니라 번역된 언어를 조합했을 때 이해할 수 있는 소통의 정보가 달라질 수 있기 때문이다.

언어에 의견이나 의미를 담아 정보로 전달하면 상대방은 가려 받는다. 정보가 전달되면 버리는 '소'도 하고 통과시키는 '통'도 해야 소통이다. 소통의 완성은 이해다. 완성되면 소통의 당사자인 개인뿐만 아니라 사회도 변한다. 매 순간 소통이 사회를 결정한다. 무수한 소통이 만드는 사회 변화는 복잡할 수밖에 없다. "복잡^{complex}하지만 복잡^{complicate}한 건 아니다."

복잡^{complex}은 얽히고설켜 있지만 분명히 연결된 모습을, 복잡^{complicate}은 어딘가 꼬여 연결된 길을 찾을 수 없는 모습을 말한다. 이 점에서 사회도 자연이다. 언어가 이룬 자연이다.

다시 번역서의 문제로 돌아가보자. 어떤 책은 원서와 번역서를 읽었을 때 비슷하게 이해가 되는데, 또 어떤 책은 그렇지 않은 걸 경험할 때가 있다. 조건이 동일하다면 이는 분명 특정 단어가 합쳐져 만들어진 의미가 달라진 것이다. 영어가 서툰 사람일지라도 원서를 읽는 편이 더 수월하게 의미를 이해할 수도 있는 이유다.

언어가 아니라 돈으로 하는 소통도 있다. 전하고픈 의미를 언어가 아닌 돈에 담은 것이다. 물론 돈을 언어로 본다면 엄밀히 말해 언어가 없는 소통은 아닌 셈이다. 돈으로 생각을 표현해서 전달하고 돈을 통해 그 뜻이 이해된다. 돈을 매개로 한 무수한 소통이 사회를 구성한다. 그 사회는 돈으로 욕망하고, 돈으로 칭찬하고, 돈으로 애정을 표현하는 사회다. 돈은 경제소통의 도구에 불과하지만 거의 모든 분야에서 의미를 전달하는 도구로 사용되고 있다. 꼭 부정 청탁과 같은 좋지 못한 시도만 있는 것이 아니다. 모범국민의 선행, 경진대회 수상작, 실적이 우수한 사원에게 돈을 주는 상으로 칭찬하는 경우도 많다.

할머니가 용돈을 주고 손주는 행복하게 웃으면서 받는다고 하자. 용돈을 통해 할머니는 손주에게 말로 표현하기 힘든 의미를 전달한 것이다. 그런데 할머니의 용돈을 행복하게 받던 손주의 얼굴에서 언제부터인가 미소가 사라진다. 할머니의 용돈을 으레 받는 것으로 생각하게 된 것이다. 할머니는 손주에게 섭섭해진다. 할머니는 용돈을 주는 존재에서 그냥 돈을 주는 존재가 되었다. 용돈을 받고도 손주는 행복하거나 고맙지 않고, 할머니는 손주의 행복한 미소를 더 이상 볼 수 없게 되었다. 그래서 용돈을 주지 않으면 손주는 왜 할머니가 용돈을 주지 않는지 의아해하고 때론 화를 내기도 한다. 손주는 이제 용돈을 주는 할머니의 마음은 안중에 없다. 두 사람이 돈으로 한 첫 소통은 시간이 지나면서 전혀 다른 소통으로 변한 것이다. 꼭 돈으로 소통해서가 아닐 것이다. 언어로 소통하더라도 이런 경우는 얼마든지 있다.

경제소통 언어인 돈은 교환의 수단일 뿐이다. 하지만 여기에 그치지 않는다는 걸 우리는 잘 안다. 돈에 행복한 마음, 감사하는 마음, 배려하는 마음을 담아 전달되어 소통이 되는 경우도 있지만 그렇지 못한 경우도 많다. 그런 이유로 돈으로 하는 소통에 다른 기호들이 개입하게 되었다. 청탁하는 목적의 소통으로 돈이 사용되어서는 안 되고 일정 금액 이상의 돈을 유산으로 물려주면 상속세가 부과되는 법이 개입한다. 법도 언어인데 다른 영역의 언어에 간섭하여 혼재되는 경우다. 복잡한 사회에서 언어의 혼재는 흔한 일이다. 돈이란 언어로 소통을 잘하기 위해 법이란 언어가 필요한 경우다. 이 역시 언어로 언어를 초월한 예 중 하나다. 말이란 언어에 한계가 생기면 돈을 사용했고 돈이란 언어 사용에 한계가 생겨 법이란 언어를 사용한 경우다. 이렇게 되면 법 때문에 돈을 깊이 생각하지 않고, 돈을 사용해서 말을 깊이 생각하지 않게 되는 부작용이 생긴다. 어떻게 하면 돈을 돈답게 알차고 정의롭게 사용할 수 있을지 고민하지 않고 돈에 규정된 법을 따져 돈을 쉽게 써버린다. 어떤 말을 해야 의미를 잘 전달할까 깊이 고민하지 않고 돈으로 의미를 쉽게 전달해버리곤 한다. 한 언어가 다른 언어의 작동을 마비시킨 예이다.

언어에는 수많은 단어가 있다. 사랑을 전달하는 단어도 많고 그 단어를 조합하여 표현할 수 있는 문장도 많다. 같은 문장이라도 목소리를 달리할 수도 있다. 그런데 이 모든 것이 힘드니 돈으로 가버린 것은 아닌지 생각해야 한다. 물론 돈으로 하는 소통에도 많은 의미가 담겨 있다. 돈을 쓰는 것을 보면 많은 것을 알아차릴 수 있기 때문이다. 개개인이 선호하는 카페의 커피, 빵집, 중식당을 알 수 있다. 좋아하는 요리, 맥주의 맛, 와인 빈티지도 알 수 있다. 투자하는 주식을 보면 개인의 성격, 경제 지식 등을 파악할 수도 있다. 재산이 많은 사람이라도 자식에게 물려주지 않고 기부하는 사람도 있다. 이렇듯 돈으로 하는 소통 속에 많은 의미가 담겨 있다. 그런데 어려움이 있다고 해서 말 대신 돈, 돈 대신 법의 도움을 받는다면 말과 돈의 진정한 의미는 퇴색될 수밖에 없다. 또한 말에서 돈으로, 돈에서 법으로 가게 되면 그 뒤에는 반드시 권력이 싹튼다. 다른 종류의 초월도 있다. 말의 경우, 사투리나 존댓말처럼 다르게 쓸 수 있는 말도 있다. 한글, 아랍어, 스페인어, 중국어, 영어도 그렇다.

돈 역시 마찬가지다. 법정화폐도 있지만 지역화폐, 신용화폐도 있다. 최근에는 암호화폐도 생겼다. 말에서 돈으로, 돈에서 법으로 언어가 건너뛰는 초월이 있다면 말 속에서 말로 말을 초월하고 돈 속에서 돈으로 돈을 초월할 수도 있는 것이다. 이렇듯 언어 즉 기호는 다면적으로 다양한 의미를 전달할 수 있다. 물론 복잡하다고 해서 모두 나은 길은 아니겠지만 다른 선택을 불허하는 독점은 자유로운 사고를 방해하고 언제든 권력으로 이어질 수 있다.

복잡성 자연법칙이 적용되는 사회에서 말이면 어떻고 돈이면 어떠하며 법이면 어떠냐 해석할 수 있다. 모두 어우러져 소통만 되면 그만이라고 생각할 수도 있다. 나는 다만 말로 길을 찾을 수 있는데도 돈으로 해결하려는, 또 돈으로 길을 찾을 수 있는데도 법으로 해결하려는 강자의 윤리와 권력의 논리를 경계하자는 것이다. 약자는 말에서 돈으로, 돈에서 법으로 쉽게 건너가기 어렵기 때문이다.

21

기호가 바뀌어야 산다

한 아이가 부모와 함께 레스토랑에서 여태껏 먹어보지 못한 맛있는 요리를 먹었다. 이런 환상적인 음식을 누가 만들었는지 아이는 알고 싶다. 직접 만나 감사하다고 말하고 싶다. 그런데 부모가 하는 말이, 요리사가 아니라 식사비를 계산하는 자신들에게 감사하라고 한다. 이렇게 맛있는 음식을 계속 먹으려면 성공해야 하고, 그러기 위해서는 열심히 공부해야 한다는 말도 잊지 않는다. 즉 돈을 벌어야 이런 음식을 사 먹을 수 있다는 거다. 아이는 의아하다. 요리사에게 맛있는 요리를 하는 방법을 배우면 될 것 같은데 부모는 전혀 다른 얘기를 한다.

우리 사회는 이 아이가 맛있는 요리를 직접 해서 먹는 걸 권하지 않는다. 맛있는 요리를 사 먹을 수 있는 만큼 성공하기를,

이를 위해 요리할 시간에 열심히 공부하기를 바란다. 부모는 아이가 요리에 빠지면 자칫 미래를 망칠 수 있다고 생각하며 돈만 있으면 언제든 먹을 수 있다고 강조한다. 레스토랑은 그래도 나은 편이다. 패스트푸드점에 가면 아이들은 아무리 음식이 맛있어도 감사할 대상을 찾기 힘들다. 이렇듯 어려서부터 돈으로 세상과 소통한다. 맛과 같은 감각으로 세상과 마주할 기회 자체를 차단당한다. 부모는 자신이 여태 살아온 사회를 지배하고 있는 돈이라는 기호를 자녀도 배워 성공하길 원한다. 성공한 후 비싼 레스토랑에 자신들을 데려가주길 기대하고 있는지도 모르겠다. 돈을 벌면 뭐든지 할 수 있는 사회에서 꾸는 꿈은 곧 돈을 가지는 것이다. 사회에 기여하고 소외된 자들을 위한다는 수식어가 앞에 붙지만 결국 돈이란 기호를 장악하는 것이 꿈임을, 아이들은 너무 일찍 알아차린다.

사회체계를 작동하는 핵심적인 기호는 사실 몇 개 되지 않는다. 돈과 법이 대표적인 예다. 여러 다른 기호가 있지만, 돈 그리고 법에 종속되기 일쑤다. 교육체계를 예를 들면 학점, 학위라는 기호가 있지만, 장학금 제도, 교육부, 교육지원금, 교육법 등을 통해 돈과 법에 얽혀 있다. 거의 모든 체계가 별도 기호를 갖고는 있지만 돈과 법이라는 기호와 얽히고 함께 사용되기 일쑤다. 돈, 법이라는 기호는 국가가 관리한다. 정부의 성격에 따라 정도가 달라지긴 하지만 정부가 주도적으로 운영하는 것에는 큰 차이가 없다. 교육은 학교가 주도할 것 같지만 실상은 정부가 관리한다. 교육 내용, 입시, 학위, 예산편성, 학교 운영 등 중요한 역할을 포함한다. 교육뿐만 아니라 과학, 예술, 의료 등을 포함한 많은 체계가 그렇다.

정부는 국가 운영을 위해 예산으로 정책을 집행한다. 예산과 정책은 기호와 코드의 관계이다. 정책이란 코드에 맞아야 기호인 예산이 집행된다. 예산이 정부의 정책 코드에 따라 집행되기 때문이다. 정부의 코드는 국민의 행복인 동시에 정권 유지다. 공무원을 도와 정책과 해당 예산안을 세우는 전문가 집단을 국가는 필요로 한다. 전문가체계는 허가제도, 자격증 등을 통해 유지된다. 교사자격증이 있어야 교육할 수 있고, 법, 의료계에도 국가인정 자격증이 필요하다. 정책뿐만 아니라 일반적인 사회활동 중에서도 국가 자격증, 국가인증 허가 없이 할 수 있는 것이 많지 않은 것이 사실이다.

전문가는 국가를 위해 책무를 다한다. 하지만 어쩔 수 없이 자신과 자신이 속한 곳의 이익을 위해 일할 수밖에 없다. 전문가는 대신 안정된 지위와 일정한 권한을 갖는다. 때론 권한을 활용해 개인적인 이익을 법 테두리 내에서 취한다. 국가와 정부는 전문가 집단과 떼려야 뗄 수 없는 관계다.

돈과 법이라는 기호가 정책이라는 코드를 만나 체계가 작동하면, 체계 주위에는 권력과 이익이 발생한다. 전문가뿐만 아니라 일반인도 주위에 모여든다. 체계의 코드를 파악해 권력과 이익을 경험한 사람들은 해당 체계를 벗어나기 쉽지 않다. 늘 주위를 맴돌게 된다. 기호에 익숙해지고 코드를 파악해 체계의 핵심에서 멀어지지 않으려 노력한다. 체계를 조절하는 기관, 정부도 몰려든 전문가와 일반인을 활용한다. 하지만 부작용도 생긴다. 영향력이 강한 체계가 있으면 소외되고 회피하는 사람도 생긴다. 소외층은 배제되었고, 회피층은 체계의 기호와 코드에 동의하지 않았다.

고등학교 때인가 싶다. 어떤 수업이었는지 정확히 기억나지는 않지만 선생님이 시인 이상을 소개하면서 이상이 직장생활을 한 일화를 얘기해주셨다. 이상은 책상에 앉아 하루 종일 멍하니 있다가 어느 순간 일을 마무리했다고 한다. 이상의 직장 상사와 동료들은 이상은 천재였지 성실한 직장인이 아니라고 평가했다. 하지만 이상은 멍하니 있었던 것이 아니라 최선을 다해 자신의 일을 어떻게 처리해야 할지 고민한 것이다. 직장이 정해준 순서대로 일을 하나씩 채워나가는 방식이 아니라 자신만의 방식으로 최선을 다한 거다. 이상은 자격 갖춘 전문가처럼 행동하지 않았지만 자신이 생각한 대로 열심히 일한 거다. 출근시간 한번 어기지 않고 직장에 와서는 하루 종일 서류와 컴퓨터를 보다가 퇴근하고, 야근도 자주하고 심지어 주말에도 자리를 지키면 모범적인 직장인인가? 직장이 정한 평가 지표로 판단한다면 기호와 코드를 지키는 우수 직장인이다. 이상은 기호와 코드에 얽매이지 않았고 때론 무시했을 것이다. 대신 자신이 판단해서 중요한 생각을 했고 고민해서 일했다. 최선을 다한 것은 자신만이 안다. 남에게 보여주기 위해, 상사에게 보여주기 위해, 야근수당, 주말수당을 받기 위해 일하는 흉내를 내지 않았다. 이상은 자신만의 기호로 생각했지만 직장 내 타인과의 소통에는 사용되지 못했다. 그는 괴짜였고 부적응 직장인일지 모르지만 일의 결과를 보면 유능한 직장인이었다는 것을 부정하기 힘들다.

어린아이에게, 청년들에게 꿈을 꾸라고 하면, 마치 직장인에게 자리를 지키면서 직장이 요구하는 표준 기호를 익히고 코드를 따르라고 요구하는 것일 수 있다. 아이에게 이상과 같이 살아라 하면 때로는 너무 가혹한 길을 권하는 것이다. 어려웠던 삶을 알기 때문이다. 그렇다고 쳇바퀴 도는 코드를 지키는 삶을 권하는 것도 꺼림직하다.

국가 없는 사회를 상상하기 힘들다. 국가엔 정부가 필요하다. 정부는 체계를 기호와 코드를 기반으로 전문가와 함께 작동한다. 국가 운영 체계에 어떻게든 연결해야만 뭐라도 될 수 있는 사회다. 체계의 핵심에서 멀어질수록 살기 힘들어진다. 강력한 정부를 가진 국가일수록 혼란이 적다. 질서가 항상 유지되고 있는 듯 보인다. 하지만, 국가 체계 속에서 살다보면 기호를

사용하며 일하는지 기호의 코드가 날 조종하고 있는지 혼란스
럽기도 하다. 누군가는 작은 정부를 제안한다. 정부가 너무 크
면 국가의 거의 모든 일을 관장하기 때문이다. 작은 정부가 미
처 담당하지 못하는 일들은 사회의 여러 다른 공동체들이 담당
한다.

앞장에서 공동체를 얘기하면서, 공동체는 사람을 믿지 않고
공동체의 뜻을 믿는다는 말을 했다. 교육, 농업, 의료, 경제 등
을 공동체 정신에 기반해 마련된 규약을 통해 운영한다. 국가
는 자격증을 갖춘 전문가 중심으로 정책코드를 운영하지만 공
동체는 규약을 통해 공동체 나름의 체계를 작동한다. 정부는
예산과 법으로 정책코드를 운영하지만, 공동체는 공동체 기호
와 규약이 그 역할을 한다. 정부는 돈으로 예산을 짠다면 공동
체는 법정화폐 아닌 화폐를 만들어 사용하기도 한다. 공동체도
정부의 법을 지켜야 하지만 합법적인 범위에서 공동체 규약을
세운다. 큰 정부는 공동체의 기호와 코드를 많은 부분 인정하
지 않는 경향이 있다. 작은 정부는 어느 정도 인정하면서 조화
를 이루려 한다. 공동체교육은 정규학교 아닌 공동체 뜻에 맞
게 교육한다. 대신 정부가 인정하는 학위, 졸업장(기호)을 받지
못한다. 공동체는 특성에 따라 정부 주도의 학위, 졸업장과 같
은 기호가 공동체에서 지나치게 차별적인 역할을 담당하는 것
을 거부하기도 한다. 대신 공동체 정신에 따라 대안학교를 운

영한다. 의료도 비슷하다. 국가 자격증인 전문의 자격증을 가진 전문 의사만이 의료행위를 할 수 있다면, 의료 공동체에서는 국가 자격증은 없으나 공동체 나름의 건강을 정의하고 의료에 대한 규약을 갖고 있다. 하지만 대부분 국가의 정부는 자율적으로 운영되는 의료공동체를 법으로 인정하지 않는다. 기업 중심, 자유시장을 지향하는 경제공동체도 있다. 공동체 중심 사회는 국가가 담당하는 체계를 최소화하고 공동체로 이관하여 공동체의 뜻에 동의하는 시민들이 모여 공동체 중심으로 운영된다. 국가를 강력하고 큰 정부가 운영하는 정치체계를 자유주의라고 한다면 강력한 정부보다는 공동체, 특히 자유 시장경제 중심으로 국가가 운영되길 원하면 자유주의와 대비해서 시장공동체주의라고 한다.

자유주의, 시장공동체주의도 아닌 세 번째 형식이 디지털 시대 부상하고 있는데 "기호주의"이다. 기호주의를 이런 식으로 정의하는 것은 이 책 뿐일 수 있지만 사회에서 이미 그 위력이 발휘되고 있다. 강력한 정부 중심 자유주의에서는 돈과 법이란 기호의 위력이 크다는 것을 이미 살펴보았다. 시장공동체주의에서는 정부에서 공동체로 옮겨 왔지만 돈과 규약은 여전히 위력적일 수밖에 없다. 자유주의에서 법을 어기면 범법자이며, 시장공동체주의에서 규약을 어기면 공동체가 결정하는 제재를 받고 심하면 공동체에서 추방된다.

기호주의 사회는 무게중심이 정부, 공동체에서 대중으로 이동한다. 즉 정부의 국민, 공동체 구성원 대신 대중을 택한 것이다. 대중은 모든 것을 직접 해야 한다. 도움을 주는 이가 없으니 간섭하고 조종하려는 자도 없다. 대중이 선택해서 모이면 가치가 만들어지는 가치생성 중심으로 코드가 맞춰진다. 자유주의에서는 정부가 코드를 만들고, 시장공동체주의에서는 공동체 정신과 뜻에 맞게 코드를 만들었다. 기호주의에서는 정부와 공동체가 아닌 대중의 선택이 코드를 만들고 프로그램이 된다. 정부와 공동체와는 달리 정해진 법칙과 규약이 없다. 이제 대중은 자유주의, 시장공동체주의에서 만든 코드를 지키는 대상이 아니라, 직접 움직여서 코드를 형성한다는 특징을 기호주의는 갖는다. 1989년 옥스포드 대학교의 팀 버너스 리^{Tim Berners-Lee} 교수가 html 언어로 월드와이드웹^{www}을 설계한 논리와 일치한다. 가치를 정해 사람을 모으는 것이 아니라, 사람들이 모이는 곳에 가치가 생성된다는 논리 말이다. 에너지 예를 하나 들어보자. 자유주의에서는 민주적인 투표로 정부가 정권을 잡으면, 공약한 에너지 정책을 펼친다. 여론조사를 통해 국민의견과 전문가 조언을 듣지만 결국 정부가 결정하고 책임도 진다. 시장공동체주의에서는, 사용할 가장 최적의 에너지를 공동체 뜻에 맞게 정할 수 있다. 시장에서 에너지 종류와 가격을 결정하는 자유시장 경제원리가 적용된다. 기호주의 사회는 다르다. 다양한 에너지 기호가 있어 대중은 기호를 선택해 소통할 뿐이다. 화력, 원자력, 태양광, 풍력, 수력 등의 에너지원 자체가 기호가 되어 선택될 수 있다. 선택되면 에너지 소통이 일어난다. 선택이 모여 에너지정책으로 연결된다. 발전은 다양한 에너지원에서 이루어지지만 지금 우린 한전에서 보내준 하나의 전기를 사용하고 있다. 비록 한전에서 보낸 하나의 전기를 쓰더라도 가상으로 다른 에너지원을 가진 전기를 선택할 수 있는 기호를 만든다고 가정해보자. 집, 학교, 가게에서 사용하는 콘센트와 스위치를 사용할 때 에너지 옵션(화력, 태양광, 원자력, 풍력, 수력, 바이오 등)을 선택할 수 있게 변경하는 거다. 개인적으로 태양광을 선호하는 사람은 전기를 켤 수 있는 태양광 스위치가 따로 있는 거다. 화력전기 스위치, 풍력전기 스위치, 원자력전기 스위치도 따로 있는 거다. 선택하여 사용한 전기 에너지원에 따라 다른 전기요금을 납부한다. 버스, 지하철을 탈 때도 국가와 공동체가 정한 단 하나의 전기가 아니라 여러 다른 전기 에너지 옵션을 선택할 수 있다. 매 순간 대중의 선택이 정책과 연결된다. 정부와 공동체의 역할이 최소화된다. 때론 무색해진다. 역할이 있더라도 정치를 통해 지배하는 정부와 공동체는 최소한으로 축소된다. 정부의 역할이 최소화되지만 에너지에 대해서는 혼란을 피할 수 있는 소통 기호를 우리 사회는 갖게 되는 것이다. 정부나 공동체가 의미를 만들면 대중이 모이는 게 아니라, 대중이 모여 의미를 직접 만드는 거다. 의미를 담는 곳이 기호이니 기호민주주의, 간단하게는 기호주의라고 할 수 있다. 세계 어디에도 없다고 불가능한 것은 아니다. 우리가 처음 하면 될 일이다.

기호민주주의의 필수 조건은 다양한 기호이다. 우선 세상을 송두리째 흔들고 있는 '돈'이라는 기호가 다양해지면 좋겠다. 겉모습만 다르고 실상은 다르지 않은 돈이 아닌 의미를 다르게 담을 수 있는 돈이어야 한다. 돈 기호가 다양해지면 경제가 바뀐다. 교육, 과학, 정치에 사용되는 기호도 다양해져야 한다. 교육의 학점이라는 기호를 대신하는, 과학의 논문이란 기호, 정치의 투표란 기호 등을 보조하든지 때론 근본적인 변화를 줄 수 있는 기호가 생겨야 기호주의가 비로소 시작될 수 있다. 기호가 다양해지면 정치, 경제, 교육, 과학체계가 변한다. 변화 속에서 새로운 질서가 생기고 사회의 규범과 법도 자연스럽게 변화한다.

지금껏 없던 새로운 기호를 만드는 것은 물론 쉽지 않다. 만든다고 대중이 당장 사용해주지도 않을 것이다. 하지만 기호의 변화없는 체계의 근본적인 변화는 기대하기 힘들다. 이 책에서 끊임없이 체계와 대안 기호를 다룬 이유가 여기 있다. 예전에는 대안 기호를 대중 차원에서 만드는 것은 불가능했지만 디지털시대에는 상황이 바뀌었다. 의지만 있다면 다양한 기호 만들기는 식은 죽 먹기다.

기호가 바뀌면 생각하는 방식과 기억의 형태가 이어서 변한다. 바뀐 사고와 기억은 감각을 통해 변화된 자유의지를 만든다. 자유의지는 개인을 변화시키고 강하게 변한 개인은 권력에 쉽게 굴복하지 않는 의지를 갖고 기호주의에 참여할 수 있다. 기호주의가 디지털시대, 사회와 세상을 동시에 바꿀 것이라는 예상을 해본다. 학점과 학위를 없앤 교육체계가 만들 세상을 상상해보라. 세금과 정부에 의존하지 않는 기본소득을 매달 받아 쓸 수 있다고 상상해보자. 투표가 아닌 일상 생활이 자연스럽게 정책과 연결되어 대안적 민주주의가 작동하고 국회의원과 지방의회의원도 선출한다. 그리고 의원들도 지금과는 달리 기호민주주의 사회에서는 역할이 크지 않다. 쉽지 않겠지만 디지털시대가 가져다줄 선물과도 같은 변화라고 믿어보자. 믿으면 세상은 늘 답해주지 않았던가.

기호주의 사회에서 질서를 형성하는 것은 대중만이 할 수 있다. 전문가 없는 정부 운영을 대중은 기호주의 사회에서 주도해낼 수 있다. 사람들은 공동체란 단어 자체에 환상을 갖기도 하지만, 공동체의 뜻이 아무리 좋아도 공동체 규약은 때론 구속이 될 수도 있다. 의미를 찾기 위한 일상이 아니라 일상이 주는 의미를 대중은 누릴 권리가 있다. 디지털시대 기호중심 대중은 그런 것이다. 이전에도 그랬지만 숨겨져 있던 비밀을 디지털 기술들이 드러내 보여주었다. 새로운 정보가 전문가와 공동체 아닌 대중에 의해 형성되고 자연스럽게 사회질서로 이어진다. 물과 공기가 흐르듯 대중의 가치형성이 공동체처럼 작동하되 한곳에 머물지 않는다면, 공동체라는 이름에 굳이 집착하지 않아도 된다. 자유주의도 아니고, 자유시장경제공동체주의도 아닌 새로운 민주주의, 디지털시대 민주주의, 기호주의 비전은 가능하다. 꿈꾸는 언어에 따라 꿈이 바뀌기 때문이다.

22

악마의 윤리학개론

악마라는 자극적인 단어로 관심을 끌려는 게 아닌가 할 수 있겠지만, 절박함으로 사용한 것이다. 이 시대가 겪고 있는 기후재앙, 부의 불평등을 보라. 이게 쉽게 해결될 문제인가? 문제를 제대로 해결하려면 악마라도 불러와야 할 것 같다. 국가나 국제기구, 각종 단체, 활동가가 이 문제를 풀기에는 어쩐지 벅차 보인다. 그래서 악마를 새롭게 정의하고 새로운 관점에서 접근해보려고 한다. 이 시대의 문제를 해결하려면 정의로운 악마라도 생겨야 한다. 악마는 문제를 솔직하게 대하며 적어도 위선자는 아니기 때문이다.

위선자와 악마는 다르다. 돈에서 썩은 냄새가 난다며 싫어하면서도 미래를 대비하기 위해 돈을 벌고 축재한다면 이는 위선자일 수 있다. 대신 더러움이 더러움을 씻어내고, 악이 악을 물리쳐 사회문제를 해결할 수 있다고 믿는다면 악마적 속성을 지니고 있다. 악마는 돈의 악마적 속성으로 돈의 옳지 않음을 바로잡을 수 있다고 믿고, 그 믿음을 행동으로 옮긴다. 위선자는 이를 믿지 않는다. 믿지 않으면서도 돈이라는 이익을 추구한다.

악마를 이해하기 위해 예를 하나 들어본다. 일제강점기 시절 안중근은 이토 히로부미를 총으로 저격했다. 당시 일본 정부는 안중근의 행동을 테러로 규정하고 법정에 세워 처벌했다. 폭력은 도덕적으로 옳지 않다. 우리도 폭력이 옳지 않다는 것을 안다. 그러나 그 폭력은 일제의 옳지 않음을 바로잡기 위해 쓰인 것이다. 옳지 않음을 바로잡아 정의를 이루고자 쓰인 것이다. 안중근은 암살이 결국 '선'이 될 것이라고 믿었고 한국인에게 그의 행동은 '선한' 애국 행위가 되었다. 한국인은 윤리적으로 그렇게 동의한다. 물론 일본제국주의자에게는 옳지도 선하지도 않았지만 말이다. 안중근은 정의의 이름으로 선한 폭력을 행한 것을 감추지 않았고 조국을 위한 폭력을 떳떳하게 여겼다. 당시 일제는 안중근을 악마라고 불렀다. 여기서 주목해야 할 것은 안중근을 위선자라고 부르지 않았다는 점이다.

악마의 관점을 기후변화로 옮겨본다. 화석연료는 기후변화 재앙의 원인이기에 옳지 않은 에너지원이라고 과학적으로 밝혀졌다. 이를 부정하지 않는다면 더 이상 사용해서는 안 된다.

옳지 않으면 하지 않아야 한다. 도덕적 차원에서 그렇다. 그런데 화석연료는 여러 가지 이유로 여전히 사용되고 있다. 이 상황이 주는 마음 불편한 도덕적 부담에서 벗어날 수 있게 해주는 기발한 아이디어가 생겼다. 다름 아닌 탄소세다. 기후변화의 '원인'이라 알지만 여러 가지 피치 못할 '이유'로 화석연료를 사용하기 위해 탄소세를 부과한다. 기후변화 방지를 위한 노력에 사용한다는 명분이다. 많은 국가가 이에 동의하고 진실이라 믿는 듯하다. 이를 윤리적으로 선하다고 믿는 대중도 많다. 탄소세는 돈의 형식을 빌린다. 이산화탄소 톤당 가격이 매겨지고 심지어 거래되는 시장도 있다. 탄소세는 상품 형태를 띠고 거래되며 때론 투자의 대상이 되는데 자본으로 얼마든지 둔갑할 수 있다. 기후재앙을 막기 위해 고안해낸 탄소세라는 수단이 상품과 자본 투자 대상이 되었다. 이해 못할 것 없어 보이다가도 꺼림칙하다. 과정이야 어떻든 기후변화 문제가 해결될 수 있으면 되지 않느냐 주장할 수 있다. 그럴지 모르지만 이 문제에 솔직해져야 한다. 자기 자신을 속이면 곤란하지 않는가. 위선자이기 때문이다. 탄소세가 자본 상품이 되어 기후변화 문제와 무관하게 이익을 만들어낸다면 분명 옳지 않다. 여기서 악마와 위선자가 갈라진다. 악마는 비록 옳지 않은 탄소세라 하더라도 기후변화의 옳지 않음을 해결한다 믿고 이를 천명한다. 반면 탄소세의 본질에 도덕적 하자가 없다 하고는 기후변화 해결 역할을 말로는 강조하면서도 탄소세 상품과 자본을 통한 이익에만 관심이 있다면 위선자의 자세다. 별반 다를 것 없어 보이기도 하지만 큰 차이가 실제로 있는 것이다. 위선자는 탄소세의 본질에 아예 관심이 없었던 것이다. 악마와 위선자는 유사한 행동을 하지만 그들 행동의 목적은 다르다. 악마의 관심은 기후변화 해결이지만 위선자의 관심은 돈을 버는 데 있다. 속마음을 감추면 찾기 힘들겠지만 기후변화 위선자, 위선적 조직, 위선국가는 엄연히 존재하고 지금도 활동하고 있다. 악마는 최소한 솔직하기라도 하므로 기후악마가 있긴 한 건가 때론 의심이 들기도 한다.

그럼 기후위기 시대에 대중은 어떤 위치에 있는가? 사실 대중은 기후변화 관련 체계에서 소외된 존재라 해도 과언이 아니다. 대중의 입장에서는 전기를 사용하면서 화석연료인지 재생가능에너지인지 알 길이 없다. 대중의 기후변화 해결에 기여하는 방법은 에너지원을 알 것 없이 전기와 연료를 그냥 아끼는 거다. 에너지원에 대한 선택권이 대중에게는 주어지지 않았기 때문이다. 기후변화 위기 상황에서 거의 모든 중요한 결정은 정부가 담당한다. 대중은 오직 사용할 뿐이다. 대중에게는 윤리적 판단 기회 자체가 주어지지 않는다. 대신 기후변화 위기에 도덕적 부담만 느끼게 된다. 이 점이 무엇보다 안타깝다. 탄소세의 경우에도, 대중은 용어를 들어본 정도일 뿐 탄소세 체계 속으로 들어갈 수는 없다. 주변 존재인 환경으로서만 존재한다. 하지만 기후변화 체계의 주체인 국가가 위선자인지 악마인지 대중이 판단할 수는 있다. 물론 판단하더라도 그것으로 끝이다. 대중은 기후변화 위기에 실질적으로는 참여할 수 없는 특별할 것 없는 자신을 발견할 뿐이다.

일회용 컵을 제공하지 않는 스타벅스에 가서 커피를 마셨다면, 그냥 스타벅스에 간 것이지 일회용 컵과 플라스틱 줄이기를 실천한 게 아니다. 국가, 정부가 시킨 대로 했다면 그냥 모범국민이다. 그 이상은 아니다. 이 점에서 스타벅스에 간 고객, 정부의 시책을 성실히 따른 국민일 뿐 대중은 아니다.

악마와 위선자는 돈을 두고도 갈린다. 노동 없이 현금을 받는다면 도덕적일 수 있는가? 기본소득은 그렇다고 말한다. 근거는 간단하다. 노동이 아니더라도 일을 했다는 도덕적 근거를 제시할 수 있다. 노동은 특정 목적을 달성하기 위해 행해지며 대개 임금을 받는다. 반면 일은 함께 사는 세상에서 서로에게 영향을 주는 모든 행동이다. 노동은 사회협약, 규율적 성격이 강하다면 일은 인간이 자연으로 이해되는 관계를 향해 있다. 인간관계에 충실한 우리 모두는 일을 한 것이므로 기본소득은 당연한 것이 된다. 다만 앞장에서 논의한 대로 기본소득은 재원이 필요하므로 국가 단위의 세금을 이용한다. 국가의 악마성이 기본소득에도 적용된 것이다. 그런데 자본의 형태를 띠는 돈의 정당성은 인정하지 않으면서 자본으로부터 비롯된 기본소득은 받는 것은 위선이다. 자유주의 이데올로기 속에서 기본소득을 받아들이는 위선을 면하는 도덕적 논리가 대중의 관점에서 필요하게 되었다. 이 논리도 '일'의 정의에서 찾을 수 있다. 시장공동체주의 소득을 일로 인정해주면 된다. 이익을 만드는 자본도 일로 분류하면 된다. 자본의 극단에 위치한 암호화폐라도 일로 인정해주고 대신 기본소득의 재원인 세금을 부과하는 것이다. 싫은 것이라도 인정하면 최소한 위선은 면할 수 있다. 디지털시대 암호화폐와 같은 극단적 자본의 성격으로 발생하는 이익을 '일'의 범주로 끌어들이기 위한 도덕적 근거를 기본소득의 재원 확보를 통해 제공한 거다. 한없이 불편한 논리이기는 하지만 우선은 받아들이고 전개해 나가 보잔 제안이다. 자본을 거부하고 싸워보니 그 길이 보이지 않아 자본도 인정하는 것이다.

악마가 강의하는 윤리학은 인간이 사는 세상에서 어쩌면 솔직하고 현실적인 방법이며 다른 대안이 없는 티나^{TINA}일지도 모른다. 정의실현, 사회안전 확보를 위한 국가의 강제(때로는 폭력), 자본가의 끝도 없는 욕망은 사회기여란 이름의 악마적 활동으로 변해 어느새 '선'이 되기도 한다. 믿음의 양대 산맥인 자유주의와 시장공동체주의가 논리의 근거를 제공해주고 있다. 로봇 자동화와 빅데이터로 대변되는 탈인류세 시대 인간노동이 설 자리를 잃었으니 "일"이란 과학개념으로 인간존엄의 마지노선을 지키기 위해 국가, 자본의 치맛자락이라도 붙잡아야 하지 않겠는가. 이것이 디지털시대 가치라는 개념이고 html이 만든 'www 가치 세상'이다. 이제 되었구나, 그렇게 살아가면 되겠구나 하는 순간 정작 우릴 설득하면서 길을 열어주었던 악마는 이어지는 질문을 던진다. 오이디푸스왕에게 스핑크스가 던진 목숨을 담보로 하는 수수께끼 같은 질문이다. 악마는 다음과 같이 질문을 낸다. "도덕은 내가 제공해주었으니 인간은 이제 윤리적 삶의 근거를 내어놓으라." 악마의 윤리학에서 악마는 윤리적 삶에 대한 논의를 단 한마디도 하지 않았던 거다. 대신 강의 끝에 시험 문제 하나를 냈다. 우린 이제 오이디푸스왕이 되어 목숨을 걸고 답을 내놓아야 한다.

옳음이 실패하고 틀림이 성공하여 '선'이 되는 위선의 세상에서 악마는 뿌리 깊은 단서를 주면서 우리에게 틀림은 틀렸고 옳음이 결국 옳게 되어 '선'으로 되는 세상은 인간이 찾아야 하는 몫이라 선언한다. 악마의 역할은 거기까지라고 한다. 언제까지 국가와 자본공동체 뒤에 숨어 살 거냐고 하면서 인간을 책망한다. 윤리 프로젝트를 겨우 시작할 수 있게 악마가 실마리를 제공해준 셈이다.

23

자본은 스스로
내려오지 않는다

　　전쟁 못지않은 재앙이었던 코로나 팬데믹을 겪으면서, 정부
의 역할이 어느 때보다 강조되었다. 2008년 경제 위기 때는 투
기자본이 원인이었다면 코로나 팬데믹은 코로나 바이러스가
일으키는 질병이 원인이라는 차이가 있다. 반면 국가의 안위와
회복을 정부가 주도한다는 점에서는 2008년 글로벌 경제 위기
와 코로나 팬데믹 사이 큰 차이가 없어 보인다. 두 위기 모두 극
복을 위한 국제적 공조가 필요했다. 국가간이라고는 하지만 사
실상 정부가 국가간 협의와 협력을 주도한다. 대중이나 단체에
서 국가 단위로 팬데믹을 극복하려고 노력했다는 소식은 어디
에서도 들은 적이 없다. 국가가 곧 정부는 아니지만 정부가 국
가를 대변하고 대표한다는 표현이 틀린 것 같지 않다.

정부가 국가를 노골적으로 대체해버린 국제기구도 있다. 기후변화 협의기구인 UN의 IPCC 경우가 그렇다. '기후변화 정부간 협의체Intergovernmental Panel on Climate Change'란 뜻으로, 1988년 UN이 기후변화와 연관된 전지구적인 문제를 해결하기 위해 만들었다. 2021년 발표된 IPCC 보고서가 벌써 여섯 번째이고 기후변화 과학자들이 만든 이 보고서는 그동안 기후위기에 대처하는 과학지침서가 되어왔다. 그런 역할은 충분히 인정하지만 기후변화 정부간 협의체 이름 자체가 어찌 보면 묘하다. 기후변화 국가간 협의체가 아니라 정부간 협의체란다. 정부가 국가를 대표하니 그럴 수도 있지만 국가간 협의체라고 이름 붙이고 국가를 대표하는 정부가 가서 협의하면 될 것을 이름 자체를 정부협의체라고 붙인 거다. 기후변화 대응에 대해서는 정부가 곧 국가와 동일시된 대표적인 사례라고 할 수 있다. 생각할수록 불편해지는 마음을 어쩔 수 없다. 그래도 되는 것인가 싶다. 정부가 국가를 통치한다는 사전적 의미를 받아들인다 하더라도 정부로는 설명할 수 없는 국가의 다른 부분도 많은데 말이다. 예를 들면 기업, 노동조합, 학술단체, 시민단체, 전문가, 마을공동체, 경제공동체, 문화단체, 법인과 재단 등과 같이 다소 딱딱한 이름을 가진 집단도 있겠지만 아이돌그룹, 시민, 마을주민, 동아리 그리고 대중도 국가를 이룬다. 통치를 해야 꼭 국가를 대표할 수 있는 것도 아닌데 말이다.

위기가 오면 영웅이 나타난다고들 한다. 영웅이 나타나 재난, 위기에서 민중을 구한다는 역사 속 예처럼 코로나 팬데믹에서도 영웅이 나타나길 기다렸는지도 모르겠다. 하지만 누군가에게는 아쉽게도 이번에는 영웅이 나타나질 않았다. 과거의 크고 작은 위기 속에서 국민의 인기를 얻어 영웅이 된 인물들이 이후 대통령 후보로 출마하고, 정작 대통령이 되면 실망을 안기는 경우가 적지 않았다. 이번에는 영웅이 만들어지지 않아 오히려 다행이다 싶다. 2008년 경제붕괴 때를 되돌아봐도 세계 경제를 구한 특별한 영웅이 떠오르질 않는다. 돌이켜보니 자본주의 종말을 고할듯 몰아쳤는데 경제 위기, 붕괴란 단어가 무색하게 시간이 지나면서 자연스럽게 해결되어버렸다. 겉으로는 최소한 그렇게 보였다. 원인도 모호하고 어떻게 해결되었는지 뚜렷하지 않다. 그저 힘센 국가가 해결하고 국내도 정부가 해결했겠지 짐작한다.

그런데 영웅이 없었던 것은 아니었다. 팬데믹 위기 극복 대표적 영웅은 다름 아닌 정부였다. 그런데 위기 극복을 주도하는 정부 옆에는 예외 없이 돈이 함께했다. 돈은 자본과 연결되어, 정부와 자본은 견제하는 듯하지만 서로 돕고 없어서는 안 되는 파트너 같다. 2008년 글로벌 금융위기 주범인 거대 금융기업들을 미국정부가 나서 국민의 세금으로 지원했었다. 금융시장, 자본시장이 국가를 떠받치고 있기에 금융기업들을 살려야 결국 국가의 위기 극복도 가능하다는 미국정부의 판단이었을 것이다. 한국이 겪은 IMF 사태 때도 구조조정 대상 기업을 정하는 것도 구제금융을 통해 살릴 기업을 결정하는 것도 정부의 몫이었다. 국가의 대표는 철저하게 정부였다. 대중의 역할은 사실상 없었던 것과 진배없었다. 국가적 위기 때마다 정부의 위기관리 체계가 가동되고 국민은 체계에서 배제되는 주변 환경 존재로 밀려났다. 자본은 체계 속에서 정부와 함께하지만 말이다. 월스트리트를 민중이 물리적으로 점령할 수는 있어도 금융체계 소통으로 이어지진 못했다. 환경존재로서의 대중적 한계를 여실히 드러냈다. 정부차원의 위기관리는 돈이 체계 코드를 작동시키는 방식으로 이루어진다. 돈, 예산 집행이 뒷받침 되지 않는 그 어떤 노력도 공허한 메아리일 뿐이다. 오직 정부만이 예산을 통해 체계 코드를 작동시킨다. 체계 코드 프로그램은 오롯이 정부 몫이다. 프로그램을 짜는 밀폐된 전산실 창가를 둘러싼 존재가 국민이다. 차단 벽 외부에서 바라보며 때론 응원하며 때론 반대하며 쳐다볼 뿐이다. 국민은 철저하게 환경일 뿐이었다. 팬데믹 위기관리도 예외 아니다. 정부는 위기관리체계를 작동하고 있으며 국민은 체계 작동 대상이고 체계의 환경임을 매일 확인해야 했다. 팬데믹 위기 극복 과정에서 정부와 파트너인 자본은 더 강해졌다. 위기 극복 체계의 소통 수단이 돈이니 위기상황에서 자본이 강해지는 것은 당연하다. 자본시장과 금융기업들은 글로벌 경제 위기 땐 죄인 신분에서 구제 되었다면 이번에는 정부 위기 극복에 적극적으로 동참하면서 또 다른 영웅이 되었다. 위기 극복을 위해 엄청나게 늘어난 예산집행 규모는 세수 확대를 필요로 하고 많은 부분 실물경제보다는 자본시장, 부동산시장, 암호화폐시장으로부터 확보되었다. 아무리 경제를 잘 모르는 사람이라도 팬데믹 위기 극복 과정을 거치면서 그러지 않아도 강한 자본의 존재감과 기반이 더욱 공고하게 되었다는 것을 알 수 있다.

코로나 팬데믹의 정확한 발생 원인은 밝혀지지 않았다. 최초 발생 장소는 알지만 왜 2019년 하필이면 그곳에서 코로나바이러스가 창궐했는지 알지 못한다. 팬데믹의 원인은 알지만 팬데믹 원인의 원인은 모르는 거다. 영원히 밝혀지지 않을지도 모른다. 국가가 나서지 않았다면 팬데믹 극복은 불가능했을 것이다. 팬데믹은 여러 가지 노력과 조치가 합쳐져서 극복되었지만, 백신과 치료제가 결정적인 역할을 했다는 걸 부정하기 어렵다. 코로나 팬데믹 극복 최첨병은 뭐니해도 백신과 치료제가 담당했다. 그리고 백신과 치료제 개발에 엄청난 정부예산이 투입되었고 정부예산은 결국 자본으로 연결되었다. 미국, 영국, 중국, 러시아 등 경제부국들의 자본이 예산을 통해 투입된 셈이다. 워낙 급박하게 진행되어 금융위기 때와 마찬가지로 각국 국민은 이번에도 위기 극복 체계 소통 및 정책 결정 과정에 참여하는 등의 역할을 할 길이 없었다. 물론 시간이 있었다 한들 정부가 국민을 위기관리 체계의 주역으로 초대하지는 않았을 것이다. 아쉽지만 무슨 대안이 있겠는가. 그냥 지켜보면서 정책에 따르고 질서를 지키는 모범국민이 되는 것 외에는 달리 할 일이 없다.

위기 상황에서 정부와 자본의 콤비는 빛을 발했다. 자본에는 공권력이 없기에 위기 극복을 위해서는 정부의 역할이 중요한 것은 분명하다. 정부는 사회 안전을 위해 필요하다고 판단하면 개인의 자유에 일부 제약을 가한다. 국가 안위를 지켜야 하는 코로나 팬데믹 상황에서 정부는 강력한 규제와 행정명령으로 개인의 자유를 구속했다. 다소간 불만을 가지는 국민이 있을 수 있지만 국민은 정부의 규제와 명령을 폭력으로 보진 않는다. 일부 필요한 개인의 자유 규제를 사회 전체를 위해 필요한 선한 결정으로 보기 때문이다. 자유보장을 위해 자유에 제약을 가하는 국가와 정부의 악마적 속성이며 대부분의 국민이 이를 동의하니 국가윤리인 셈이다.

정부는 팬데믹 시기 민생도 챙겨야 했다. 수차례 대규모 재난지원금이 중앙정부와 지방정부에서 국민에게 제공되었다. 그 많은 예산을 어떻게 확보하냐며 난색을 표하던 경제 수장도 어느새 재난지원금 정책 선봉에 서서, "지원해드리겠습니다!"라며 마치 자신이 주는 것처럼 보였던 것은 나만의 착각인가? 전 국민을 대상으로 할지 아니면 선별적으로 지원할지를 두고 정부와 정치인, 국민들은 다투고 자신의 의견에 핏대를 올렸지만, 정작 그 많은 돈이, 추경예산이, 어디에서 오는지 궁금해하는 이는 많지 않았다. 상황이 위중하니 어쩔 수 없었다고 생각했다. 국채 발행으로 예산을 확보했다고도 하며 팬데믹 이후 예산조종으로 가능하다고도 했다. 국채는 빚이란 자본의 성격을 띠며 추가 세수는 자본시장으로부터 많은 부분 유입될 것이 자명하다. 결국 팬데믹 극복과 극복 후 국채를 갚고 예산을 정리하는 것도 자본의 힘을 빌어야 한다. 강력하고 능력있는 정부가 아니면 할 수 없는 일임을 알지만 이번에도 결국 자본과 함께하는 정부라는 걸 부정하기 힘들다.

정부와 자본은 팬데믹을 겪으면서 영웅으로 함께 부상했다. 부상한 정도가 아니고 비상했다. 영화 속 영웅은 위기 상황이 종결되면 말없이 무대 뒤로 멋지게 사라지지만, 현실 속 영웅은 엄청난 힘을 가진 존재가 되어 민중을 지배해왔다. 그렇게 되면 체계에 참여하지 못한 환경 존재로서의 민중은 영웅들의 힘에 눌려 (그렇게 있는지 모르겠지만) '뉴노멀 시대'에도 주변 존재에서 벗어나지 못하게 된다. 민중은 늘 이렇듯 맥없이 당하지만 기억해야 할 사실이 하나 있다. 국가나 자본 모두 인류의 발명품이란 거다. 인류가 발명한 것에 인류가 오히려 짓눌려 있는 것에 한 번쯤 의문을 던지고 싶다. 팬데믹 이후에도 국가 관료주의가 명분을 만들어 개인의 자유를 지속적으로 구속하고 자칫 개인의 자아실현까지 억제한다면 이는 인류생존을 위해 만들어진 국가란 아이디어는 존재가 무색해져버린다는 것이다. 돈도 자본도 자유를 지키고 행복해지기 위해 만들었는데 결국 자유와 행복을 저해한다면 그것만큼 황당한 상황이 어디 있는가.

그런데 한 가지 재밌고도 신기한 일이 팬데믹 시기 발생했다. 실물경제 중심 경제활동이 꽉 막혀버린 상황에서 국민의 숨통을 틔워준 곳이 있었다. 주식시장, 부동산시장, 암호화폐거래소이다. 주식, 부동산, 암호화폐 시장에서 돈을 벌 수 있다고 믿는 희망조차 없었다면 위기 극복이 가능했을까 의심이 들 정도다. 주위를 둘러봐도 이번에는 꽤 많은 사람들이 자본시장에 투자를 했고 돈도 번 것을 보면 자본이 대단하기는 한가 보다 싶다. 그런데 자본시장의 투자에서 정부의 위기 극복 체계와는 다른 흥미로운 점이 하나 발견된다. 자본시장에서는 대중이 직접 체계 속에서 능동적으로 소통하는 것이 허락되고 있다는 것이다. 일확천금을 꿈꾸며 달려든 주식, 암호화폐 거래 시장에서 돈을 향한 욕망이란 눈초리를 받고, 나라를 온통 뒤집어놓으며 아파트값 상승을 주도한 묻지마식 투기라고 비난받고 부작용도 적지 않았지만 어쨌든 이번에는 대중이 자본시스템 속에서 돈을 도구로 직접 소통에 참여한다는 것은 분명하다. 코로나 팬데믹 위기 속에서는 마스크 잘 쓰고 물리적 거리 지키고 백신 접종을 하는 모범국민 이상의 역할이 없었지만, 비록 제한된 기회이기는 하지만 자본시장에는 대중이 제대로 체계 소통의 주체가 된 것은 분명해 보인다. 전문지식 부족, 향후 국내외 경제 상황 예측의 어려움, 부동산 가격 폭락 등 여러 가지 한계와 부작용이 우려된다는 비판이 있지만 대중은 여전히 자신들이 소통의 주체라는 자부심을 즐기고 있는 것은 분명해 보인다.

오죽하면 대중이 동학개미가 되고, 암호화폐, NFT 등 메타버스 세상의 투자에 열광하겠는가. 팬데믹 속 이런 현상에 대한 정확한 해석은 쉽지 않지만 더 이상 환경존재로만 머물지 않고 소통의 주체가 되고픈 대중의 간절함이 느껴진다. 자본시장에서는 이런 구체적인 변화의 움직임이 나타나는 반면 정치 분야에서는 아직 구태를 답습한다. 늘 실망하면서도 왜 저렇게까지 선거에 목을 매겠는가. 작은 역할이기는 하지만 대중은 정치와 경제 등의 체계 속으로 들어가고 싶은 거다. 자본가들과 정부가 이런 대중의 관심과 변화의 움직임을 악용할 가능성은 늘상 있다. 피해는 고스란히 대중의 몫이 되기도 한다. 대중들이 자본시장에서 적극적인 소통을 한 결과가 어떻게 귀결될지 불안하지만 그럼에도 불구하고 대중들은 자신의 존재를 확인하고 그것에 대한 엄청난 자부심을 느끼는 것은 확실하다. 정부가 뭐라해도, 전문가들이 아무리 경고해도 이번만큼은 대중은 물러설 뜻이 없어 보인다.

대중이 팬데믹 이전으로 돌아갈 수 있는 길이 있기는 하다.

위기가 종식되었으니 국가와 정부, 돈과 자본 모두 위기 이전의 낮은 곳으로 돌아가는 것이다. 낮은 곳으로 돌아가 국민이 소통에 참여할 수 있는 기호를 원래대로 돌려놓으면 된다. 자본과 정부(현정부, 지난 정부가 아닌 정부 권력)가 자신들의 팬데믹 극복 업적을 뒤로 하고 본래의 위치와 임무로 내려오는 거다. 이렇게 길은 있지만 자본과 정치권력이 그 길을 택할 것 같지 않다. 자본과 정치권력이 원래 자리로 돌아갈 수 없는데 대중만 돌아갈 수는 없다.

팬데믹과 같은 재앙이 끝난 후 대중이 예전 일상으로 돌아와 소통하는 것은 그냥 이루어지지 않는다. 정부와 자본이 그렇게 호락호락 자신의 영웅적 업적을 쉽게 내려놓지 않기 때문이다. 과거 월스트리트를 물리적으로 점령하고는 아무런 소득없이 각자의 위치로 돌아갈 수밖에 없었던 교훈을 기억해야 한다. 길이 보이지 않고 어둡다. 하지만 다시 강조하고 싶다. 국가, 정부, 돈, 자본 모두 인류가 만든 아이디어 작품이란 것을. 강을 건널 때 뗏목이지 건너온 후에 뗏목을 머리에 지고 길 떠날 수는 없지 않은가.

자본과 정부가 낮은 곳으로 자발적으로 내려오길 대중이 순진하게 기다리지 않았으면 한다. 이번에는 그들을 주저앉힐 수 있는 아주 자연스러운 대중의 길을 찾아냈으면 한다. 비록 그것이 무모한 꿈이라도 이번만큼은 그냥 앉아서 당할 수는 없다.

24

다시 없을
두 세대의 공존

대중이 처음으로 경험한 자본과의 소통에 만족해하고 있다. 비록 투자에 모두 성공하지는 못했고 팬데믹 종식 후의 경제불황으로 인해 발생한 투자 실패로 적지 않은 고통을 겪고 있지만, 경제체계 속에서 마음껏 자신의 의지로 소통한 것에 한없는 자유를 느낀 것에는 변함없다. 지금껏 정부와 제도에 통제되어왔던 대중의 경제소통이 자본시장에서 만큼은 고삐가 풀린듯 자유로워 보인다. 소통쯤이야 일상에서 마음만 먹으면 쉽게 할 수 있는 거 아니냐고 할 수 있지만 온갖 윤리가 통제하는 사회 속에서는 쉽지 않았던 일이었다. 팬데믹 상황에서 격리당했던 국민은 아이러니하게도 자본 시장 속에서는 소통의 자유를 만끽하는 대중이 되었다. 결코 속을 보여주지 않을 것 같았던 자본 시장이 마침내 대중을 허락한 듯 보인다. 소통을 막는 듯 보였던 코로나 팬데믹 위기 속에서 오히려 가능했으니 아이러니하다. 작은 성공이긴 하지만 소통임에는 의심의 여지가 없다. 자신들이 판단해서 선택한 회사의 주식에 투자하고 암호화폐를 구입하며 NFT를 통해 예술을 새롭게 이해하게 되었다. 동학개미가 된 것을 자축하고 자부심을 느끼며 주식에서 한 걸음 더 나아가 암호화폐를 소유할 수 있음에 만족하고 메타버스 세상에서 생전 처음 예술작품 구매에도 관심을 가지게 되었다. 새로운 세상을 경험한 대중은 이제 돌아올 수 없는 강을 건넌 셈이다. 자본을 향한 욕망으로 보이는 어쩌면 작다할 수 있는 대중의 움직임이 어쩐지 세상 너머 태풍의 진원지처럼 느껴진다.

전문가들은 지금의 과열을 걱정하는 듯하다. 우린 전문가 뒤에 어떤 존재가 있는지 이미 살펴보았다. 정부는 국민을 걱정하는척 하지만 속마음은 다르다. 세수로 연결되길 원한다. 국민을 걱정하는 것이 아니라 그들의 정책 이행을 걱정하는 것이다. 그래야 정권 재창출이 가능하기 때문이다. 나는 경제와 자본시장 전문가는 아니지만 젊은 세대의 자본시장에서의 움직임을 조금은 다르게 해석하고 싶다. 과도한 투기 차원이 아니라면 디지털세대의 긍정적인 움직임이라고 보고 싶다. 과열이라기보다는 미래 디지털시대를 향한 디지털세대의 다양한 욕구의 표출이고 열정이라고 해석하고 싶다.

디지털 세상이 열린지 꽤 많은 시간이 흘렀다. 1989년 월드와이드웹www을 통해 공식적으로 출범했고 1998년 빅데이터 시대를 여는 검색엔진이 작동하기 시작했다. 2008년 구글비즈니스 모델의 발견은 디지털 헤게모니가 단순한 과학과 산업의 차원이 아님을 현실경제 속에서 확인하는 계기가 되었다. 1989년 이후 태어난 디지털세대는 팬데믹을 통해 메타버스라는 세상으로의 본격적인 이주를 시작한 듯하다. 넋을 놓고 이를 바라보던 기성세대(디배세대, 디지털을 책과 강의로 배워야 하는 세대)는 부동산만으로는 모자랐는지 이번에는 그들이 가진 돈으로 투자할 가상세계 자산을 찾는 욕망의 행태를 보이고 있다. 이제 두 세대 간의 거리는 복구가 가능한 탄성 스프링 한계를 벗어나고 있는 듯하다. 디지털세대는 메타버스 세상으로 가는 다리를 건넌 후 뒷길을 하나씩 무너뜨리고 있다. 디배세대의 라때식 꼰대와 갑질로 야기된 세대간의 갈등을 디지털세대가 이제 더는 두고 볼 수 없다는 판단을 한 듯하다. 세대 간 이별이다. 기존 질서는 흔들리고 가치에 대한 근본적인 의문을 가지기 시작했다. 혼돈의 세상이 다가왔다. 세상 모든 가치의 가격을 매기는 기준 자체가 모호하니 더욱 혼란스럽다. 자본은 바뀌는 정도가 아니라 새로운 형태를 취하기 시작하면서, 그것도 자본인가라는 질문을 너머 자본이 과연 뭘까 하는 근본적인 의문을 던지게 되었다. 정장만 입었던 화폐도 캐주얼한 여러 다른 옷을 입고 화폐 아닌 화폐가 되어 더 강력한 돈 역할을 할 수 있다고 한다. '디지털을 배워야 하는' 구태의연한 기성세대의 자본놀이에 염증을 느낀 디지털세대는 자본 자체를 변화시키고 있다. 디지털세대의 혈액 속에는 디지털혁명 정신이 녹아 있어 "디지털을 배워야 하는 세대"가 이해하기 힘든 자본 몇 개쯤은 이제 쉽게 만든다. 때론 무늬만 자본인 자본을 만들지도 모른다. 디지털세대는 이전과는 전혀 다른 자본의 가치를 갖는 화폐, 상품, 작품, 게임 등으로 채워진 세상을 창조하는 것은 분명해 보인다. 지금까지의 자본은 진화하는 존재였다면 디지털세대의 관점에서 보는 자본은 새롭게 태어나는 생명 같다.

앞으로의 20~30여 년은 디지털세대와 디지털을 배워야 하는 세대가 공존하는 시기다. 사라지는 세대와 경쟁 세대가 함께했던 시기가 인류 역사상 또 있었던가 싶다. 마치 호모사피엔스와 호모네안데르탈인이 함께 생존했던 약 5만 년 전을 보는 듯하다. 이 시기가 지나면 디지털을 배워야 하는 세대는 사라진다. 승부는 이미 정해져 있고 시대의 주역도 마찬가지다. 사실 지금 겪고 있는 어려움은 세대간 갈등이 아니라 기성세대의 마지막 몸부림 정도이다. 조용한 은퇴를 못 하겠다는 거다.

디지털시대 자본이 이렇듯 바뀌고 있는 것에 비하면 정부가 큰 흔들림 없이 지키고 있는 국가의 개념은 조금 다른 듯 보인다. 진짜 그런 것인지 겉보기만 그런지는 의심이 가지만 말이다. 국가의 개념도 사실은 적지 않은 균열이 생기고 있는데 국경이 모호해지는 현상으로 알아차릴 수 있다. 자본, 가치, 시장의 세상에서는 이미 국경은 무색해졌다. 일부 예외가 있지만 정보와 전자메일이 넘지못할 장벽은 없어 보인다. 이 시간 지금 바로 이곳에서 느끼는 감각을 세상 모두가 공유할 수 있다. 정보가 얼마나 많았으면 빅데이터를 해석하는 기술이 인공지능이란 이름까지 부여받고 기계학습까지 받아야겠는가. 기업은 이제 국경을 초월해서 어디든 갈 수 있다. 이런 디지털 세상에서 여전히 국경을 지키고 있는 대표적인 존재가 있는데, 정부다. 정부가 지키는 국경은 높아만 지고 있다. 인류가 발명한 정부란 개념이 진정 무엇을 더 지키려고 하는지 고민할 시대를 맞았다. 지키는 대상이 자신을 발명한 인류인지 아니면 또 다른 발명품인 국가와 자본인지 냉정하게 따져봤으면 한다. 국가의 행동들이 강해지는 것을 보니 오히려 흔들리고 있다는 반증 같다. 국가를 지킨다는 명목으로 갈수록 많아지고 구체적이며 강해지는 각종 정부의 법, 몸집이 불어나기만 하는 관료체계를 보면 분명 기반부터 균열이 생기고 있는 게 확실해 보인다.

디지털혁명이 가져다 준 변화 중 으뜸은 새로운 사회적 관계의 형성이다. 오래전 마을과 가족 중심의 인간관계는 산업혁명 이후 생긴 기술문명이 해체했다. 기술혁명을 이어 등장한 디지털혁명은 예전 관계의 복구가 아닌 새로운 관계를 형성하고 있다고 믿고 싶다. 팔순이 훌쩍 넘은 할머니는 손수 가꾼 정원 꽃 사진을 인스타에 올리고 자식, 며느리, 손주들로부터 좋아요 이모지를 받는다. SNS를 통해 새로운 네트워크가 형성되었다. SNS 중심 디지털 소통이 여러 활동을 지원하기도 하는데, 취미생활, 일상의 공유뿐 아니라 과학 논문 출간 소식을 알리고, 사업 아이템 홍보, 예술전시 소식과 전시장을 지인뿐 아니라 관계망 속 동료들과 실시간으로 나눈다. 코로나 팬데믹 이후 이런 현상이 더욱 부각되고 있다. 팬데믹 이전 SNS에 다소 부정적이었던 사람들도 새롭게 참여하는 계기가 되었다. 예전에는 친구, 동료 관계 중심으로 형성되었다면, 이제 핵심어를 매개로 관심이 비슷한 동료 그룹으로 확대되었다. 모르는 사람들과도 연결되어 느슨한 관계가 형성되었다. 얼굴도 모르는 영국과 인도의 SNS 동료가 나의 사진과 글, 생각에 보내는 이모지를 받을 수 있다. 디지털세대는 게임 속 세상에서 자신이 만든 캐릭터 얼굴로 게임 속 동료들과 한 팀을 이뤄 소유물을 공유하고 목숨을 걸고 전쟁에 임하기도 한다. 물론 언제든 끊어질 수 있는 관계다. 산업혁명 이전 인간관계의 회복이 아니라 새로운 관계의 탄생을 디지털기술이 가져왔다.

디지털혁명은 시장의 모습을 완전히 바꿨다. 배달은 이제 일상이 되었다. 재래시장과 백화점 단골 가게가 인터넷 구매사이트로 바뀌더니 팬데믹 시기에는 배달사이트가 구매사이트를 하나씩 잠식하고 있다. 소비가 개인의 정체성을 만든다는 말도 과거가 되었다. 자본시장의 변화도 가속되고 있다. 해외 주식투자도 가능해졌고 일부 전문가들의 전유물이었던 파생 상품도 일반화되어 주가지수, 오일가격, 원자재 가격과 연동된 자본상품에도 투자한다. 주식이 폭락하면 파생 상품을 통해 오히려 큰돈을 벌 수 있는 것은 오래된 상식이 되었다. 그래도 주식투자는 직간접적으로 실물경제와 연결되지만 실물경제와 뚜렷한 연계를 찾기 힘든 암호화폐, 메타버스 아이템, NFT 등을 거래하는 자본시장 거래는 가치개념의 근본적인 변화를 가져오고 있다.

디지털혁명이 가져온 새로운 관계망 형성, 소비와 생활 패턴 변화, 자본중심의 새로운 투자 양상은 문화가 되었다. 필요한 최소한의 돈만 있다면 좁지만 자신만의 공간에서 SNS, 가상세계 게임 등 가상공간 속 인간관계를 유지하고, 현실과 디지털기술로 연결된 가상공간에서 일하고 자본에 투자하면서 살수 있게 되었다. 그러다 가끔 지하주차장으로 내려가 무인자동운전 기능을 갖춘 전기차로 외부로 나가 신선한 공기 쐬고 기분을 전환해주는 풍경을 즐기고 사진 찍고 주변 키오스크 주문 카페에서 커피 마시고 다시 급하게 집으로 돌아와 SNS에 사진 올리는 생활을 할 수 있게 되었다. 또한 게임 기기 패키지가 디지털 플랫폼을 통해 제공하는 가상세계로 여행하는 것으로 자신의 생활 패턴을 다양하게 할 수도 있게 되었다.

많은 생활과 관계가 디지털혁명으로 이미 바뀌었고 빠른 속도로 지금 순간에도 바뀌고 있다. 이런 흐름 속에서 자본은 팬데믹 시기 대중에게도 어느 정도 옆자리를 허락하면서 소통 창구를 열었다. 그런데 여전히 난공불락 중세의 성 같은 게 하나 있다. 관료제와 전문가체계를 유지하면서 대중이 길거리에서 외치지 않으면 눈길 한번 제대로 주지 않는 곳이 있다. 디지털도 자본도 제대로 아는 것 같지 않으면서도 여전히 큰소리치면서 자신의 몸집을 불리고 국민에게는 소통을 허락하지 않는 거인이 있다. 여론조사를 소통으로, 시민단체 포함 위원회를 민주주의의 전부라고 착각하고 있는 오래된 존재가 있다. 권력형 정부다.

디지털시대 새롭게 형성되고 있는 사회적 관계, 자본중심의 거래는 자신의 존재, 국가의 역할, 자본의 가치를 본격적으로 제대로 공부해야 한다는 숙제를 남겼다. 이를 답하지 않고서도 여전히 구매하고 투자할 수 있지만 부지불식간에 정부와 자본에 종속되기 십상이다.

갑자기 불어난 자본시장의 다양한 가치를 기반으로 하는 부의 생성을 가장 반기는 것은 다름 아닌 정부일 것이다. 세수를 늘릴 수 있으니 굿뉴스다. 세수를 늘릴 수 있다는 건 국민들에게 복지 정책을 펼 수 있고 복지 제도를 통해 혹은 부를 재분배

한다는 명목으로 계속해서 정부 관료체계의 역할을 늘려갈 수 있다는 뜻이다. 디지털 자본시장으로부터 세수를 최대한 확보하고 복지 정책을 편다면 다음 선거에서도 승산이 있다. 이를 민주주의라고 강조한다. 사실 정부와 관료체계는 굳이 디지털 기술과 문화를 이해할 필요도 없다.

'거버넌스Governance'라는 고상한 이름으로 관료제를 유지한다. 관료제를 떠받치고 있는 전문가들은 그럴듯한 개념을 만들어 국가 비전을 만들어내는 데 귀재들이다. 대표적인 예로 ESGEnvironment, Social, Governance, 환경, 사회, 지배구조가 있다. 발빠르게 관련 법과 새로운 정책들을 만들어 예산집행을 하면서 열심히 일하는 정부임을 강조한다. 하지만 곧 한계가 올 것은 자명하다. 디지털을 모르고 디지털 세상을 운영하고 관리하는 것은 불가능하기 때문이다. 몸집이 크면 수많은 디지털 지식을 이해하기 어렵다. 하루가 멀다하고 새롭게 형성되는 디지털 질서를 정부 공무원들에게 모두 교육시키는 것은 애당초 불가능했다. 디지털시대 형성되는 정보들은 가볍다 못해 공간과 시간을 떠다닌다. 디지털시대가 형성하는 가치 방향과 지금 정부 관료체계가 바라보는 그것과는 근본적으로 유사성이 없다. 가치와 질서의 자유로운 형성이 디지털 속성이라면 정부관료제는 기존 가치와 질서의 유지를 지상목표로 한다. 그렇기에 함께하기 힘들다. 지금 이 순간에도 형성되고 있는 가치와 질서를 법과 정책으로 지킨다는 것 자체가 말이 안되는 거다. 규범이 되기도 전에 또 다른 새로운 가치의 흐름이 형성되는데 무슨 수로 이에 대응하는 법과 정책을 만든다는 건가. 암호화폐 자본 증식, 메타버스 가상세계에서 쏟아져 나오는 새로운 부만 봐도 알 수 있다. 디지털시대 새로운 부 배분 또는 활용을 위한 정치를 지금의 국가, 정부, 관료제로는 감당하기 어렵다. 기껏 정책과 관련 법을 만든다 해도 또 다른 자본 상품이 만들어질 것이기 때문이다.

디지털 가치는 정의로운 배분이 아니라 정의로운 흐름으로 다루어야 한다. 규범을 만들어 집행하는 것이 아니라 사회 채널을 만들어 정의가 그곳으로 흐르도록 유도해야 한다는 거다. 디지털 정의를 위한 채널 구조가 어떤 것이든 분명한 것은 가치와 부, 분배 또는 흐름의 정의 자체가 근본적으로 변화해야 한다. 디지털 자본으로부터 생겨나는 엄청난 부를 정부 관료제가 지금과 같이 계속 깔고 앉아 있으면 자본 불평등, 부의 편중은 갈수록 심해지고 결국은 우리 사회가 감당하지 못하는 수준으로 갈 것이다. 정부는 할 수 있는 일과 할 수 없는 일에 대한 처절한 자기 분석을 해야 한다. 자신의 지금 모습을 부정하지 않고는 변할 수 없다. 부정이 긍정보다 못한 것이라고 어떤 철학도 우리에게 얘기한 적이 없다. 디지털시대 모든 가치와 존재는 변한다. 정해진 틀이 없으니 부정은 당연하다. 부정해야 새로운 흐름을 통해 새롭게 형성된다. 긍정하면 굳어진다. 하지만 아쉽게도 정부라는 개념은 속성상 이를 받아들이지 않는다.

암호화폐 거래로부터 엄청난 자본이 형성되자 규제와 제도화 후 세금징수하는 것을 두고 정부는 몇년간 고민하다 최근에는 암호화폐 거래를 허가하고 적극적인 세금 징수로 정책 방향을 정한 듯하다. 관련 법을 만들고 정책을 펴고 세수를 확보하여 이를 예산으로 편입시켜 복지 정책 등에 배분할 수는 있을 것이다. 그런데 정부는 제도화 이전에 암호화폐가 만들어내는 저 엄청난 부의 생성이 과연 자본주의 도덕 아니 그보다 더 근본적인 사회정의에 적합한지 대중과 함께 고민해야 한다. 한 가지 꼭 강조하고픈 것은 이번 고민을 정부가 갖고 있는 전문가 조직과 체계가 아닌 대중과 직접 해야 한다. 왜냐하면 디지털기술은 암호화폐 외에도 계속해서 다른 형태의 가치생성 아이디어를 만들어낼 것이기 때문이다. 우선 NFT^{Non-fungible token, 대체 불가능한 토큰}만해도 그렇다. 도대체 어떤 개념이고 왜 가치를 가지는지 이해하기도 쉽지 않다. 그런데 정부는 이런 가치와 자본들이 생성될 때마다 관련 법을 만들어 세금을 징수하려고 한다. 시간간격을 두고 계속해서 관련 법들이 만들어지겠지만, 끊임없이 형성되는 새로운 디지털 자산 관련법을 만드는 사이 자본시장은 무법 천지가 되어버린다. 빅테크는 이미 등장했으며, 디지털기술 최첨단 자본시장을 이해하는 일부 투자자들에게 되돌릴 수 없을 정도의 부가 편중되어버릴 것이다. 아무리 발 빠르게 대처해도 소잃고 외양간 고치는 식의 정책일 것이다. 독과점, 재벌 기업 정도가 아닐 수도 있다. 지금의 빅테크를 보면 기존 재벌은 오히려 하찮아 보인다. 영원할 것 같았던 재벌기업들이 디지털기술에 적응하지 못하고 법정관리를 신청하면서 오너들이 경영에서 떠나는 것을 보면 디지털 가치의 위력을 새삼 확인할 수 있다. 새로운 디지털 가치독점 계급이 등장할 가능성도 높아 보인다. 이들 계급은 디지털기술과 운명을 함께할 것이다. 디지털을 배워서 아는 기성세대와 몸집이 너무 커서 법과 정책을 통한 대처가 느린 정부를 비웃으며 새로운 투자대상을 찾아 사냥감을 정확하게 찾아내는 디지털 사냥꾼, 디지털 노마드라고 할 수 있다. 투자 팔로우들이 오면 정보와 지식을 공유하는 듯 처신하지만 사실은 시장형성을 통해 투자하게 하려는 전략적 행동이다. 시장이 뜨거워지고 정부가 관련 법을 만들기 시작하면 투자이익을 챙겨 다른 디지털 가치 영역으로 다시 옮겨가는 식이다. 이를 감당할 수 있는 정부개념은 아직 없으며, 노동도 아니라 노동조합도 없다. 예전과 같이 산업생태계를 잠식한다는 도덕적 지탄을 받지도 않는다. 화전민처럼 산의 일부를 불태워 농사짓고 다시 이동하는 식이 아니기 때문이다. 이들은 현실 속 산을 잠식하지 않는다. 기존 산업생태계 자체가 없기에 새로운 가치를 메타버스 속에서 만든다는 개척자로 추대되기도 한다.

그런데 한 가지 잊지 말아야 하는 것이 있다. 메타버스 가상 세계를 떠다니며 새로운 가치상품을 만들어 디지털 사냥꾼 노마드가 벌어들이는 돈, 암호화폐는 현실 속 현금과 환전이 가능하다는 점이다. 만약 그들만의 세상, 그들만의 리그에서 번 돈이 현실 속 돈과 환전되지 않는다면 특별히 걱정할 것도 없다. 실물경제, 지금의 자본시장과 무관하다면 그건 전혀 다른 얘기다. 만약 그렇다면 오히려 권장할 부분이 더 많다. 하지만 불행하게도 현실은 그렇지 않다. 마치 혁명가처럼 행동하지만 실상은 현실 속 돈을 벌어들이는 새로운 계급에 불과한 것이다.

디지털 가상세계 게임과 디지털 자산상품은 엄연히 구분해야 한다. 게임 속 세상은 디지털세대의 삶이고 일상이다. '디배세대'가 만든 순위경쟁, 승자와 패자 법칙만이 지배했던 세상을 벗어나기 위한 탈출구 역할을 게임이 해주고 있다. 디지털세대의 게임은 승부와 순위가 없는 무한게임이기도 하다. 게임은 단순한 자본투자 상품과는 차원이 다르다. 또한 NFT가 장착된 디지털 작품에 대해서도 분명히 해두고 싶다. 디지털 작품을 새로운 차원의 예술작품으로 인정하는 애호가와 오직 수익에만 집중하는 디지털 자본 사냥꾼과는 구별되어야 한다. 즉 NFT 자체에 문제가 있는 것은 아니다. 아날로그 예술작품에 예술 애호가뿐만 아니라 투기자본도 다가오는 것과 다르지 않다.

디지털 노마드 사냥꾼이 만들어내는 디지털 가치 상품이 NFT 정도로 끝날게 아니라는 것은 쉽게 알 수 있다. 메타버스 세상에서 NFT를 잇는 디지털 자산 상품들이 계속 만들어질 것이다. 그럼 이렇게 생각할 수 있다. 개별 상품 단위로 세금을 부과하지 말고 메타버스 가상세계를 아우르는 크고 넓은 법을 만들어 관련 수익에 대한 세금징수를 하면 되지 않느냐고. 그럴듯해 보이지만 아쉽게도 디지털 기술과 개념을 전혀 깨닫지 못하고 있는 듯하다. '메타'라는 단어의 의미는 무언가 넘어서 초월한다는 뜻 아닌가. 디지털은 상품을 만들기 이전에 물질을 만든다. 디지털 메타 가치는 과학적인 동시에 철학적이다. 물질은 이합집산 물리적, 화학적 반응을 통해 사물이 된다. 감각되고 사고의 대상이 된다. 디지털이 물질을 만든다는 사실은 결코 가볍지 않다. 물질이 디지털기술을 통해 탄생한다라고 표현해도 좋겠다. 삶의 순간들을 만드는 재료지만 때론 인간의 개별 행동에 영향을 미치는 존재 차원으로까지 갈 수 있다. 인간과 대등하거나 오히려 나은 존재가능성도 확인되고 있다. 디지털시대 물질은 인간을 비웃기라도 하는 듯 보이기도 한다. 자신이 인간보다 나은 존재라고 사고하기 때문이다. 디지털 기술이 생각해낼 수 있는 아이디어는 지금까지의 규범과 상식으로는 상상하기 힘든 세상을 계속해서 준비한다. 어깨에 잔뜩 힘이 들어간 지금의 정부 관료제 방식으로는 감당하기 힘든 이유다.

디지털혁명은 결국 자본혁명과 정치혁명으로 이어질 것이다. 당분간 정부, 자본가 모두 힘겨운 싸움을 하겠지만 역부족일 수 있다. 정부체계와 자본체계를 대체할 존재의 등장이 언제쯤일지는 예측하기 쉽지 않겠지만 분명한 건 이번에도 대중의 역할이 중요하다. 거대 정부와 자본으로부터 철저하게 소외되고 지배 대상으로만 치부되었던 대중이 디지털혁명의 주역이 될 것이다. 대중이 주역이 될거라는 예측을 뒷받침하는 논리는 간단하다. 디지털기술문명은 정부와 자본이 필요한 게 아니다. 사용하기 위해 모이면 가치가 생성되는 1989년 html 언어를 기억해야 한다. 모이는 존재가 대중 아닌가. 대중들이 모여 생활하고 대화하는 바로 그곳에서 가치가 생성된다. 가치를 주면 주위에 대중이 모이는 게 아니다. 대중이라는 이름의 가치 옹달샘이다. www 세상을 만든 팀 버너스 리 교수도 지금의 세상을 예측하지는 못했을 것이다.

기왕에 이렇게 된 바에 디지털시대의 극단을 상상해보았으면 한다. 디지털기술이 상상할 수 있는 모든 가능성을 쏟아 붓고 난 이후 세상, 그 극에서 만나게 되는 사회와 세상, 국가와 자본을 상상해본다. 이는 국가와 자본 자체를 부정하는 것이 아니라 인류가 만든 아이디어가 역시 인류가 만든 디지털 기술의 극단에서 어떤 모습일까 그려보고 싶은 거다. 극단까지 가기 이전의 중간단계인 과도기만 대비하다가 근본적인 변화를 놓칠 가능성이 인류에게 있기 때문이다. 언제까지 과도기 체계만 걱정할 수는 없지 않은가? 그렇게 한가하게 준비할 디지털시대 위기가 아니다.

백척간두 진일보, 디지털기술이 백척간두에서 인류를 살짝 밀어보니, 추락하지 않았다. 보이지 않았던 길이 인류의 발밑에 보이기 시작한 것이다. 영화 〈인디아나 존스〉에서 성배를 찾기 위해 보이지 않는 절벽 위 길에 오직 믿음을 갖고 한 발짝 내딛는 바로 그 장면 같다. 그곳엔 세상 모든 사람들이 강조하는 ESG 같은 것은 없다. 디지털시대 극단에는 어떤 누구도 환경이 되지 않는 체계만의 세상이다. 지금의 민중과 국민은 주류 체계를 떠받치는 환경이지만 디지털 극단 그곳에는 소통하는 대중만 있다. 체계와 환경의 경계와 구별이 있을 때 그럴듯한 논리를 가진 지속가능 개념이 필요하다. 환경이 사라지면 굳이 지속가능을 얘기할 필요도 없다. 추락도 회복 상승도 없으니 리질리언스^{resilience}도 당연히 없다. 체계는 소통하는 순간 세상의 새로움을 형성하기 때문이다. 거버넌스도 그곳엔 없다. 강력한 권위, 지배자, 지배세력이 없으니 지배구조도 없다. ESG는 허상 그 자체다. 디지털가치 형성은 지배를 허락하지 않는다. 자세히 보니 뭐라 딱히 정부라고 할 것도 없다. 정부와 늘 함께하던 전문가체계도 없다. 거버넌스가 없으면 지배구조가 요구하는 질서, 지식 교육도 필요 없다. 대학도 보이지 않는다. 디지털시대 지식에는 따로 배우고 가르칠 수 있는 것이 없다. 디지털기술, 인공지능, 학습이 가능한 기계문명은 소통이 필요로 하는 다양한 기호를 만들어내고 있다. 그 기호는 영어, 중국어, 스페인어 같이 배우는 언어가 아니라 디지털 기계기호며 이는 다양한 사회체계의 소통 도구이다. 다양한 돈도 그런 기호 중 하나로 역할을 할 것이다. 돈은 경제체계 기호이므로 버는 대상이 아니라 원활한 경제소통을 도와주는 수단이다. 그 외 정치체계 기호, 예술체계 기호 등 다양한 기호가 만들어져 코드로 작동하고 인류는 지식을 익히는 게 아니라 소통하면서 지식을 형성한다. 기후변화와 플라스틱 위기, 환경오염은 디지털 극단에서 보니 사라진 지 오래되었다. 노동은 일로 대체되었다. 일상 생활 속 기호의 선택, 정보교환이 자연스럽게 민주정치에 연결되기 때문에 선거없는 정치가 그곳에선 작동한다.

백천간두에서 디지털기술에 떠밀려 허공을 향해 발을 내미니 무언가 보였다. 내딛지 않았으면 영원히 만날 수 없었던 세상이다. 그곳은 지금 세상과 다르다는 표현이 어울리지 않는다. 차원이 다른 가상세계이기 때문이다. 환경은 없고 오직 체계만이, 지속가능은 아예 언급할 필요가 없으며, 거버넌스 없는 소통이 보이더라. 체계^S, 자연^N, 소통^C 모두 디지털 버전으로 그곳에 있더라. ESG가 아니라 디지털 SNC 말이다. 캐치프레이즈를 하도 좋아하니 하나 만들어보았다.

25

광장이 아닌 장소에서
외쳐야 한다

디지털세대는 주류 체계와 소외된 환경을 만들지 않았다. 허락한 적도 없다. 당연히 국가와 정부, 자본이라는 개념도 만든 적이 없다. 기존 도덕은 그들이 지켜야 할 무거운 의무였고 윤리는 적응해야 하는 힘겨운 삶이었다. 달리 말하면 주어진 도덕은 깰 수도 있고 윤리는 새롭게 만들 수도 있다. 그들은 기존 세대가 만든 세상에 태어났을 뿐이다. 기존 온갖 개념들을 만든 것도, 디지털시대 혼란을 겪고 있는 것도, 혼란 속에서 기존 개념들과 이별하는 것도 사라질 세대, '디배세대(디지털을 배워서 아는 세대, 곧 기성세대)'이다. 디배세대는 길어야 30년 안에 사라질 인류이다. 하지만 그냥 사라지지는 않을 태세다. 그래서 걱정이다. 사라지면서 무언가 하려고 하기 때문이다. 기존 개념과 도덕을 깨부술 망치가 디지털세대의 손에 쥐어졌다. 그리고 그들은 디배세대를 향해 평화로운 마지막 대화 창구를 열어보려 한다.

디배세대가 할 일이 아직 남아 있다면, 그것은 디지털세대를 교육하고 올바른 길로 인도하는 게 아니다. 그렇게 할 바엔 사고치지 말고 그냥 조용히 그동안 번 돈으로 즐겁게 즐기다 사라지면 좋겠다. 하지만 만약 무언가 도움이 되고 싶다면, 디지털세대와 함께 세상의 변화를 위해 노력하고 싶다면, 길이 없는 것은 아니다. 디지털세대도 디배세대와 함께할 이유가 하나 있기는 하다. 이 시기가 지나면 디배세대 인류는 다신 세상에 존재하지 않기 때문이다. "디배세대에게 미래는 없다." 사라지는 세대의 목소리는 중요한 메시지가 될 수 있다.

마지막 기회가 마련된다면 장소는 광장과 대학이 아니다. 광장과 대학으로 정하면 틀림없이 디배세대는 또 가르치려 들 것이다. 그래서 장소의 모호함을 이용해야 한다. 디배세대에게 익숙한 장소여서는 곤란하다. 어디가 되더라도 디지털세대가 정해야 한다. 디지털 플랫폼도 좋다. 그래야 실험 결과가 미래로 이어질 수 있다. 또한 방법과 룰을 정하고 들어가선 안 된다. 그러면 틀림없이 승자게임으로 흘러갈 것이다. 한 가지 명심해야 할 것은 시간이 얼마 남아 있지 않았다는 사실이다. 공정하고 공평하게 한다는 말 뒤에는 경쟁을 통해 순위를 정한다는 가정이 어쩔 수 없이 자리 잡고 있다. 순위경쟁이 아니라 무한 반복되면서 흘러가듯 진행되는 게임 속에서 자연스럽게 형성되는 질서를 목표 삼아야 한다. 게임 도중 게임 참석자 중 일부, 즉 기성세대는 사라진다. 사라짐도 자연스럽게 받아들여지면서 중단되지 않는 무한게임이 인류 최초의 기획 실험이어야 한다.

디배세대는 어떻게든 자신의 프레임으로 세상을 본다. 손흥민의 골 세레머니처럼 자신만의 프레임을 들고 다른 프레임을 든 대상들을 향해 분노한다. 분노가 모여 권력이 만들어지고 있다. 자본시장도 다르지 않다. 자본상품, 부동산을 보는 창, 그들만의 경직된 프레임 주위로 수많은 인류가 모여 부를 축적하고 있다. 고인 물은 썩어 권력이 된다. 권력과 부는 프레임 속에서 연결된다. 철거를 앞둔 부실한 기초가 드러난 건물 같다. 외부에서 퍼 온 모래를 끊임없이 실어 나르지 않으면 유지될 수 없는 해운대 모래 백사장 같다. 디지털세대는 다르다. 디배세대와는 달리, 보고 싶은 세상이 있으면 카메라 렌즈를 간단하게 교체해버린다. 그런데 인류 최초 위대한 실험을 프레임 속 답답한 공간에서 하자고 하면 되겠는가. 신인류, 디지털세대에게 실험 장소 결정을 맡기자. 그들은 렌즈를 이용한다. 렌즈를 가져다대기만 하면 무한의 이미지가 만들어지는, 세상이라는 이름의 실험실을 가뿐하게 만든다. 임대료, 공간 사용료를 낼 필요 없는 마법 같은 실험실을 뚝딱 도깨비 방망이로 만든다. 인류 최초 실험은 가설도 없다. 가설로 생각을 가두지 않기 위함이다. 방법론도 특별히 정해져 있지 않다. 참고문헌도 그닥 필요 없다. 실험실에 일단 들어오면 서로 관심을 가지고 그냥 얘기하면 된다. 얘기하다 보면 또 다른 얘깃거리가 생기고 그렇게 얘기를 이어가면 된다. 그러다 보면 지식이 생기고 가치도 만들어진다.

기존과 다른 언어와 기호를 사용하는 것을 두려워하지 않았으면 한다. 언어를 꼭 글이나 말로 국한하지 말자. 소통에 쓸 수 있는 모든 도구가 언어이고 기호다. 돈이어도 상관없다. 디배세대는 어린시절로 돌아가 즐거웠던 게임들 속에서 사용한 행동, 말, 아이디어를 기억해내 언어로 바꿔 디지털세대와 얘기하는 거다. 지식을 전달하려 하지 말고 얘기하면서 디지털세대가 지식을 그들의 방식으로 형성하게 그냥 놔두자. 사라질 디배세대가 할 수 있는 건 오직 그것이다. 디배세대는 살아온 세상과 지금 헤어지는 중이다. 살아갈 세대와 인류 최초의 실험을 하면서 아름다운 은퇴를 준비하고 있다. 슬퍼하지 말고 멋진 마무리를 하고 있다 생각하자.

5부

디지털
연금술사들이
지배하는 세상

사회질서를 만든다고 하면 생소하고 심지어 듣기 불편해지는 것이 사실이다. 질서는 늘 지켜야 하는 대상이었기 때문이다. 사회가 성숙하기 위해서는 정해져 있는 질서를 지켜야 한다고 지금껏 믿어왔고 그렇게 배웠다. 권력이 정하는 표준화된 질서이다. 반면 디지털시대 질서는 대중이 형성한다. 디지털시대 가치와 사회질서는 대중의 마음이 정하고 마치 물흐르듯 하늘의 뭉게구름이 피어나듯 그렇게 형성되어도 사회 안정이 흔들리지 않는다. 한번도 경험해보지 못한 것이라 처음에는 불안하지만 경험하고 나면 확신이 생기고 또 다른 시도에 도전할 용기도 생긴다. 가치 기준도 사회질서와 비슷하다. 기존의 가치 기준은 권력을 가진 사람, 사회 질서는 반드시 지켜져야 한다고 가르치려 드는 권력자가 정해서 내려주었다. 하지만 디지털시대 가치는 정해지는 것이 아니라 대중의 마음이 모이는 곳이 곧 가치가 된다. 대중의 마음이 모이는 바로 그곳에 가치가 놓여 있다는 진실을 그냥 받아들이면 된다. 권력의 표준이 가치 기준이 되는 시대는 종말을 고하고 있다. 아직 잔재해 있는 구시대 가치 기준이 있다면 신나게 흔들어 근간을 무너뜨려야 한다. 확고부동했던 가치 기준이 흔들리는 것은 질서파괴가 아니고 새로운 세상의 질서를 준비하면서 새 생명이 탄생하는 우주의 혼돈이다. 디지털 대중을 현대판 연금술사라 부르는 이유가 여기 있다.

26

가치 기준 뒤흔들기

돈이 가치 기준이라는 것을 인정하고 나면 많은 것이 명확해진다. 물론 마음은 불편해지지만, 어쩔 수 없다고 받아들이는 순간 그동안 의아했던 세상일들이 이해되기 시작한다. 감자 한 상자 가격이 아메리카노 두 잔 가격과 비슷하고, 2023년 시간당 최저임금이 9,620원(연봉으로 약 2,400만 원)인데 영국 프리미어리그 스타선수의 일주일 급여가 2억(연봉으로는 약 100억 원)일 수 있는지 비로소 이해된다.

가치 기준이 인간의 '노동력'에 있다면 어떻게 이런 가격과 임금의 차이를 이해하고 받아들일 수 있겠는가. 어떻게 시골집은 2억 정도이면서 이보다 10분의 1 면적밖에 안 되는 도시의 아파트 가격이 20억인 것을 이해할 수 있겠는가. 어떻게 죄를 지은 재벌총수의 특별사면을 이해할 수 있겠는가. 농부들이 힘들게 수확한 하지 감자 1kg의 가격을 어떻게 커피값과 비교할 수 있느냐 주장해도 소용없다. 건설, 택배, 레미콘 등 운송 노동자의 임금이 어떻게 스타 축구선수의 임금보다 수백에서 수천 배 낮을 수 있냐고 주장해도 아무도 귀 기울여주지 않는다. 시골 땅이 도시 아파트보다 가치 있다고 주장해도 통하지 않는 세계이다.

돈이 가치의 기준이라는 사실만큼이나 우리가 간과하고 있는 것이 하나 더 있다. 가치의 기준이 돈 하나뿐이라는 진실이다. 누군가는 이렇게 얘기할 것이다. 돈이 가치 기준인 것은 사실이지만, 인간 노동, 시장 질서, 국가 정책 등이 모두 복합적으로 고려되어 가격이 정해진다고. 옳은 말이다. 하지만 앞서 말한 것들도 다름 아닌 돈이라는 가치를 빼고는 논의 자체가 힘들다는 것은 또 어떻게 설명할 것인가. 즉 인간 노동, 시장 질서, 국가 정책이 돈과 함께 가치 기준을 형성했다고는 하지만, 그 중심에는 돈이 위치하고 있음을 부정하기 어렵다. 또한 이런 식으로 논지를 흐리다가는 유일무이한 가치 기준인 돈으로 인해 발생하고 있는 사회문제 해결의 실마리를 잡는 것이 어려워질 수밖에 없다. 복합적인 가치들이 모두 고려되기 이전에 핵심적인 중심 가치 기준이 돈임을 인정하는 것으로부터 해결의 실마리를 찾았으면 한다.

돈이 유일무이한 가치 기준이라는 점을 인정하고 나면 오히려 그다음을 볼 수 있다. 두 가지 또는 그 이상의 가치 기준을 새롭게 가져보는 시도는 그 무엇도 아닌 가치 기준이 오직 돈 하나라는 것을 인정해야만 가능해진다. 이 시도로 자칫 그나마 유지되고 있던 질서가 흐트러져 사회가 혼란스러워지지 않겠냐고 비판할 수 있다. 질서가 흐트러질 수는 있다. 하지만 혼란보다는 혼돈이다. 사회가 가치 기준을 하나에서 여러 개로 확대하면 혼란이 아니라 혼돈을 가져온다. 혼란이 기존 질서 속에서 일어나는 것이라면 혼돈은 기존 질서 밖에서 새로운 질서가 형성되는 현상이다. 혼란이 아닌 혼돈을 통해 세상의 새로운 질서를 가져오기 위해서는 가치 기준을 흔드는 것 만한 게 없다.

돈과는 전혀 다른 새로운 가치 기준을 머릿속에 떠올려보자. 물, 공기, 땅, 나무, 밥 등 일상에서 매시간 접하는 것 중에서 하나를 택해 그 가치를 정해보고 이를 기준으로 다른 것들의 가치를 상대적으로 생각해보는 거다. 그런데 여기서 꼭 지켜야 할 것이 있는데 가치 기준을 정해 가격을 매길 때 현재 사용하는 돈의 단위를 사용하지 않는 것이다. 즉 환전을 허락하지 않는 것이 중요하다. 예를 들어 물 1리터를 가치 기준으로 정하고 감자 한 상자, 커피 한잔, 버스와 지하철 승차권, 책 한 권, 영화 한 편 관람에 관한 가격을 정하는 데 물 1리터의 가격을 1원

또는 10원처럼 지금 사용하는 법정화폐 단위를 이용하지 않는 것이다. 만약 새로운 가치 기준을 지금 사용 중인 법정화폐 단위로 사용하면 가치 기준을 바꾸려는 노력에도 불구하고 결국 원래 가치 기준인 돈으로 돌아가버린다는 것이다. 대신 새로운 화폐 단위를 사용하는 데 물 1리터 가치를 예를 들어 '1수'라고 하는 거다. 여기서 '수'는 물을 가치 기준으로 하는 화폐 단위이다. 물 1리터 가격을 '1수'라고 하고 그 가치를 기준으로 커피 한잔은 몇 수일지 정하는 것이다. 다시 한번 강조하지만 이때 조심할 것은 물 1리터 가격을 법정화폐 단위인 '원'으로 환산한 이후에 커피 한잔과 버스요금을 '수' 단위로 계산하지 않는 것이다. 모든 가격을 온전하게 물 1리터 가격인 '1수' 기준으로만 정해보는 것이다. 그래야만 지금과는 다른 가격 기준, 가치 기준을 가질 수 있고 시간당 최저임금이 몇 수가 적당한지, 땅 평방제곱미터당 가격이 몇 수가 합당한지, 영국 프리미어리그 스타선수의 주당 임금은 몇 수 정도로 책정 가능한지 새롭게 판단할 수 있는 질서가 만들어질 수 있다.

물 외에 새로운 가치 기준으로 공기 1리터, 땅 1제곱미터, 소나무 한 그루 등도 가능하겠다. 이렇게 만들어지는 화폐의 단위는 각각 '에어, 땅, 그루'가 될 수 있다. 이를 기준으로 시간당 노동 최저임금은 몇 에어인지, 몇 땅인지, 몇 그루인지 상상 가능하다. 물질만 가능한 것은 아니다. 사람이 100미터를 걷는 가치를 생각해서 정할 수도 있다. 100미터를 걷는 가치를 '1산책'이라는 화폐로 정할 수 있다. 여기서 '산책'은 걷는 행동을 가치 기준으로 하는 화폐의 단위이다. 생수 한 병은 몇 산책일까? 커피 한잔, 책 한 권은 또 몇 산책이 적당할까?

물, 공기, 땅, 나무, 산책을 가치 기준으로 하는 화폐는 원화로 환전되어서는 안 된다. 환전되는 순간 가치 기준이 현재의 법정화폐로 되돌아가버린다. 처음에 어색하겠지만 며칠만 노력하면 얼마든지 새롭게 탄생한 화폐에 익숙해질 수 있다. 그리고 이 새로운 가치 기준은 국가를 초월해서 사용될 수 있다. 예를 들어 산책화폐가 생긴다면 한국인, 중국인, 가나인이 100미터를 걷는 행동은 동일하다. 비록 사람에 따라, 도시와 국가에 따라 가치 기준이 다르게 정해질 수 있지만, 가늠하기 힘들었던 돈이라는 가치에 비하면 최소한 가치 기준은 명확해진다.

사람들에게 커피 한잔 가격이 몇 수, 몇 에어, 몇 땅, 몇 그루, 몇 산책이 적당한지 정해보라고 하면 당연히 모두 다를 것이다. 의도된 가치 흔듦이다. 그렇게 하여 시장가격이 형성된다면 제2의 보이지 않는 손이 만들어지는 것 아니겠는가. 새로운 가치질서가 형성되는 셈이다. 이런 화폐가 디지털기반으로 만들어져 세상에서 통용되는 것을 상상해보자. 물을 가치 기준으로 하는 화폐를 지불하고 커피를 마실 수 있는 카페가 서울 성수동과 영국 런던에 있다고 상상해보자. 남원의 한 마을에는 7

수를 지불하고 자전거를 수리할 수 있는 가게가 있고, 스페인 해변에는 3.5수를 지불하고 맥주를 즐길 수 있는 펍이 있다고 상상하는 것만으로도 즐겁지 않은가. 버스킹 공연이나 강연을 하면서 관객에게 감사인사로 물 가치 기준 화폐를 받는다.

이런 새로운 가치 기준을 갖는 디지털화폐는 기존 법정화폐와 함께 사용될 수 있다. 환전이 되지 않기에 오히려 법적 제약이 훨씬 덜하다. 화폐의 여러 요소를 잘 디자인함으로써 자연스럽게 생성되고 고이지 않고 순환되도록 할 수 있다. 돈의 고유 기능 중 하나인 교환에 집중하면서도 세계 속 어디에서나 사용 가능한, 재미있고도 효용이 있는 화폐가 될 수 있다. 법정화폐를 건드리지 않으니 정부의 간섭을 받지 않는 자유로운 화폐가 된다. 대중에게는 돈주머니 하나가 더 생긴다. 이런 화폐를 한 달, 두 달 그리고 1년 정도 사용한다면 사회의 가치질서 자체가 조금씩 변할 것이다. 내가 새로운 화폐를 받아들이면 다른 사람도 이어서 받아들일 것이고, 사회는 그렇게 새로운 화폐경제를 추가로 갖게 될 것이다.

27

돈에 숨겨진 증강과
감강 현실

　시력교정술에 삽입하는 렌즈에 첨단 스마트칩이 장착되어 컴퓨터처럼 여러 정보들을 제공한다고 가정해보자. 스마트칩 렌즈를 눈에 장착한 수험생이 특정 시험을 치른다면 수학 공식, 영어 단어, 과학 및 역사 지식들이 기억나지 않을 때 도움을 받을 수 있을 것이다. 렌즈 속 스마트칩이 인터넷과 연결되어 출제된 문제에서 요구되는 지식을 검색할 수도 있겠다. 이런 렌즈를 통해 경험하는 세상이 증강현실이다. 특정 도구를 이용하여 감각할 수 없는 사물을 감각함으로써 현실 속에서 추가로 만들어진 증강현실이다. 이런 기술이 가능하다고 해서 수능과 같은 시험에 허락될 것 같지는 않지만 다른 목적으로는 얼마든지 활용 가능하다. 매시간 사용하는 스마트폰이 가져다주는 여러 경험도 증강현실이라고 볼 수 있다. 이는 감각하는 현실을 벗어나 전혀 다른 세상 속으로 들어가 만나는 가상현실^{VR}과는 차별된다. 가상현실은 현실과 연결되지 않으나 증강현실은 연결되어 현실 기반 위에서 사물이 추가된다.

2018년부터 이듬해 방영된 〈알함브라 궁전의 추억〉이라는 드라마에는 투자회사 대표 유진우 역을 맡은 현빈이 스페인 그라나다 도심 속 한 광장에서 간단한 콘택트렌즈를 장착하고 엄청난 증강현실 게임을 하는 장면이 나온다. 눈앞에서 부셔진 벽돌이 실제 손으로 만질 수 있고 말 타고 등장한 중세 기사의 칼로 공격당하고는 피까지 흘리고는 죽는다. 즉 게임에서 로그아웃 당한다. 컴퓨터 속 가상현실로 들어가 게임을 하는 것이 아니라 드라마에서는 스마트 렌즈를 끼고 사물과 인물이 증강된 현실 속에서 마치 실제 삶인 양 게임 속에서 사는 것이다. 드라마는 게임 속에서 죽으면 실제 세계에서도 목숨을 잃게 되는 혼돈의 플롯을 설정하기까지 한다.

증강현실은 꼭 디지털 첨단 장치에 의해서만 구현되는 것은 아니다. 명품 옷과 명품 가방을 들고 모임과 파티에서 평소와는 다른 자신감을 가진다면 일종의 증강현실이라고 할 수 있다. 그 명품이 없었다면 가지지 못했을 자신감이 현실에서 생겼기 때문이다. 누군가에게는 사는 집도 자랑이고 자신감이 된다. 물론 사람에 따라 다르겠지만 서울 강남 지역 아파트에 사는 것만으로도 왠지 모를 자신감이 생기기도 한다. 강남 아파트를 장착한 증강현실인 셈이다. 사회에는 여러 다른 증강현실을 제공하는 것들이 있는데 일류대학, 외제차도 그렇다. 또 하나 무시하지 못할 증강현실 제공 장치로 돈을 들 수 있다.

돈을 가지고 있다는 것만으로도 든든하고 자신감이 생기기도 한다. 돈의 여유가 있으면 현실에서 조급하게 판단하고 행동하지 않고 여유를 가질 수도 있다. 돈이 많다고 하면 타인의 시선이 달라지기도 한다. 돈 많은 부자가 허름한 옷을 입으면 개성이 되고, 돈 없는 사람이 허름하게 입으면 찌질한 것이 되기도 한다. 이런 면에서 돈은 증강현실을 만드는 것이 분명한 듯하다. 돈에 눈이 멀어지기라도 했나 보다. 하지만 돈에 눈이 멀어 차원이 다른 세상에서 행복해진다면 증강현실이 아니고 무엇이겠는가.

잠시 증강현실에서 '증강'이란 단어에 주목해보자. 현실 속에서 감각 가능한 사물을 더해서 강해진다는 뜻이다. 증강이란 단어 대신 '감강'을 넣으면 감강현실이 된다. 현실 속에 있던 사물을 제거해 사라지게 하거나 감소시킴으로써 강해진다는 의미를 가진다. 현실 속에서 나쁜 것들을 만드는 사물을 없애 현실을 보다 행복하게 만드는 장치를 생각하고 이를 감강현실이라 이름 붙일 수 있다. 가령 돈은 증강현실을 만들 수도 있지만 감강현실을 가져올 수도 있다.

돈은 원래 교환의 수단이었다. 나에게 부족한 것을 타인에게 구매하고, 필요 이상으로 남은 것을 타인과 나누기 위한 도구에 불과했다. 하지만 돈은 매개 역할에 머물지 않고 엄청난 증강현실을 만들어냈다. 그렇다면 지금과는 전혀 다른 가치 기준을 올바로 세운다면 돈은 인간의 욕망을 감소시켜 오히려 행복한 현실을 제공할 수 있지 않을까 기대해본다. 그래서 새로운 가치 기준을 갖는 돈은 감강현실을 제공하는 훌륭한 장치가 될 수 있다.

또한 디지털 기술을 활용하여 사용하지 않으면 자연스럽게 사라지는 디지털화폐를 만들 수도 있다. 오늘 받은 돈이 매일 조금씩 사라져 한 달 또는 1년 후에는 완전히 사라진다고 상상해보자. 사라지는 돈에 욕망이 생길 리 만무하다. 디지털화폐를 놔두면 썩어 사라지고 필요하면 다시 생겨나도록 만들어 사용하면 순환의 자연법칙을 돈 쓰는 삶 속에서 자연스럽게 이해할 수 있다. 디지털기술은 욕망 대신 자연법칙 속에서 경제활동을 할 수 있도록 증강현실과 감강현실을 화폐 속에 얼마든지 심을 수 있다.

28

공동체는 호미 하나로
만들어야 한다

한 사람을 파악하기 위해서는 그 사람이 먹는 음식과 읽는 책을 살펴보면 된다. 그 사람이 속한 사회를 이해하려면 쓰는 언어를 알면 된다. 그 언어에는 돈이라는 경제기호도 포함된다. 어떤 돈을 어떻게 쓰는지만 보아도 그 사회의 대부분을 파악하는 데 큰 어려움이 없다.

예전에 한 세미나에 생태운동가이자 『야생초 편지』를 쓴 황대권 선생을 초청하여 영광 마을공동체에 대해서 얘기를 들은 적이 있었다. 당시 황대권 선생은 공동체 건설이 두 번째라고 하면서, 첫 번째 마을 공동체를 외부의 힘으로 만들었을 때 공동체 기반이 얼마나 쉽게 무너졌는지에 대해 얘기했다. 마을 공동체가 정부의 지원을 받아 만들어지거나 꼭 그렇지 않더라도 건설 비용의 많은 부분이 외부 지원으로 이루어진 경우에는 공동체가 만들어진 이후 여러 문제로 흔들릴 수밖에 없다. 정부가 지원한 마을 공동체는 개발 사업과 크게 다르지 않고 아무리 좋은 뜻을 가지고 만들었어도 갈등이 생기기 시작하면 해결할 수 있는 뿌리가 없다고 볼 수 있다. 그는 호미 하나로 공동체를 만들어야 한다고 했다. 가진 것이 자기만의 것일 때 애틋해지고 그 애틋함으로 소통할 수 있기 때문이다. 그래야만 공동체의 범위를 정하기도 쉽다.

정부나 각종 지원으로 만들어진 공동체는 설립까지는 쉬울 수 있지만 이후 쉽게 없어지거나 지속적으로 운영하는 데 어려움을 겪기도 한다. 자생적으로 생긴 공동체라 하더라도 공동체 체험이나 관광으로 수입을 이어가는 경우에도 어려움을 겪는다.

아무리 숭고한 정신으로 세워진 공동체라 하더라도 일상의 삶 속에서 그 정신을 지키는 방법 외에는 다른 길이 없다. 일상의 삶은 먹고사는 일이다. 그런 연유로 공동체가 만들어진 후에도 지속적으로 고민해야 하는 문제는 공동체 경제이다. 지역공동체인 경우에는 더 진지하게 고민해야 한다. 공동체의 대다수 구성원이 소득이 있다면 지역공동체에서 생활을 하는 데 경제적으로 큰 문제될 것이 없다. 그들에게는 경제활동보다는 공동체 정신과 철학이 더 중요하다. 하지만 대다수 구성원이 외부 소득 없이 생존을 해야 하는 경우라면 공동체 경제가 중요하다. 이 경우에도 공동체 내부에서 의식주와 교육을 해결할 수 있다면 자립이 훨씬 쉽다. 많은 공동체가 자립을 원하지만 공동체 외부에 의식주와 교육을 의존하는 것이 현실이다. 외부와의 연결은 공동체 운명과 직결되기도 한다.

공동체 살림의 차원은 아니지만 공동체 경제 소통에 중요한 또 다른 것이 있다. 사용하는 돈의 가치 기준이 그것이다. 소득의 기반을 공동체 외부에 두는 구성원도 이 부분에서는 예외가 아니다. 공동체 정신을 가치 기준으로 하는 돈을 만들면 되지 않느냐 하지만 공동체 살림과 유지를 고려하게 되면 이 문제는 결코 쉬운 문제가 아니다. 공동체 경제를 고민하는 중요한 출발점이라고 생각한다.

여러 공동체 사례를 살펴보아도 화폐와 돈의 가치 문제는 늘상 나타난다. 많은 공동체들은 공동체 정신을 강조하면서 경제활동, 즉 교환의 수단으로 돈 아닌 것을 제안하기도 한다. 돈 없는 경제 공동체를 목표하기도 한다. 인도 남부에 있는 오로빌Auroville 공동체를 살펴보자. 스리 오로빈도Sri Aurobindo라는 철학자를 따르는 이 공동체의 창시자 미라 알파사Mirra Alfassa는 '돈 없는 공동체'를 제안했다고 한다. 오로빌 구성원은 언젠가는 그런 공동체를 만드는 목표를 가진다. 오로빌은 아직 자립을 이루지 못했고 외부의 지원으로 유지되고 있다. 1년 총 예산이 약 50억인데, 자체 충당은 약 15%라고 한다. 15% 대 85%를 얘기하는 것 역시 돈, 그것도 공동체 내부 가치를 기준으로 하는 돈이 아니라 공동체 외부의 돈(인도 화폐, 유럽 유로, 달러 등)으로 계산한 통계다. 공동체경제 가치 기준이 공동체 외부로부터 왔다는 증거이다.

가족공동체 정도라면 돈 없는 경제 활동이 가능하지만 공동체가 확대되고 공동체 밖 세상과 연결되려면 화폐 없이는 현실적으로 힘들다. 외부의 지원 그리고 공동체 외부와의 경제활동 등으로 수익을 얻어 비교적 잘 유지되고 있는 공동체도 사용하는 화폐의 가치가 공동체 밖 세상의 화폐와 같은 경우가 대부분이다. 이 경우 공동체 정신과 갈등이 있을 수 있다. 바깥에서 지원받는 화폐는 언제든지 자본이 될 수 있는데, 공동체가 그 화폐를 사용하고 공동체 유지를 위해 쓰기 때문이다. 공동체 건설뿐만 아니라 유지, 성장의 혈액이 외부의 화폐라면 공동체 정신의 유지가 온전하기 쉽지 않다. 공동체의 일상이 공동체의 미래가 된다. 일상은 공동체 내부 구성원들의 소통으로 이루어진다. 소통 중에서 경제활동의 비율이 적지 않은데 알게 모르게 사용하는 소통의 도구, 즉 화폐가 공동체 철학과 다르다면 바람직하지 않다. 대부분의 공동체가 내부에서 물건을 살 때도 여전히 국가법정화폐를 사용한다. 지역에서 생산된 배추, 파, 쌀을 마을공동체 사람들끼리 교환할 때도 다름 아닌 국가법정화폐를 사용하고 있다. 공동체 구성원과 공동체 외부 사람들이 거래할 때도 마찬가지다. 돈, 화폐라는 것은 도구일 뿐이니까 관계없다고 하기도 하고, 이를 어느 정도 걱정하면서도 대안이 없지 않느냐 하고 받아들이기도 한다.

이런 배경에서 보면, 공동체가 지역화폐를 고려하는 것은 당연한 일이다. 지역화폐는 지역 경제활동으로 만들어진 재화, 특히 수익이 외부로 유출되는 것을 최소화하기 위한 화폐다. 그런데 한 가지 아이러니한 것은 이 이상적인 취지와는 달리 가치 기준이 외부 국가 단위의 법정화폐와 다르지 않다는 것이다. 심지어 환전을 통해 언제든 현금화가 가능하기 때문에 지역화폐의 출발은 쉬우나 장기적으로 동력을 받아 지역경제에 연결되는 데에 걸림돌이 될 수 있다. 지역공동체와 연계되어 발행된 홍성 홍동마을 지역화폐의 경우를 보자. 홍동마을은 2019년 3천만 원 정도의 지역화폐를 발행했다. 발행 후 2천만 원 정도가 현금에서 지역화폐로 환전되었고 그해 다시 1천만 원이 현금으로 환전되었다. 2020년 1천만 원이 지역화폐로, 다시 1천만 원 정도가 현금으로 환전되었다. 주로 사용된 곳은 홍동마을 지역장터였다. 마을 마켓의 일부 코너, 식당, 맥주호프집, 만화가게에서 활용이 가능하지만 주요 사용처는 장터였다. 2020년, 2021년 코로나 시기로 장터가 활발하게 운영되지 못했다. 홍동마을 지역화폐 '잎'의 가치 기준도 국가화폐와 동일해 1원이 1잎이다. 이것이 잘못되었다고 비판하는 것은 결코 아니다. 다만 법정화폐의 문제를 지역공동체 치원에서 해결하는 노력의 일환으로 시도되는 지역화폐의 가치 기준이 법정화폐와 왜 같아야 하는지 의문을 갖고 홍동마을다운 새로운 시도를 기대해본다.

중요한 공동체 가치를 지키기 위해서는 경제 활동이 필수적이며 경제활동도 소통이고 소통 외에는 공동체를 지켜나갈 방법은 딱히 없다. 화폐, 돈은 수단일 뿐 뭐 그리 큰 의미를 두냐고 반문할 수 있지만, 공동체 철학으로 돈 없는 세상을 꿈꾸기까지 하는 공동체들이 지역화폐에 대해서는 여전히 보수적인 환전가능한 현금화를 유지하는지 의아하다. 돈을 쓰면서 소통하는 것이고 한번 소통하면 공동체가 한번 바뀐다. 소통이 사회를 만든다. 지역공동체의 화폐로 이루어지는 소통은 지역과 공동체의 의미를 담아야 하는데 가치 기준이 법정화폐와 같아서야 되겠는가.

환전을 허락하지 않고 가치 기준이 자본 화폐와 다른 지역화폐는 세계 어디에도 없는 듯하다. 대표적인 지역화폐인 영국 남서부 토트네스 지역화폐, 인도의 오로빌 오라 지역화폐, 한국의 한밭지역화폐, 홍동마을 지역화폐 잎 모두 환전이 가능하고 가치 기준도 속한 국가 법정화폐의 가치 기준과 다르지 않다. 토트네스 지역의 여러 상점들에서 지역화폐 수령이라는 문구가 여전히 붙어 있기는 하지만 이제는 거의 유명무실해졌다.

오로빌의 지역화폐도 이제 더 이상 사용되지 않는다. 2021년 팬데믹 위기 상황에서 더욱 활성화되어 확산되고 있는 국내 지역화폐는 지역에서 쓸 수 있는 정부지원금 형태이므로 엄밀히 말하면 공동체 성격의 지역화폐는 아니다. 지역화폐를 쓰면 쓸수록 공동체보다는 정부가 오히려 커진다. 국가가 규정하는 가치 속에서 시민이 경제소통에 참여하는 형식인 것이다. 국가 법정화폐의 가치를 부정하는 것이 아님은 여러번 강조했다. 다만 새로운 가치를 추구하는 지역화폐의 한계를 바로 보자는 것인데 법정화폐와 가치 기준이 다르지 않은 지역화폐의 한계는 피하기 힘들다.

로마 제국의 제5대 황제 네로를 이어 황위에 오른 베스파시아누스는 황폐해진 국고를 채우기 위해 공중 화장실에서 오줌을 누는 국민들에게 세금을 받았다고 한다. 이를 본 그의 아들이 화장실을 이용하는 국민에게까지 세금을 물리는 것은 과하지 않느냐고 하자, 베스파시아누스 황제는 그 유명한 "돈에서는 악취가 나지 않는다.Pecunia non-Olet" 라는 말을 남겼다. 비록 화장실 세금이 조금 과하다고 할 수도 있지만 악취 나는 오줌과는 달리 '오줌 세금'으로 걷어진 돈은 국가를 위해 요긴하게 쓰이므로 더럽지 않다는 것이다. 베스파시아누스의 말은 공동체에도 적용된다. 큰 뜻을 가지고 그 뜻을 이루기 위해 공동체를 만들기 위해 베스파시아누스 황제처럼 "돈에서는 악취가 나지 않는다"고 말하면서 정부의 지원을 받을 수 있다. 돈에서는 당연히 냄새가 나지 않는다. 대신, 돈으로 만들어진 건축물, 도로, 인프라 시설에서는 언제든 악취가 진동할 수 있다.

29

더 이상 법정화폐가
필요 없을 때

　정부의 지원이 없는 기본소득이 가능할까? 당연히 가능하다. 기본소득을 정부로부터 지급받아 국민이 사용할 항목들을 예측 또는 조사해서 그 일이 꼭 현금을 지불해야만 가능한지 분석한 이후에 현금 없이 가능한 길을 찾으면 되기 때문이다. 물론 말처럼 그렇게 쉽지 않겠지만 정말 불가능한 일인지 살펴보자.

　기본소득으로 국민들이 구매할 물건과 서비스, 하고 싶은 일들을 파악하기 이전에 기본적으로 살기 위해서 꼭 필요한 것들을 생각해보자. 우선 먹고 입을 것과 지낼 곳이 있어야 한다. 그리고 이동하고 교육을 받아야 하며 문화생활을 즐길 수 있어야 한다. 하루에 유통기한이 지나 폐기되는 빵의 양이 엄청나다.

또한 보관하고 있다가 더 이상 먹기 힘들 정도가 된 쌀의 양도 엄청나다. 빵과 쌀만 그런 것이 아니다. 충분히 먹을 수 있지만 유통기한이 지나 내일이면 판매할 수 없는 식품들이 마트에서 엄청나게 폐기된다. 충분히 입을 수 있는 옷도 엄청나게 폐기되고 있다. 주중에 극장이나 공연장에는 많은 좌석이 빈 채로 상영, 공연되고 있다. 또한 거리에는 많은 버스킹 공연이 진행되고 있으며 정부의 지원을 받아 문화회관 등에서는 무료공연이 진행되고 있다. 수많은 전시도 곳곳에서 무료로 열리고 있다.

식량과 식품, 옷, 교육, 전시와 공연 등을 세금 없이 가능한 기본소득으로 우선적으로 고려할 수 있다. 유통기한이 지난 식품과 버려진 옷은 처리 비용이 들며 처리 후에도 환경에 악영향을 끼친다. 공교육, 사교육 모두 제도권 이외의 인원에게 기회를 주고 그들의 지식과 경험이 사회에서 쓰일 수 있게 하는 의미는 크다. 예술 활동을 정부 지원으로 이어가는 것도 중요하지만, 대중이 예술가와 작품에 직접 다가가는 길을 만드는 것도 그에 못지않게 중요하다. 지금까지는 이 모든 게 돈을 통해서만 가능했지만 정부 예산, 법정화폐가 아닌 다른 돈을 통해 가능한 길을 찾는다면 기본소득 역할을 충분히 담당할 수 있다. 바로 언급한 식량과 식품, 옷, 교육, 공연 전시에 대해 법정화폐인 원화가 아닌 디지털화폐를 사용하는 것이다. 가치 기준이 물, 공기, 흙, 나무, 산책에 있고 화폐의 단위가 '수, 에어,

땅, 그루, 산책'인 디지털화폐로 결제한다. 만약 산책화폐로 결제한다고 상상해보자. 100미터를 걸어서 얻을 수 있는 가치를 '1산책'이라고 정했다. 100미터를 걸으면 건강도 얻고 차를 타지 않아 교통비도 절약할 수 있고 대기오염과 기후변화를 일으키는 연료와 배출가스도 줄일 수 있다. 그뿐 아니다. 많은 사람들이 걷는다면 필요한 도로도 줄어들고 도로를 유지관리하는 비용도 줄어들 것이다. 이 모든 가치를 머릿속에 상상해서 100미터를 걷는 가치에 '1산책' 화폐를 할당한다. 식빵 하나의 가격은 몇 산책이 적합한지 사람들마다 다를 것이다. 베이커리나 마트의 영업이 마감되는 오후 9시경, 그 앞에서 새로운 거래가 시작된다고 상상해보자. 자정이 되면 유통기한이 지나 더 이상 판매할 수 없는 빵과 식료품들이 '산책'화폐로 거래되는 상황을 상상해보자. 가게에서 직접 구매할 수도 있고 인터넷 쇼핑몰에서도 구매할 수도 있다. 가격은 천차만별일 것이지만 가격이 다양하면 가게의 정체성이 되므로 더 좋다고 할 수 있다. 어떤 가게는 식빵 가격이 '0.5산책'인데 다른 가게는 가격이 '2산책'일 수 있다. 이렇게 대중은 가격으로 소통하면서 돈에 국한되어 갇혀 있던 가치 기준을 끄집어낼 수 있다. 식빵, 식료품의 가격을 정하는 디지털화폐 매개 소통 속에서 대중의 데이터가 축적되고 산책화폐를 기준으로 하는 빅데이터가 새롭게 형성될 것이다.

만약 이런 거래가 이루어지면 모든 사람이 이런 식으로만 구매하려는 나머지 정작 돈을 주고 구입하는 사람이 줄고 가게의 수익이 급격하게 줄어드는 부작용이 생기지 않겠냐고 걱정하는 사람이 있을 수 있다. 그럴 수도 있다. 하지만 이는 어떤 아이디어를 내어 추진하고 실제로 실행하기 이전에 부정적인 면을 강조해서 자신의 존재감을 부각시키려는 태도라고 생각한다. 물론 부작용과 역기능을 무시할 수 없지만 나름의 질서를 찾아갈 것이라고 믿는 것으로부터 새로운 시장과 사회질서가 형성된다. 가치 기준이 다른 디지털화폐를 받아들임으로써 법정화폐 거래가 오히려 활성화되는 긍정적인 면은 왜 고려하지 않는가?

디지털화폐의 거래에 정부의 역할도 필요하다. 하지만 작은 역할이어야 한다. 나름의 질서가 형성되도록 최소한의 역할만 해야지 관련법을 만든다는 등 소동을 피워서는 안 된다. 그렇게 되면 모든 게 물거품이 될 가능성이 높다. 예산을 크게 들이려 해서도 안 된다. 정부의 세금 없이 기본소득과 같은 효과를 시민과 대중 중심으로 하려는 목적이 훼손되어서는 안 된다. 정부와 세금 없이 운영되는 대안적 기본소득은 복지향상이라는 목표는 같지만 실현 방법으로 제안되는 목적은 크게 다르다는 것을 잊어서는 안 된다.

유통기한이 임박한 빵과 식료품을 판매한 가게는 음식물폐

기물 처리 비용을 절감하고 환경분담금도 낼 필요가 없다. 그런데 간과한 것이 하나 있는데 베이커리와 식료품 가게다. 마켓에서도 엄연히 돈을 번 것이다. 유통기한이 임박한 빵과 식료품을 판매하고 받은 돈 말이다. 물론 원화 법정화폐는 아니지만 판매한 결과 산책화폐 수입이 발생한 것은 분명하다. 산책화폐 수입으로 구입할 수 있는 어떤 물건, 상품, 서비스가 없어도 손해볼 것은 없지만 만약 구입 가능한 것이 있다면 완전히 다른 얘기가 된다. 주중 영화 관람, 연극 관람, 예술 전시 관람, 특정 시간대 지하철 승차, 일부 마을버스 노선 승차, 특정요일 놀이공원 입장료 지불 등이 가능할 수도 있겠다. 베이커리 가게에서는 밀가루를 구입할 수 있다면 금상첨화일 것이다. 여러 차례 강조했듯이 이렇게 거래된 산책화폐는 원화로 환전되지 않는다. 산책화폐는 그 자체로 온전한 돈이어야 한다.

디지털화폐가 세금 없는 기본소득의 기능을 해내는 데 정부가 기여할 수 있는 길이 또 하나 있다. 식료품, 옷, 문화, 예술, 교통 등의 대안 디지털화폐를 통해 거래하는 가게, 기업 등에 세금공제 혜택을 주는 것이다. 산책화폐로 거래하여 제공된 상품과 서비스를 원화로 환산하여 세금공제 혜택을 일부 주는 것이다. 세금공제 혜택 계산을 위해 산책화폐와 원화 환산이 필요하지만 이 또한 두 화폐를 둘러싼 모든 조건과 환경을 고려하여 정하면 된다. 정부의 작은 역할 중 하나가 된다.

작은 정부라고 하니 혹시라도 오해가 생길 수도 있어 짚고 넘어간다. 진보 성향의 사회주의 정부는 일반적으로 큰 정부를, 보수 성향의 자본자유시장주의 정부는 작은 정부를 표방하기에 작은 정부라고 하면 보수 및 자유시장 자본주의를 지향하는 것이 아닌가 생각할 수도 있지만 결코 아니다. 가치 기준을 달리하는 대안적 디지털화폐가 이루려는 기본소득은 정부 세금에 의존하지 않기 때문에 강한 정부도 아니며 기존 법정화폐 중심의 자본주의와도 궤를 완전히 달리하기 때문에 자유시장 보수 성향의 정부와도 성격이 다름을 강조하고 싶다. 헌법 1조 2항에 "모든 권력은 국민으로부터 나온다."라는 문구가 있다면, 대안 디지털화폐 기본소득은 "모든 권력을 거부하고 대중이 이끄는 힘"을 지향한다. 약자의 편에 서서 복지 정책을 세우고 이를 시행할 돈을 세금으로 확보하는 데 권력을 사용하는 것이 아니라 약자를 위한 복지 사업을 구상하고 이를 이룰 돈, 즉 가치 기준이 다른 디지털화폐를 정부가 아닌 대중이 중심이 되어 만들자는 것이다. 권력이 만드는 약자 되는 것을 거부하고, 결단하여 변화를 이끌 대중으로 거듭나자는 것이다. 아무리 작은 권력이라도 한번 만들어지면 결국 약자를 억누르는 방향으로 펼쳐지는 것이 속성이기 때문이다. 권력이 필요 없는 사회를 대안 디지털화폐는 지향한다. 기본소득이 아무리 좋아도 결국 정부의 세금이 필요하고 기본소득 대신 제안된 토마

피케티의 기본자산제(특정나이가 된 청년 모두에게 일정금액의 자산을 지불하는 제도) 또한 이를 실행할 강한 정부 기반 사회주의가 필수조건이다. 강한 정부는 약자의 편에 서서 복지 정책을 펼치기도 하지만 어쩔 수 없이 권력을 가지게 되며 권력은 어쩔 수 없이 약자를 만든다. 권력 형성 걱정 없는 사회주의, 자본의 횡포 걱정 없는 시장 공동체를 위한 새로운 가치 기준을 가지는 디지털화폐 기본소득을 제안한다. 어렵고 불가능할 것 같았던 우주여행도 기어코 가능하게 만들어버리는 인류가 정부의 세금 도움 없는 기본소득쯤은 해낼 수 있으리라 믿어 의심치 않는다.

30

민주주의란 속임수를 깨부술 디지털 연금술사들

물건을 사거나 듣고 싶었던 강연에 참석했는데 돈을 받는다면 말이 안 된다고 생각할 수 있다. 하지만 그런 적이 없어 그렇지 얼마든지 가능한 얘기다. 소중하게 만든 것을 타인에게 주고 싶고 자신이 열심히 준비한 강연을 들어줄 청중이 필요하기도 하다. 자신이 만든 물건을 소중하게 사용하고 준비한 강연을 들어준 사람에게 오히려 돈을 줘야 한다는 논리도 가능하다. 공연에 와준 관객, 정성을 다해 가꾼 정원을 방문하여 사진을 찍어 SNS에 올리는 사람에게도 돈을 지급할 수 있다. 하지만 이것은 돈을 받고 하는 노동이 아니라 원해서 구입하고 보고 싶어서 관람하고 참여하는 일이다. 물건을 사고 강연을 듣고는 법정화폐인 원화를 받는 것이 아니라 가치 기준이 다른 디지털화폐를 받는다. 공예품, 수제품을 구입하고 받은 '수, 에어, 땅, 그루, 산책' 화폐를 지불하고 동네 카페에 가서 아이스 아메리카노 한잔을 즐길 수 있다. 금, 토, 일요일을 제외하고는 멀티플렉스에서 영화관람도 가능할 수 있다. 이렇게 가치 기준이 다른 디지털화폐로 거래가능한 가게들이 조금씩 늘어나면 거래할 수 있는 품목이 늘어 참여하는 가게와 기업도 기하급수적으로 증가하는 상상도 가능하다.

물건을 만들어 판매하는 기업과 가게가 따로 있고 전문가만 강연할 수 있고 교육을 행하는 학교와 자격증을 갖춘 교사가 정해져 있는 것이 아니다. 대규모로 생산되는 옷은 지금과 같이 상업적으로 유통되지만 손으로 만든 옷들도 다른 방법으로 거래될 수 있다. 방송에서 진행되는 전문가의 강연과 강좌도 지금과 같이 개최되지만 거리 또는 도심 속 카페에서 전문가 못지않은 지식을 갖춘 대중 세미나도 열릴 수 있다. 열정은 있지만 자신의 재능을 의심했던 예술가는 작품을 전시하고 작품을 구입하는 사람에게 감사의 마음을 담아 가치 기준이 다른 디지털화폐로 돈을 지불한다. 물론 누군가는 법정화폐를 지불하고 예술작품을 구매하기도 한다. 상품화된 옷, 가방, 가구, 커피, 요리, 강의도 여전히 사회 속에서 거래되지만, 자신이 좋아서 만든 것들도 타인에게 필요할 경우 상업거래 아닌 다른 소통의 통로가 열릴 수 있다. 이렇게 해서 교류하고 교환하고 거래하기 시작한 특별한 시장은 가치 기준이 다른 디지털화폐라는 매개를 통해 활성화된다. 새로운 시장 질서가 사회에 추가된다. 물건은 하나인데 거래방식은 두 가지 이상이 된다. 하나의 세상과 한 공간 속에서 두 가지 이상의 다중 세계가 형성되는 것이다.

법정화폐는 하나지만 가치 기준이 다른 디지털화폐 돈은 다다익선이다. 정부가 지불을 보장하는 돈은 하나지만 대중이 서로에 대한 믿음으로 소통하는 돈은 여러 개 있을 수 있다. 법정화폐는 가치를 저장하지만 가치 기준이 다른 디지털화폐는 가치를 흐르게 한다. 그런 면에서 법정화폐가 고인물이라면 가치 기준이 다른 디지털화폐는 흐르는 냇물과 떠다니는 구름 같다. 가치가 저장되어 고이면 권력이 되지만 가치가 흘러 순환되면 자연이다. 상품, 서비스, 전문가, 인기인 중심으로, 인증된 지식, 한정된 언어와 기호로 만들어지는 지금의 빅데이터가 고인물이라면, 대중이 모이는 곳에 생기는 가치가 순환되면서 구름처럼 피어오르는 빅데이터는 대중 집단지능을 자연스럽게 형성한다.

메타버스 증강현실AR을 이용한 게임을 개발해야 하는 프로젝트가 있다고 가정해보자. 이 프로젝트에는 코딩, 하드웨어, 게임기획, 디자인, 홍보를 담당할 능력있는 사람이 필요한데 대개는 인력 모집공고를 낸다. 지원서류를 받아 지원자가 그동안 참여했었던 관련 프로젝트를 살펴보고, 면접을 통해 선발한다. 지원자의 출신 학교, 학위를 보고 결정하기도 한다. 지금까지는 그랬다. 하지만 다른 시나리오도 가능하다. 개발하려는 증강현실 게임을 평소 일상에서 관심을 가지고 놀이처럼 때로는 전문가 못지않게 아니 오히려 더 전문적으로 만들어 교류했던 사람이 있다고 생각해보자. 이런 교류와 놀이 속에서 주고받았던 가치 기준이 다른 디지털화폐는 이 모든 것을 기억하고 있을 것이다. 이 기억은 정보이고 빅데이터이며 서로의 재능을 인정해주는 특별한 지표이기도 하다. 굳이 모집 공고를 내서 면접을 보지 않아도 일상 속에서 함께했던 수많은 일과 놀이 속에 프로젝트를 함께할 동료를 찾을 수 있는 데이터가 이미 들어 있는 것이다. 일상의 삶이라는 엄청난 데이터 속에서 프로젝트 일꾼을 찾을 수 있는 통로가 이미 존재한다. 학위도 자격증도 필요 없고 형식을 갖춘 이력서, 전문가 추천서 없이도 함께했던 수많은 일 속에서 능력 있는 최고의 파트너를 찾을 수 있다. 하나의 세상과 한 공간 속에 존재하는 다중세계 개념이 적용될 수 있는 다른 예이다.

특정분야 전문인력이 필요하면 정부는 대학 내 해당 학과를 신설 또는 관련학과를 지원하여 산업계가 필요한 인재를 양성하는 것이 지금까지의 방법이다. 인공지능 인력, 반도체 분야 인력이 산업계에서 필요하면 정부가 나서 지원한다. 하지만 일상 속에서 자신이 하고 싶은 일, 타인과 사회에 도움이 되는 기여를 하는 과정에서 대학에서 양성해왔던 인력풀이 자연스럽게 얼마든지 생길 수 있다. 정부가 정책을 통해 예산을 지원하면 빠르고 효과적으로 전문가를 양성할 수 있을지도 모른다. 하지만 정부가 이런 정책을 펴려면 예산이 필요하고 이를 판단, 기획하고 운영할 조직과 공무원이 필요하다. 정책예산도 소요되지만 조직과 공무원을 유지하는 예산도 필요하게 된다. 그리고 지속적으로 얘기해왔듯이 정부는 어쩔 수 없이 권력을 가질 수밖에 없다. 어디에 예산이 지원되어야 하는지 결정하는 과정, 정책운영 과정에서 설사 그렇게 원치 않더라도 정부조직은 권력을 가지게 될 수밖에 없다. 국민의 세금이 모인, 즉 고인 돈은 늘상 권력을 수반하게 된다. 반면 가치 기준이 다른 디지털화폐 플랫폼에서 이루어지는 무수한 소통이 만들어내는 정보의 흐름을 통해 사회가 필요로 하는 인재가 생겨난다면 고정된 조직, 고인 물이 필요하지 않다. 그냥 자연스럽게 조직처럼 보이지 않는 조직이 존재하여 작동한다. 작동한 후 조직은 사라진다. 정부조직이 아닌 유연한 질서가 체계적으로 코드에 따라 작동한다. 이렇게 되면 최소한의 정부 역할만 있으면 충분하다.

대학을 다녀도 되지만 굳이 대학에 가지 않더라도 원하는 분야의 전문 지식을 소통을 통해 배우고 놀이와 게임 하듯 소통하다 보면 디지털 정보가 쌓이게 되고, 대학에서 학점을 쌓듯 거리에서, 카페에서, 인터넷 메타 공간에서 가치 기준이 다른 디지털화폐를 통해 지표로 데이터가 된다. 언제든 지표로 바뀔 수 있는 데이터 자체가 학점 아닌 학점, 학위 아닌 학위, 자격증 아닌 자격증이다. 기업이 특정 분야 인력이 필요하면 가치 기준이 다른 디지털화폐와 연관된 무수한 데이터를 통해 함께할 파트너를 만날 수 있다. 이런 일들이 발생한다면 대학 중심 교육체계가 서서히 변화할 것이다. 교육의 혼돈 속에서 새로운 질서가 형성될 것이다. 지식의 새로운 모습, 전문가 없는 체계가 새로운 질서의 이름으로 생겨나 사회 여러 사업과 프로젝트를 담당하게 될 것이다. 이렇게 태동하는 교육체계에 사교육, 입시지옥, 대학순위는 무의미해진다. 교육정책과 예산 지원을 담당했던 교육부가 크게 필요하지 않게 될 것이다.

새로운 가치 기준을 가진 디지털화폐를 통해 소통하는 두 가지 목적이 있다. 정부와 권력이 지켜주는 고정된 질서에 의존하지 않으려는 것이 첫 번째이고 사회의 지속가능성을 지금과는 다른 차원에서 얻고자 하는 것이 두 번째이다. 지속가능한 도시와 사회를 위해 대개 녹색과 느림의 미학이 강조된다. 녹색과 느림의 미학이 강조된다는 것 자체가 그렇지 못한 산업과 경쟁적 성장이 세계를 지배한다는 반증이기도 하다. 지속가능한 세상이 과학기술을 이용하여 끊임없이 성장함으로써 달성된다고 지금껏 인류는 믿어왔다. 자원과 에너지의 엄청난 소비를 동력 삼을 수밖에 없는 현재 산업사회에서 녹색과 느림의 미학이 메시지가 될 수 있다. 하지만 녹색과 느림의 미학이 힐링과 휴식, 관광 목적으로 제한된 공간, 인구가 많지 않은 공동체 마을, 선택된 도시에서는 적용가능하지만 전 세계를 아우르는 것은 아무래도 한계가 있다. 여기에 대안으로 제시되는 것이 하나의 세상, 하나의 공간 속 다중세계 개념이다. 세상은 하나지만 돈도 여러 가지, 소통의 언어와 기호도 여러 가지, 심지어 개념적으로 한 국가 내 정부도 여러 개 가져보자는 것이다. 여러 개의 돈, 언어, 기호는 여러 차례 언급되어 알 듯하지만 여러 개의 정부 아이디어는 추가 설명이 필요한 듯하다. 두 개 이상의 정부가 경쟁하듯 국가를 운영하는 나라는 세계 어디에도 없다. 정부가 하나여야 한다는 것을 너무나 당연하게 받아들이고 정부가 두 개 이상이라고 하면 큰일이라도 날듯 비판하고 불가능하다고 생각하는 것이 일반적일 것이다. 여러 정당이 연합해서 정부를 구성하는 경우에도 여러 개의 정부가 되는 것은 아니다. 그런 경우에도 정부는 하나다. 정부가 하나이기에 세금, 복지, 에너지, 교육, 교통, 기후변화 위기 대응 정책도 하나이다. 갈등도 겪고 어려운 논의과정을 거치겠지만 정책이 정해지면 싫든 좋든 국민은 따라야 한다. 정부가 싫어 나라를 떠나 다른 국적을 가지지 않는 이상 어쩔 수 없이 정책에 맞추어 살 수밖에 없다. 그런데 하나의 세상, 한 공간 속 다중세계 개념은 하나의 정부만 고집하지 않아도 된다. 정책이 여러 개가 있어 국민은 이를 선택할 수 있다. 이를 통해 소통하는 국민은 대중이 된다.

다중 세계, 다중 정부에는 여러 정책이 있어 선택할 수 있다. 지금 우리는 정부가 에너지, 교육, 교통, 폐기물, 하수, 기후변화 위기대응 정책을 정해 시행하면 다른 이견이 있어도 따를 수밖에 없다. 그런데 다중 정책 세계는 다르다. 같은 에너지를 사용해도, 같은 교육을 받아도, 같은 폐기물과 하수를 버려도 다른 사용료, 수업료, 처리 비용을 지불할 수 있는 정책을 갖는 것이다. 높은 전기료를 낸다고 높은 품질의 전기가 공급되는 것은 물론 아니다. 높은 교육비를 납부한다고 다른 차원의 교육을 추가로 받는 것도 아니다. 폐기물, 하수 처리 비용을 높게 지불한다고 해당 사람의 폐기물과 하수를 더 깨끗하게 처리해주는 것은 아니다. 에너지의 경우, 사용하는 전기는 모두 한전에서 제공하고 있어 풍력, 태양광, 화력, 원자력, 수력발전의 구별이 없지만 사용자는 이를 선택할 수 있게 구별하고 요금을 달리 책정하는 것이다. 국민의 에너지 선호와 다른 요금 지불의 사는 곧바로 정책 자체가 될 수 있다. 에너지원에 따른 요금의 차이를 크게 두지 않고도 얼마든지 시행가능하다. 추가로 납부되는 에너지원별 전기료는 연구와 관련 사업에 쓰이고 투자되어 향후 관련사업에서 수익이 발생하면 투자한 소비자에게 되돌려줄 수도 있다. 정부가 에너지 정책을 확고하게 정해 시행하는 것이 아니라 국민이 에너지 민주주의 대중이 되어 소통으로 에너지 정책을 이끌어가는 것이다. 샤워, 세탁, 설거지 한 후에 버리는 하수는 버리는 양에 따라 지금은 동일한 하수도사용료와 물이용부담금이 책정된다. 사용한 물은 하수처리장으로 흘러가 처리된다. 하수에 대해 국민이 선택할 수 있는 다른 길이 아직은 없다. 그런데 버려진 물이 고도하수처리, 생태적 자연처리, 재이용되는 옵션이 추가되어 선택가능하다고 상상해 보자. 물론 실제로 그렇게 운영되지 않더라도 하수 처리옵션을 다르게 선택하고 다른 하수도 요금을 지불할 수 있도록 하는 정책은 만들 수 있다. 요금 차이가 크게 나지 않게 책정되더라도 하수 처리 비용을 누가 더 지불하겠냐고 비판할 수 있지만 사람에 따라서는 조금 더 지불하고 가까운 미래 실제로 하수를 더 깨끗하게 처리하는 고도 하수 처리, 자연 친화형 하수 처리가 적용되는 것을 원할 수도 있다. 또한 매달 조금씩 하수도 요금을 선택적으로 더 납부함으로써 재이용 물 처리산업에 투자하고 싶어할 수도 있다. 향후 이 사업이 성공할 경우 추가로 납부한 시민에게 이익이 배분될 수도 있다. 물론 그런 이익금이 발생하지 않더라도 이런 형태의 의사 표현은 여론 조사 차원을 넘어 실제 지불의사 차원의 적극적인 참여 대중의 소통 데이터로써 정책이 될 수 있다. 교육의 경우, 의무교육 영역에서는 선택적 교육비 납부를 구상하기 쉽지 않겠지만 대학교육과 같이 수업료, 등록금이 차별되는 경우에는 수업별, 과목별로 다른 선택적 납부를 통해 학문분야별, 학과별, 학교의 여러 다른 정책별로 한 공간 다중세계 구상이 가능하겠다. 교통체계의 경우, 에너지와 연계하여 다른 요금제를 구상할 수 있고, 기후변화 위기대응의 경우, 에너지, 교통, 하수, 폐기물 등의 선택적 정책과 연계가능하다.

일상 속에 사회문제와 갈등 해결, 지속가능성 회복, 기후위기 대응의 길이 있다는 것을 하나의 세상, 한 공간 다중세계 개념은 제안한다. 권력을 최소한으로 줄이고 국민은 대중이 되어 소통의 힘으로 사회를 이끌 수 있다는 가설이다. 가치 기준이 다른 여러 다른 디지털화폐로 소통하고 적극적으로 다르게 선택하여 참여함으로써 디지털시대 대중은 새로운 가치와 질서를 형성할 수 있다. 권력과 자본으로 만들어낸 인류의 화양연화가 플라스틱 조화였다면, 대중의 믿음과 연대로 만들어낸 메타모더니즘 가치, 인류의 화양연화는 아직 피지 않은 꽃봉오리이다. 대중은 언제나 옳고, 참여하는 우리 모두는 연금술사이다.

에필로그

평범하면서 착한 사람들의 인생을 생각해본다. 선생님 말씀 잘 듣는 학생, 시키는 일 잘하는 직장인, 정부 정책을 잘 따르는 국민, 인생을 잘 마무리하는 인간이 있는데, 모두 착한 사람이라 부른다. 그런데 이들을 다르게 표현해보자. 정답 있는 시험에서 높은 점수를 얻어 학교 시험에서 경쟁하고 결국은 서울대에 입학하는 학생, 부모님과 가족이 자랑스러워할 만한 대기업에 취업하여 동료보다 빨리 승진하고 높은 연봉을 받는 직장인, 코로나 팬데믹 재난, 경제 위기, 에너지 위기, 기후위기, 인구절벽 위기 극복을 위해 힘쓰는 정부의 정책에 협조하는 차원을 넘어 적극적으로 따르고 주위 동료까지 설득하는 국민, 똑똑한 아파트와 안전한 연금 그리고 국가 성장을 주도하는 기업의 주식을 가지고 노후 걱정 없이 살 수 있는 시민이 곧 모범의 전형이다.

그런데 이런 모범을 반대편에서 바라보면, 다루기 쉬워 굳이 신경 쓰지 않아도 되는 학생, 지불한 임금 이상으로 부려먹기 쉬운 직장인, 말을 잘 들어 조종하기 용이한 국민, 특별히 복지를 제공하지 않아도 되는 어르신일 수 있다. 열심히, 착하게 사는 모범인이 받는 성적표가 고작 이것인가 싶다.

모범학생 뒤에는 일류학교와 스타강사가 있다. 모범직장인 뒤에는 초일류기업이 있고, 모범국민 뒤에는 정부와 정치영웅이 있다. 모범적인 팬클럽, 유튜브 시청자 뒤에는 셀럽과 인기 방송인이 있다. 모범에 반대하는 개인과 단체가 있지만 자세히 살펴보면 하나의 모범에 반대하는 또 다른 모범인 경우가 많다. 이렇게 모범적으로 사는 사회는 소수의 스타, 일류, 영웅, 셀럽을 만들게 된다. 참 아이러니하다.

모범의 반대 개념은 '대중'이다. 이 책에서 시종일관 국민과 대중을 구별해서 사용한 이유이기도 하다. 국민은 국가와 정부의 정책 대상이지만 대중은 소통하는 존재이다. 권력을 만들지 않으려면 또 다른 모범을 만드는 것이 아니라 대중이 되어 소통하는 길밖에는 없다. 소통은 언어와 기호로 가능한데 모범의 전형과도 같은 소통기호인 돈을 이 책에서 집요하게 다룬 이유이다. 결국 돈을 통해 모범의 규율을 우리 사회는 세워온 것이었다. 학교도, 기업도, 심지어 국가도 돈으로 모범을 삼았다. 그러니 인생의 마무리도 돈이 책임질 것이라 믿게 되었다.

왜 모범국민이 되지 않아야 하는지, 모범국민이 어떻게 이용당하는지와 모범국민이 되지 않는 길을 이 책에서 얘기하고 싶었다. 모범을 칭찬하는 권력이 있다. 권력에 저항하며 새로운 모범을 주장하는 이들도 있다. 권력이란 보수와 이를 비판하는 진보라는 이름의 모범 모두에서 벗어나고 싶었다. 벗어나려 거리를 두니, 거리를 두고 자석이 작동하여 조절하는 새로운 권력들이 또 다른 모범을 만들었다. 그래서 초월한다는 '메타' 개념을 통해 살 맞대며 해결할 수 있는 길을 생각해내야만 했다. 그것이 하나의 세상, 한 공간 속 다중세계 개념이었다.

언젠가부터 "당신은 너무 래디컬하다."라는 말을 자주 듣게 되었다. 몸에 좋은 약은 귀에 쓰기 마련이다. 상황에 따라서는 칭찬일 수도 있겠지만 당신의 말에 동의할 수 없다는 쓴소리임에 틀림이 없다. 이것에 대한 궁색한 변명도 있다. 세상 질서의 붕괴를 가만히 두고 볼 수 없다는 생각인데, 디지털시대 기존 가치 붕괴와 글로벌 세계 질서의 붕괴이다. 가치와 글로벌 질서의 붕괴라는 엄청난 변화에 래디컬하지 않고 대처할 수 있는 길이 있는지 반문하고 싶다. 팬데믹을 겪고도 기존 경제체제로의 회복을 지상목표로 삼으며 목적 없이 기존 것을 재탕하는 정책을 강조하는 정치인, 기술 경쟁만을 강조하는 기업가, 초강대국 눈치보기 급급한 국제기구 지도자를 바라보면서 절망하지 않으려면 어떻게 래디컬하지 않을 수 있겠는가? 기후변화 재앙에 경제셈법으로 대처하는 정부를 향해 적극적으로 나서줄 것을 외치는 활동가를 보면서 어떻게 온몸에 힘이 빠지지 않을 수 있겠는가? 래디컬한 대중이 되지 못하면 견디기 힘든 세상이다.